环保公益性行业科研专项经费项目系列丛书

U0820597

陆地生态系统
生物多样性评价技术研究

李俊生　李　果　吴晓莆　王　伟　主编

中国环境科学出版社・北京

图书在版编目（CIP）数据

陆地生态系统生物多样性评价技术研究/李俊生，李果，吴晓莆，王伟主编. —北京：中国环境科学出版社，2012.5

ISBN 978-7-5111-0859-3

Ⅰ. ①陆… Ⅱ. ①李…②李…③吴…④王… Ⅲ. ①陆地生态系统—生物多样性—评价—技术研究 Ⅳ. ①F062.2

中国版本图书馆 CIP 数据核字（2012）第 258173 号

审图号：GS（2012）110 号

策划编辑 王素娟
责任编辑 俞光旭
文字编辑 安子莹
责任校对 扣志红
封面设计 玄石至上

出版发行 中国环境科学出版社
（100062 北京东城区广渠门内大街 16 号）
网 址：http://www.cesp.com.cn
联系电话：010-67112765（编辑管理部）
010-67121726（生态图书出版中心）
发行热线：010-67125803，010-67113405（传真）
印装质量热线：010-67113404
印 刷 北京市联华印刷厂
经 销 各地新华书店
版 次 2012 年 5 月第 1 版
印 次 2012 年 5 月第 1 次印刷
开 本 787×1092 1/16
印 张 12.75
字 数 280 千字
定 价 78.00 元

环保公益性行业科研专项经费项目系列丛书

编著委员会

本书编著委员会

主　编　李俊生　李　果　吴晓莆　王　伟

编　委（以姓氏拼音顺序）

范俊韬　范鹏飞　李　果　李俊生　林　鑫　刘慧明

罗遵兰　吕凤春　王　伟　吴晓莆　肖能文　肖　文

赵彩云

序　言

我国作为一个发展中的人口大国，资源环境问题是长期制约经济社会可持续发展的重大问题。党中央、国务院高度重视环境保护工作，提出了建设生态文明、建设资源节约型与环境友好型社会、推进环境保护历史性转变、让江河湖泊休养生息、节能减排是转变方式调节结构的重要抓手、环境保护是重大民生问题、探索中国环保新道路等一系列新理念新举措。在科学发展观的指导下，"十一五"环境保护工作成效显著，在经济增长超过预期的情况下，主要污染物减排任务超额完成，环境质量持续改善。

随着当前经济的高速增长，资源环境约束进一步强化，环境保护正处于负重爬坡的艰难阶段。治污减排的压力有增无减，环境质量改善的压力不断加大，防范环境风险的压力持续增加，确保核与辐射安全的压力继续加大，应对全球环境问题的压力急剧加大。要破解发展经济与保护环境的难点，解决影响可持续发展和群众健康的突出环境问题，确保环保工作不断上台阶出亮点，必须充分依靠科技创新和科技进步，构建强大坚实的科技支撑体系。

2006年，我国发布了《国家中长期科学和技术发展规划纲要(2006—2020年)》(以下简称《规划纲要》)，提出了建设创新型国家战略，科技事业进入了发展的快车道，环保科技也迎来了蓬勃发展的春天。为适应环境保护历史性转变和创新型国家建设的要求，原国家环境保护总局于2006年召开了第一次全国环保科技大会，出台了《关于增强环境科技创新能力的若干意见》，确立了科技兴环保战略，建设了环境科技创新体系、环境标准体系、环境技术管理体系三大工程。五年来，在广大环境科技工作者的努力下，水体污染控制与治理科技重大专项启动实施，科技投入持续增加，科技创新能力显著增强；发布了502项新标准，现行国家标准达1 263项，环境标准体系建设实现了跨越式发展；完成了100余项环保技术文件的制修订工作，初步建成以重点行业污染防治技术政策、技术指南和工程技术规范为主要内容的国家环境技术管理体系。环境科技为全面完成“十一五”环保规划的各项任务起到了重要的引领和支撑作用。

为优化中央财政科技投入结构，支持市场机制不能有效配置资源的社会公益研究活动，“十一五”期间国家设立了公益性行业科研专项经费。根据财政部、科技部的总体部署，环保公益性行业科研专项紧密围绕《规划纲要》和《国家环境保护“十一五”科技发展规划》确定的重点领域和优先主题，立足环境管理中的科技需求，积极开展应急性、培育性、基础性科学研究。“十一五”期间，环境保护部组织实施了公益性行业科研专项项目 234 项，涉及大气、水、生态、土壤、固废、核与辐射等领域，共有包括中央级科研院所、高等院校、地方环保科研单位和企业等几百家单位参与，逐步形成了优势互补、团结协作、良性竞争、共同发展的环保科技“统一战线”。目前，专项取得了重要研究成果，提出了一系列控制污染和改善环境质量技术方案，形成一批环境监测预警和监督管理技术体系，研发出一批与生态环境保护、国际履约、核与辐射安全相关的关键技术，提出了一系列环境标准、指南和技术规范建议，为解决我国环境保护和环境管理中急需的成套技术和政策制定提供了重要的科技支撑。

为广泛共享“十一五”期间环保公益性行业科研专项项目研究成果，及时总结项目组织管理经验，环境保护部科技标准司组织出版“十一五”环保公益性行业科研专项经费系列丛书。该丛书汇集了一批专项研究的代表性成果，具有较强的学术性和实用性，可以说是环境领域不可多得的资料文献。丛书的组织出版，在科技管理上也是一次很好的尝试，我们希望通过这一尝试，能够进一步活跃环保科技的学术氛围，促进科技成果的转化与应用，为探索中国环保新道路提供有力的科技支撑。

中华人民共和国环境保护部副部长

吴晓青

2011 年 10 月

前　言

我国陆地生态系统类型多样，生物多样性十分丰富。目前已知高等植物3万余种，脊椎动物约占全球总种数的14%，无脊椎动物约占全球总种数的10%，且特有程度高，保存了许多古老孑遗物种。但随着工业化与城市化的快速发展，我国经济发展与生态保护之间的矛盾日益突出，产生严重的环境问题，直接或间接地影响了物种的生存与生态系统的稳定，使我国陆地生物多样性面临严重威胁。

随着生物多样性丧失成为全球性问题，《生物多样性公约》(CBD)强调保护生物多样性应注重“预测与预防，从源头上消除导致生物多样性降低或丧失的原因”，并对开展生物多样性监测与评价提出了新的要求。生物多样性监测与评价是生物多样性保护工作的重要基础。通过对生物多样性信息的汇编与收集，评估生物多样性状况，可以为制定生物多样性保护行动计划建立准则，并为完善生物多样性保护管理措施提供判断标准。生物多样性评估的紧迫性促进了国家(national)、区域(regional)和全球(global)尺度生物多样性评价指标体系与监测评价技术的发展。我国作为最早加入《生物多样性公约》的签约国之一，构建适宜的陆地生态系统生物多样性的评价指标体系、开展监测与评估，将有助于促进我国履约工作的进行，跟踪了解陆地生物多样性的变化趋势以及保护与管理的成效。但生物多样性评价体系的构建十分复杂，需要大量的理论指导和技术支持。

基于上述认识，本书针对陆地生态系统生物多样性评价指标的构建与评价技术方法，总结与借鉴了国内外生物多样性评价工作的经验，以期通过研究探讨与实践论证，完善和创新适合于我国陆地生态系统生物多样性评价的技术工具。从内容上，全书总体上分为三个部分:

第一部分包括第1章和第2章。首先概述了生物多样性的含义与价值，然后介绍了生物多样性评价工作的意义及其主要内容，并概述了国内外生物多样性评价指标体系的发展现状，为后面两部分的内容奠定了研究背景与方法论的基础。

第二部分包括第 3 章到第 8 章，系统地论述了陆地生态系统生物多样性评价体系的构建。首先阐述了指标体系的构建原则，然后以此为基础，对陆地生态系统生物多样性评价的方法进行了研究，确定了生物多样性的现状评价、威胁评价、响应评价的评价指标以及综合评价方法；此外还对评价数据的获取与管理方法进行了介绍说明。

第三部分包括第 9 章和第 10 章。分别以江西省和滇西北地区为例，进行了陆地生态系统生物多样性的示范评价。

本书获得环保公益性行业科研专项（200709018）的资助，并在编著过程中得到江西省环境保护科学研究院和大理学院等单位的专家学者的指导与支持，在此表示衷心的感谢。

鉴于本书编写时间与作者水平有限，书中难免有不详与错误之处，恳请读者批评与指正。

编　者

2011 年 11 月

目　录

第一篇　绪　论

第二篇　陆地生态系统生物多样性评价指标与技术体系研究

第三篇 示范评价

第一篇

绪　论

第1章　概　述

1.1 生物多样性的内涵

地球漫长的进化史造就了今天地球生物圈的丰富多样。迄今大约 35 亿年前，地球上出现了原核生物；31 亿～34 亿年前，能够进行光合作用的蓝藻类开始形成；距今 14 亿～15 亿年前，真核生物开始出现，成为生物进化史上具有里程碑意义的重大事件。动植物的分化出现在约 6.7 亿～8 亿年前，之后海生无脊椎动物大量出现，地球经历了生物史上一次大发展。到约 4.08 亿～4.38 亿年前，脊椎动物中有颌类出现，维管束植物和节肢动物从水中迈向陆地。此后陆地曾一度由蕨类植物所形成的森林覆盖（约 2.86 亿～3.6 亿年前），昆虫类群出现多样化。而在海西运动后，陆地面积扩大，物种经历了一次大的更替，爬行动物与裸子植物崛起，并在晚侏罗纪到早白垩纪时期达到极盛。至晚白垩纪，生物史上经历了最严重的大规模灭绝过程，包含恐龙在内的大部分物种相继灭亡，而哺乳类、鸟类、被子植物成为新兴的动植物类群，生物演化进入新的阶段。距今 200 万～6 500 万年前，被子植物大规模分化并繁盛，现代动物类群逐渐形成。从第四纪开始（距今 200 万年前），哺乳动物出现明显的进化，人类出现。

而生物多样性（biodiversity 或 biological diversity）的概念则是在 20 世纪 60 年代以后才被提出的（Dasman，1968），并在 20 世纪 80 年代后得到广泛认可。生物多样性内涵广泛，体现在多个层次上（Norse *et al.*，1986），描述着生命形式的多样化（the diversity of life）（Wilson & Peter，1988；Wilson，1992）。McNeely 等（1990）将其定义为：生命有机体及其借以存在的生态复合体的多样性和变异性，包括所有的植物、动物和微生物物种以及所有的生态系统及其形成的生态过程。Sandlund 等（1993）提出：生物多样性是生命形式在分子、种群、物种、群落和生态系统等层次的结构与功能的多样化（Gaston，1996）。而《生物多样性公约》（1992）中将生物多样性定义为："所有来源的活的有机生物中变异，这些来源包括陆地、海洋、其他水生生态系统以及其所构成的生态复合体；这包括物种内、物种之间以及生态系统的多样性"。

生物多样性减少是 20 世纪以来全球最为关注的问题之一。随着世界人口持续增长及经济开发活动增加，自然环境承受了巨大压力，例如环境污染、气候变暖、生态系统退化、物种灭绝等。人们在自然保护的实践中逐渐认识到，生物之间以及生物与周围环境之间存在着极为密切的联系，自然保护若只着眼于物种本身将难以实现保护目标。因此，"生物多样性保护"的概念被广泛地推广并接受。1992 年，在巴西里约热内卢召开的世界环境发展大会上，150 多个国家首脑签字通过了《生物多样性公约》（Convention of Biological Diversity，CBD，以下简称《公约》），标志着“生物多样性”正式成为国际社会广泛关注的重要环境问题。

1.1.1 生物多样性的层次

生物多样性一般包括3个层次，即遗传多样性（genetic diversity）、物种多样性（species diversity）与生态系统多样性（ecosystem diversity）。随着遥感、地理信息系统等现代技术的广泛应用，景观（landscape）的概念逐渐渗入生态学领域，景观多样性（landscape diversity）作为生物多样性的第 4 个层次被广为研究。

1.1.1.1 遗传多样性

广义的遗传多样性是指地球上所有生物携带的遗传信息的总和（McNeely，1990）。《全球生物多样性策略》（WRI，1992）将遗传多样性定义为“种内基因的变化，包括同种显著不同的群体或同一群体内的遗传变异”。遗传多样性通过物种演化过程中遗传物质突变并累积而形成。物种具有的遗传变异越丰富，它对生存环境的适应能力也就越强，进化潜力也越大。而生态系统的多样性是基于物种的多样性，也就离不开不同物种所具有的遗传多样性。可以说，遗传多样性既是生物多样性的重要组成部分，也是生物多样性的重要基础。

遗传多样性的来源包括染色体畸变、基因突变与重组。染色体畸变是指染色体数目、形态与结构的变化。基因突变通过碱基替换与移码突变两种方式发生。重组是在有性生殖过程中，来自两个亲本的基因连锁群间发生交换，并形成新的变异。

遗传多样性是物种进化的源泉，也是人类社会生存与发展的基础与保障。《公约》3 大目标之一“以公平合理的方式共享遗传资源的商业利益和其他形式的利用”（access to benefit-sharing，ABS）强调了各国对其生物资源拥有主权，即各国基于国家主权，在其领土（领土、领海、领空以及沿海国家的大陆架与专属经济区）内，享有生物资源的开发、利用、管理、养护等权利，在不违反国际法下，不受其他国家的干涉（薛达元，2005）。2010 年在日本名古屋召开的《公约》第 10 次缔约方大会（CBD COP10）通过了《名古屋议定书》，标志着 ABS 国际制度迈出了关键性一步。我国作为生物多样性资源极为丰富的国家之一，也是遗传资源重要的提供国，急需加强我国在这一领域内的评价与研究，以促进资源保护与公平惠益的分享。

1.1.1.2 物种多样性

物种多样性是指地球上所有生物有机体的多样化程度。物种多样性的测度包括两层：一是指物种的数目（number）或丰富度（richness），可称为区域物种多样性，表示一个群落或生境中物种数目的多少；二是指物种分布的均匀度（evenness），可称为生态多样性或群落多样性，反映各物种个体数目分配的均匀程度（Magurran，1988）。

物种多样性在分布上具有明显的时间格局和空间格局。在时间维度上，大到物种进化，小到群落演替、季节性变化，物种多样性均呈现出一定的规律性或周期性的变化。在进化尺度上，所有生物类群都经历了起源与分化的发展过程，其中虽有灭绝与反复，但物种多样性总体上表现为增加的趋势（Benton，1995；Counrtilot & Gaudemer，1996；van Valkenburgh & Janis，1993；周红章等，2000）。对于演替过程而言，植物物种多样性表现为先逐渐升高（Tilman，1998；Nicholson & Monk，1974），之后随着生态系统的稳定而出现下降（Whittaker，1970），而动物物种多样性则在增加到一定程度后物种数目趋于稳定，变化趋势类似于“种-面积”曲线（Preston，1960）。

在空间维度上，受热量、水分、地表等环境因子的影响，物种多样性的分布呈现出纬度地带性、海拔地带性等特点。植物物种多样性的纬度地带性很早就被人们关注到，并表现为随着纬度降低，物种多样性逐渐增加（Reid & Miller，1989）。对脊椎动物类群的研究表明，大多数脊椎动物也具有与植物物种多样性相似的纬度变化规律。但地衣、海洋底栖生物、土壤线虫等类群则相反，随纬度降低，其多样性减少（Huston，1994）。物种多样性沿海拔梯度的变化规律与纬度地带性十分相似。如鸟类、维管束植物的多样性随海拔升高而逐渐降低（Whittaker，1977）。在海洋或淡水生态系统中，物种多样性还具有随深度增加而逐渐降低的趋势。

物种多样性是生物多样性保护的中心问题。目前生物多样性正以历史上从未有过的速度丧失，一些物种灭绝的速度甚至比以往快 1 000 倍。《中国濒危动物红皮书》中的物种等级划分参考 IUCN 等级，划分为绝灭（EX）、野生绝灭（EW）、地区绝灭（RE）、极危（CR）、濒危（EN）、易危（VU）、近危（NT）、无危（LC）等等级；《中国植物红皮书》（1992）中的物种等级划分为濒危、稀有和渐危 3 个等级。物种的濒危等级与物种的保护优先顺序挂钩，以指导保护工作的开展。

1.1.1.3 生态系统多样性

生态系统多样性是指生物圈内生境、生物群落和生态过程的多样化以及生态系统内生境、生物群落和生态过程变化的多样性（马克平等，1995）。生态系统是生态学上的一个主要结构和功能单位，对生态系统的研究不仅要关注组成生态系统的生物成分与非生物成分，还需要重视生态系统中的能量流动、物质循环和信息传递。同时，生态系统是一个动态的系统，经历了从简单到复杂的发展过程，并以动态的平衡保持自身稳定。因此，生态系统多样性是一个高度综合的概念，既包含生态系统组成成分的多样化，更强调生态过程及其动态变化的复杂性。

其中，生境的多样性主要是指无机环境条件的差异与不同，这些差异是生物多样性形成的基础；生物群落的多样性是指群落组成、结构与动态上的多样化；生态过程的多样性主要指生态系统 3 大功能（能量流动、物质循环和信息传递）的多样化。生态系统中物种组成越多、食物网与信息网越复杂，生态系统多样性越高，生态系统的自我恢复能力也就越强。而物种组成的变化、环境因素的改变以及信息网的破坏，将严重影响生态系统的稳定性，导致自我调节失效以及生态系统服务功能的丧失。

1.1.1.4 景观多样性

景观多样性是指不同类型的景观在空间结构、功能机制和时间动态方面的多样化和变异性。景观是比生态系统更高层次上的概念，是在一个相当大的区域内由不同类型的生态系统组成的整体。组成景观的基本要素包括斑块、基质和廊道。斑块是景观尺度上最小的均质单元，它的大小、数量、形态和起源等对景观多样性具有重要意义。基质是景观中面积较大、连续性较高的部分，形成景观的背景。廊道呈线状或带状，是联系斑块的桥梁和纽带，一般具有通道或屏障功能。景观要素在类型、大小、形状、数量和外貌上的差异，以及物种、能量和物质在景观要素之间的流动变化，形成了景观的高度异质性。

景观多样性主要研究组成景观的斑块、景观的类型及其分布格局的多样性。斑块的多样性是指景观斑块的数量、大小与斑块形状的多样性和复杂性；类型的多样性是指景观类型的丰富度，常用景观多样性指数、丰富度、优势度等指标进行测定；格局的多样性是指景观类型在空间上的分布特点。景观多样性的特征对于物质迁移、能量流动、信息交换、生产力以及物种的分布、扩散与觅食等有重要的影响。

1.1.2 生物多样性的价值

生物多样性是人类赖以生存的物质基础，也是维护国家生态安全的基本屏障。生物多样性丰富程度作为社会经济可持续发展的战略资源，已成为一个衡量国家综合国力和可持续发展能力的重要指标，与国民经济以及社会发展直接相关。

生物多样性的价值表现在多个方面，包括直接价值、间接价值与潜在价值，并体现在社会、伦理、文化、美学等多个方面。

（1）直接价值

人类的衣食住行都离不开生物多样性，它为人类提供了丰富的食物、药材，以及其他各种生产、生活原料。以食物而言，人类所需的全部食材都源自生物的野生和驯化组分。维持生物多样性，人类的食物品种将得到丰富，生活质量也将得到提高。

（2）间接价值

生物多样性具有重要的生态功能。通过固定太阳能、产生氧气、吸收二氧化碳、涵养水源、净化水质、巩固堤岸、防止土壤侵蚀、调节水文、改善气候、吸收和分解污染物等，为人类提供了生存的基本条件，缓解自然灾害对人类的影响。

（3）潜在价值

野生生物种类繁多，人类已经研究并完全了解的只是其中的极少部分，大量野生生物的使用价值目前还不清楚。但可以肯定的是，这些野生生物具有巨大的潜在使用价值，现在还未被利用的那些物种在将来可能会发挥重要作用。而一种野生生物一旦从地球上消失就无法再生，它的各种潜在使用价值也就不复存在了。因此，对于目前尚不清楚其潜在使用价值的野生生物，也应当珍惜和保护。

1.2 生物多样性评价的意义

生物多样性评价是生物多样性保护工作的一个重要方面，也是制定保护管理措施的基础。通过生物多样性信息的汇编与收集，评估生物多样性状况，可以认识目标区域内生物多样性的发展状况及其变化趋势，为制定生物多样性保护行动计划建立准则，并为完善生物多样性保护管理措施提供判断标准。

《公约》对生物多样性评价提出了明确要求：每一缔约国应尽可能并酌情“查明对保护和持续利用生物多样性至关重要的生物多样性组成部分”，“查明的生物多样性组成部分，要特别注意那些需要采取紧急保护措施以及那些具有最大持续利用潜力的组成部分”，“查明对保护和持续利用生物多样性产生或可能产生重大不利影响的过程和活动种类，并通过抽样调查和其他技术，监测其影响”。同时，还应就可能对生物多样性产生的不利影响进行评估。《公约》第 5 次、第 6 次缔约国大会（COP5、COP6）分别通过决议，进一步敦促各缔约国在生物多样性评估上采取行动。

2000 年以后，国际上生物多样性评价工作迅速开展。2001 年启动了千年生态系统评估（Millennium Ecosystem Assessment，MA），通过分析预测人口、经济、气候变化等驱动力作用下生态系统的变化，评估世界生态系统以及动植物面临的威胁。2003 年国际生物多样性计划（DIVERSITAS）推出更新方案，进一步完善了原有的 3 个核心研究计划——“生物发现”（bioDISCOVERY）、“生态系统服务”（ecoSERVICES）、“生物可持续性”（bioSUSTAINABILITY）。其中，“生物发现”计划的工作重点为调查生物多样性状况、监测变化，并预测未来的趋势；“生态系统服务”计划的重点在更大尺度以及更广的生物学层次上开展生物多样性和生态系统功能研究，研究生态系统结构和功能变化与生态系统服务变化的联系，评估人类对生态系统服务变化的响应；“生物可持续性”计划侧重于引导政策与决策制定，促进生物多样性的可持续利用。2006 年《公约》第 8 次缔约方大会上“2010 生物多样性指标合作伙伴关系”（the 2010 Biodiversity Indicators Partnership，2010 BIP）（http：//www.twentyten.net）宣布成立，通过全球指标建设领域的众多国际机构的共同参与及合作，以期为全球提供最佳的可获取的生物多样性信息，促进全球生物多样性指标评价实施，并协助地区和国家尺度指标的建设。2010 BIP 的项目成果代表了当前生物多样性评价的发展方向，其建立的生物多样性评价指标不仅支持《生物多样性公约》、《拉姆萨尔湿地公约》（Ramsar Convention on Wetlands）、《迁移物种公约》（Convention on Migratory Species，CMS）、《濒危野生动植物种国际贸易公约》（Convention on International Trade in Endangered Species of Wild Fauna and Flora，CITES）、《联合国防治荒漠化公约》（United Nations Convention to Combat Desertification，UNCCD）等国际环境协议，还为诸如联合国千年发展计划（Millennium Development Goals，MDGs）等国际项目提供指标建议。

实施生物多样性评价不仅有助于我国开展履约工作，同时也符合我国生态建设与生物多样性保护工作的需要。在《中国生物多样性保护战略与行动计划（2011—2030 年）》中，将“开展生物多样性调查、评估与监测”作为生物多样性保护优先领域与行动之一，并提出 5 项具体行动：①开展生物物种资源和生态系统本底调查；②开展生物遗传资源和相关传统知识的调查编目；③开展生物多样性监测和预警；④促进和协调生物遗传资源信息化建设；⑤开展生物多样性综合评估。因此，为促进我国生物多样性保护战略目标的实现，有必要开展连续的生物多样性监测与评价。

1.3 生物多样性评价的工作内容

1.3.1 生物多样性评价关注的主要问题

《公约》框架下的生物多样性保护不仅是生物与环境的问题，还涉及自然、社会、人口、经济等多个方面。保护并可持续地利用生物多样性是维持日益增加的人口对粮食、健康、安全等需求的重要保证。为支持生物多样性的可持续管理与决策，应尽量查明生物多样性组成部分的现状，查明对生物多样性产生重要影响的过程与活动，并调查保护措施及其保护效果。只有充分、全面地掌握生物多样性相关信息，才能实现生物多样性保护与管理目标。与履约相关的问题一般可以划分为状况、压力、利用、响应和能力 5 个方面，这 5 个方面也是生物多样性评价中需要重点关注的核心问题（CBD，2003）。

（1）状况：什么正在变化，其程度如何？

状况指生物多样性的现状。不仅包含对景观、生态系统、物种、遗传 4 个层次中组成成分的存在状况的了解，还包含对格局、过程、功能的分析。生物多样性现状评价针对生物多样性本身，通过掌握生物多样性变化趋势，调查生物多样性的保护状况。

（2）压力：为什么会变化？

压力主要指影响生物多样性的直接因素与间接因素。这些影响因素可能是人类活动，也可能是其他社会经济活动带来的可预期的物理、化学、生物的变化（如土壤、水体、空气、植物区系、动物群落等变化）。

目前生物多样性面临的主要威胁包括土地利用的变化、人类的掠夺式开发、气候变化、环境污染、外来物种入侵、水土流失等。这些压力因素对生物多样性组成、结构或者功能将产生不同程度的影响且一些变化可能需要一定时间的累积才能表现出来，但影响往往也更加深远。因此评价分析中需要科学地选择适宜的空间尺度与时间尺度。

生物多样性评价中，通过识别造成生物多样性丧失的原因，研究这些压力因素的作用情形，有助于分析生物多样性可持续利用的有利机会与约束条件，以采取合理的挽回措施，避免或减小生物多样性受到的破坏。

（3）利用：为什么重要？

生物多样性是人类生存的重要物质基础，人类的生产、生活都离不开对生物多样性价值的利用。维持高的生物多样性即拥有了丰富的资源宝藏，除了能获取物种资源，同时还能获得生态系统提供的服务功能。

在生物多样性评价中尤其需要关注生物资源与源自生物多样性的服务功能的现状，以及这些生物资源与服务的可持续供给能力。生物资源作为一种可再生资源，合理的利用能实现资源的永续利用。但如果资源消耗速度超过了自然的承受能力，则资源将遭到极大破坏，并造成物种锐减、生态系统退化。

（4）响应：我们正在做什么？

响应是指为保护生物多样性、减缓压力、促进可持续利用所采取的方法与措施。比如制定生物多样性保护战略与行动计划，确定生物多样性保护目标，建设自然保护区网络，开展迁地保护，植树造林，节能减排，促进平等地分享利用遗传资源获得利益等。响应措施的制定不仅基于对现实情况的分析，还依赖于人们对危机的认识以及生态保护的意识。

此外，需要关注的不仅是有没有采取保护措施，更重要的是了解这些保护管理措施的效果如何，是否能有效地作用于生物多样性，并遏制生物多样性的丧失速率。比如保护管理的范围与力度如何，保护级别高的物种与栖息地是否受到保护，选建的保护区是否具有代表性，保护工作有没有达到预设目标等。对现已开展的保护工作的实施情况进行深入的调查，是提高生物多样性保护能力的重要手段。

（5）能力：我们是否有办法制定和实施应对措施？

管护的能力取决于很多方面。不仅事关立法、机构、人力资源和预算，还受到技术、知识与数据积累，以及知识与政策间协调性的影响。自《公约》生效实施以来，许多国家就本国的生物多样性保护进行了立法。我国在《宪法》、《刑法》和《环境保护法》的基础上，已制定或修订了 50 余项与生物多样性相关的法律法规。通过立法，生物多样性保护有了实施的依据。而环境保护机构的建立与完善成为保护工作开展的基础。财政支持、人员投入、技术革新以及知识/数据积累，将进一步保障与提高生物多样性保护的能力。另一方面，各个国家或地区的生物多样性情况都有其特殊性，因此生物多样性保护的开展需要各个国家或地区结合自身的生物多样性现状与管理需求，将问题具体化，有针对性地提高应对变化的能力。

1.3.2 生物多样性评价的工作流程

生物多样性评价工作主要由3个部分组成：明确生物多样性保护的相关问题与目标；建立合适的评价指标体系；制定恰当的监测方案，开展监测评价（图 1.1）。

（1）明确问题与目标

生物多样性评价的目的是服务管理者，为生物多样性相关的政策和决策制定提供科学的、有效的支撑信息。因此，在建立指标体系、实施评价之前必须明确需要解决的问题，包括近期与远期的保护目标，以及保护与管理过程中亟待了解的重要方面等。只有识别了生物多样性保护的重点，才能使监测评价更有针对性，并发挥最佳的效用。

（2）建立合适的指标体系

问题明确后，如何从众多的候选指标中筛选出适合的指标、建立生物多样性评价指标体系是整个评价过程中最关键的部分。通常，生物多样性评价指标有 3 个不同的侧重方面：①监测生物多样性状况，跟踪生物多样性变化；②检验科学假说，增进对生态学过程的认识；③服务生物多样性管理，提高保护对策和措施的有效性（Failing & Gregory,

2003）。不同侧重的指标彼此相似但又具有差异，因此使用时要注意区分。同时评价指标还应科学合理，并且经济可行，能满足使用者的需求。

（3）确定恰当的监测与调查方案，开展监测评价

生物多样性评价的基本数据与信息要通过监测、调查收集等途径获取。监测与调查方案的设计必须科学、严谨。其中应重点把握工作目标，明确评价的时空范围，并运用科学的、可达性的监测调查方法。监测与调查方案是否有效可行，能否获得可靠的且有可比性的数据，是生物多样性评价的重要保障。

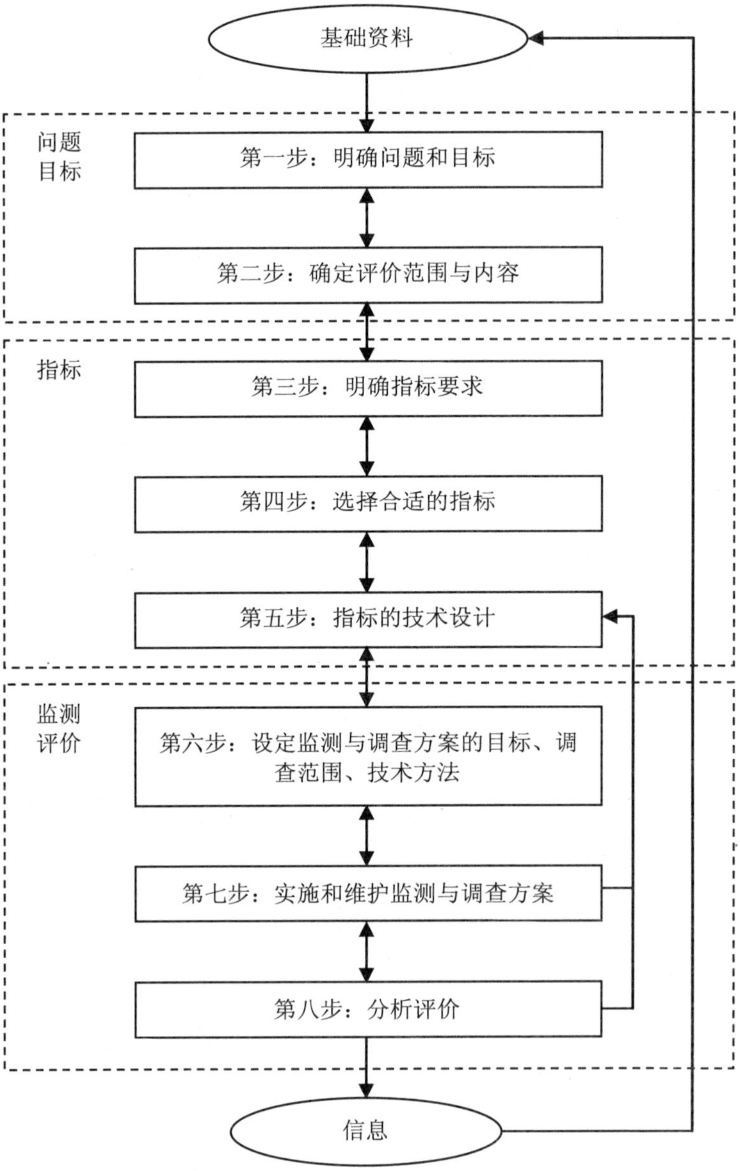

图 1.1 评价体系构建的具体流程（CBD，2003）

1.4 指标体系的逻辑框架

逻辑框架是构建指标体系的重要基础，也是筛选实用性指标的基本指导。通过确定逻辑框架，对生物多样性指标进行组织分类，明晰社会经济与生物多样性之间的相互关系和相互影响。这将有助于提取和归纳指标提供的有用信息，实现生物多样性综合评价的目标。

目前比较常用的逻辑框架包括 3 种，分别是 PSR 框架、DSR 框架和 DPSIR 框架。

（1）PSR 框架

PSR 框架即“压力（pressures）-状态（state）-响应（responses）”框架，最初由经济合作与发展组织（OECD）提出（OECD，1993），其模型基础是 Friend 与 Rapport（1979）的“压迫-响应（Stress-Response）”模型。

在生物多样性评价的 PSR 框架中，压力指人类生产及消费对生物多样性产生的直接或间接影响；状态指生态系统、物种和遗传水平上的状况，并包括生态系统提供的产品和服务，以及非生物无机环境的状况；响应是指用于改变这些压力或状态的方法和措施。

PSR 逻辑框架描述与反映了人类活动和生物多样性之间的相互作用和相互联系。人类活动对环境造成压力，并导致环境状况发生变化；作为对所发生的变化的响应，人类可采取管理措施，停止或减缓这些压力，以减少对生物多样性的破坏（图 1.2）。有了解人类活动产生的影响助于明确生物多样性受到的压力和生物多样性丧失之间的因果关系，突出了响应措施和方法对保护生物多样性的作用，与评价生物多样性的目标密切相关。这个逻辑框架是生物多样性监测和评价指标构建中最基本的模型。

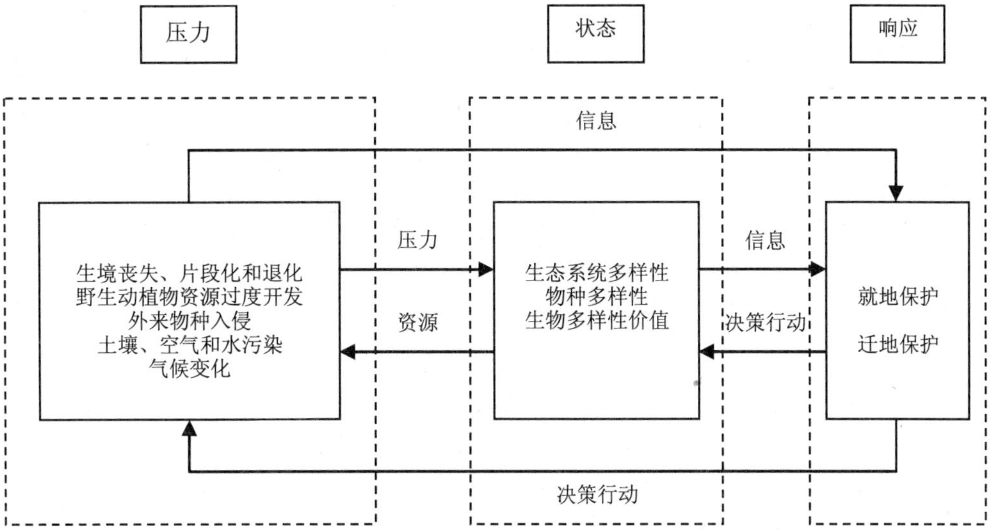

图 1.2 PSR 框架（丁晖、秦卫华，2009）

（2）DSR 框架

DSR 框架是 PSR 框架的一个变形式，原本是联合国可持续发展委员会（UNCSD）为评估可持续发展状况提出的评价模式（UNCSD，2001）。和 PSR 框架相比，在 DSR 框架中，“压力”组分被“驱动力”组分所替换，构成“驱动力（driving forces）-状态（state）-响应（response）”的逻辑结构（图 1.3），以便更适合加入社会、经济和制度方面的新指标。此外，与“压力”只表示负面的影响因素不同，“驱动力”包括影响可持续发展的正面的与负面的因素，能更切合地反映社会、经济和制度因素叠加产生的环境影响（Newton & Kapos，2002）。

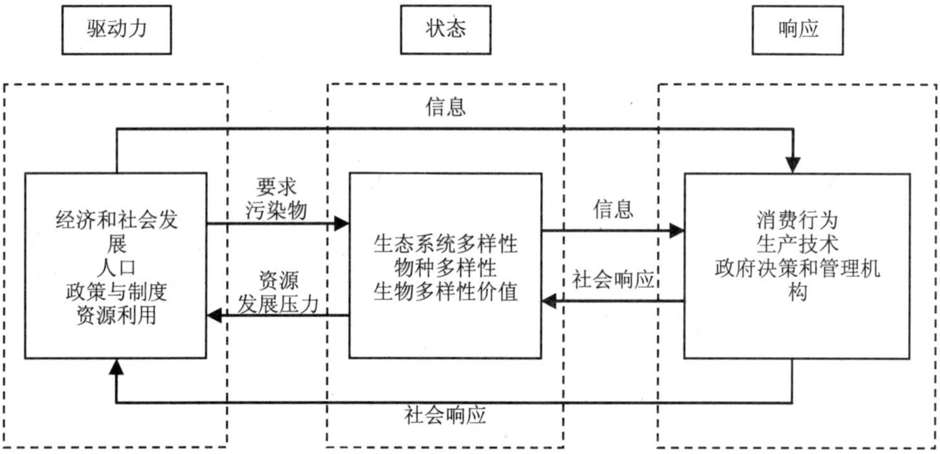

图 1.3 DSR 框架

（3）DPSIR 框架

DPSIR 框架（“驱动力（driving forces）-压力（pressures）-状态（state）-影响（impact）-响应（responses）”框架）（EEA，1999）也是基于 PSR 发展而来。该框架下的 5 个组分分别为：①驱动力指社会、人口、经济等潜在影响因素，包括社会发展、人类生活方式以及消费和生产格局等；②压力指物质排放、资源利用和土地利用等直接影响环境的人类活动；③状态指土壤、空气和水体等非生物成分的状况，以及生态系统/栖息地、物种/群落和遗传水平上的生物多样性状况；④影响是指环境状况对生物多样性、资源可获得性以及人类福利和生态系统健康等方面的影响；⑤响应是指规划和处理这些问题的对策和措施。这五个组分之间存在一条直接的因果关系链，并通过反馈作用相互影响（图 1.4）。

DPSIR 框架较之前两个模型具有更强的逻辑性和系统性。解决了“驱动力”指标与“状态”指标间的逻辑缺陷，强调了社会、经济、制度和人口等问题是影响环境/生物多样性的根源问题，有助于揭示指标之间的因果联系，促进在评价中综合地考虑发展、利用、环境和人类健康等问题（陈圣宾等，2008）。

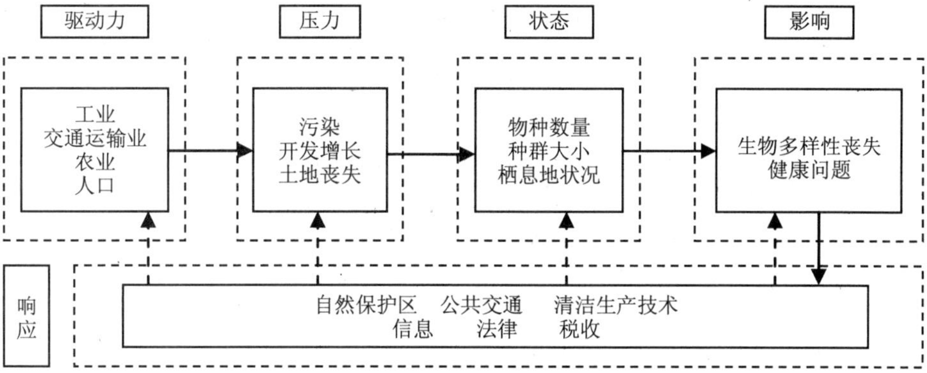

注：实线箭头表示直接因果关系，虚线箭头表示反馈作用。

图 1.4 DPSIR 框架

第 2 章　国内外的生物多样性评价指标体系

2.1 全球尺度的生物多样性评价指标体系

（1）《公约》全球生物多样性评价指标的建设背景

构建生物多样性指标，指导缔约方开展生物多样性监测与评价，是《公约》一项长期、重要的工作内容。在《公约》第 7 条、第 14 条等条款中都包括了关于生物多样性监测与评价的要求。在《公约》第 2 次缔约方会议（CBD COP 2）上，科学、技术与工艺咨询附属机构（SBSTTA）[①]提出构建生物多样性评价指标体系，指出评价指标的开发与建设对缔约方监测和评估生物多样性具有十分重要的意义。

在《公约》第 6 次缔约方会议（CBD COP 6）决议 VI/26 中，缔约方大会通过了“生物多样性公约战略计划”，各缔约方承诺致力于更有效地并一致地履行公约三大目标，即至 2010 年在全球、地区和国家尺度上显著降低生物多样性丧失速率，以此作为对减轻全球贫困和人类福利的贡献。为评估目标的实现情况，进一步增加了对生物多样性评价指标的需求。

2003 年，《公约》执行秘书处在蒙特利尔召开的生物多样性指标专家会议上，制定了“生物多样性指标构建导则”，对指标体系构建中需要注意的问题进行了建议与规定，明确了一系列生物多样性评价需要关注的重点内容。该“导则”获得了《公约》第 7 次缔约方会议（CBD COP 7）决议通过（决议 VII/8），成为各国与地区构建生物多样性指标的指导性文件。同时，《公约》在决议 VII/30 中确定了一套由 7 个重点方面组成的评价体系，并确定了全球尺度的试验指标，用于评估全球尺度上 2010 年生物多样性保护目标的进程。

（2）《公约》全球生物多样性评价指标

《公约》生物多样性评价指标体系的 7 个重点方面分别是：①调查生物多样性的状况与变化趋势，降低生物多样性的丧失速度；②促进生物多样性资源的可持续利用；③消除对生物多样性的主要威胁，如外来入侵物种、污染物排放、气候变化等；④维

---

① 科学、技术和工艺咨询附属机构（SBSTTA，简称科技咨询机构）由来自公约缔约国的相关领域专家组成，为缔约方大会（COP）提供科学和技术问题的建议。《生物多样性公约》的奠基人提议：缔约国应从发达国家和发展中国家的科学家和物种保护工作者那里获取建议，做出有关生物多样性的决策，以使决策和决定受到的政治干预最小化。SBSTTA 即为此目的而成立。

但在 SBSTTA 早期，其会议多为小型的缔约方大会，提出的观点往往受到政治争辩的影响。而如今这种状况得到明显改善，SBSTTA 会议已经成为高水平的、独立的论坛，加强了科学家和决策者之间的讨论，并相对地降低了直接的政治压力。

护生态系统完整性和生态系统产品与服务；⑤保护传统知识、创新与实践；⑥保证公平地获取与分享遗传资源产生的利益；⑦调动资金与技术资源，促进国际间的协作。

基于这 7 个重点方面，《公约》确定了一套全球尺度上的生物多样性评价试验指标（2010 BIP，2010），并根据指标的建设情况，将指标分为可以开展监测使用的指标和需要进一步完善的指标（《公约》决议 VIII/15）（表 2.1）。

《公约》全球生物多样性评价指标体系服务于"生物多样性公约战略计划"，是了解全球尺度上生物多样性变化情况的重要工具。这套指标评价的内容具体包括生物多样性状况、生物多样性面临的威胁、生态系统服务以及人类福利等方面，还涉及文化上的多样性，如语言多样性等。

表 2.1　《公约》全球尺度生物多样性评价指标

重点方面	标题指标	具体指标
生物多样性组成部分的状况及变化趋势	1．特定生物区群、生态系统和栖息地规模的变化趋势	1-1 森林范围与森林类型 1-2 海洋栖息地范围
	2．特定物种的丰富度与分布变化趋势	2-1 生命行星指数 2-2 全球野生鸟类指数
	3．受威胁物种状况变化情况	3-1 IUCN 红色名录指数
	4．具有重要社会经济意义的家养动物、作物和鱼类的遗传多样性趋势	4-1 异地作物收集 4-2 陆生家养动物的遗传多样性
	5．自然保护区覆盖范围	5-1 保护区覆盖 5-2 保护区与生物多样性的重叠 5-3 保护区管理的有效性
对生物多样性的威胁	6．氮沉降	6-1 氮沉降
	7．外来入侵物种的变化趋势	7-1 外来入侵物种变化趋势
生态系统完整性及生态系统产品与服务	8．海洋营养指数	8-1 海洋营养指数
	9．淡水生态系统的水质	9-1 生物多样性的水质指数
	10．其他生态系统的营养结构完整性*	
	11．生态系统连续性/破碎化	11-1 森林破碎化 11-2 河流破碎化与流量调节
	12．人类活动导致的生态系统失效事件*	
	13．直接依靠当地生态系统产品与服务的社区居民健康与福利*	13-1 直接依靠当地生态系统产品与服务的社区居民健康与福利
	14．食物与医药的生物多样性*	14-1 生物多样性的营养状况 14-2 食物与医药的生物多样性
可持续利用	15．可持续管理的森林、农业、水产养殖生态系统的面积	15-1 可持续管理的森林面积：认证 15-2 可持续管理的森林面积：退化与砍伐 15-3 可持续管理的农业生态系统面积
	16．生态足迹及相关概念*	16-1 生态足迹
	17．可持续资源提供的产品的比例*	17-1 贸易物种状况 17-2 野生产品指数
获取与利益分享情况	18．表示获取与利益共享的指标*	

重点方面	标题指标	具体指标
资源转让情况	19. 支持 CBD 公约提供的官方发展援助 20. 技术转让指标*	19-1 支持 CBD 公约提供的官方发展援助
传统知识、创新与实践情况	21. 语言多样性的状况与趋势，以及讲土著语言的人数	21-1 语言多样性的状况与趋势，以及讲土著语言的人数
	22. 其他表示土著与传统知识状况的指标*	

注：表中带星号（*）的指标为需要进一步完善的指标。

2.2 地区尺度的生物多样性评价指标体系

2.2.1 欧盟 SEBI 2010 项目

（1）项目背景

欧洲是全球生物多样性保护开展最早的地区之一，生物多样性保护一直是欧洲环境保护的重点工作内容。从 20 世纪 70 年代欧洲就开始订立具有法律效力的生物多样性保护计划，如欧洲鸟类指令（Bird Directive）（1979 年）、栖息地指令（Habitat Directive）（1992 年）等，并十分关注物种及栖息地保护，建立了如泛欧生态网络（pan-European Ecological Network，PEEN）、自然 2000（Natura 2000）、绿宝石网络（Emerald Network）等生态网络，构筑起保护生物多样性的屏障。

1998 年，欧盟委员会决议通过了欧盟第一个生物多样性战略。该战略旨在从源头上预测、防范与削弱导致生物多样性降低或丧失的影响因素，同时帮助遏制生物多样性降低或丧失，并使欧盟区内的物种与生态系统受到良好的保护。在该战略下，欧盟委员会于 2001 年签署通过了自然资源保护、农业、渔业以及经济与发展合作 4 个方面的生物多样性行动计划。同年，欧盟各国就“在 2010 年遏制欧洲生物多样性丧失，并显著地降低全球生物多样性消失速度”上达成共识。

2006 年，欧盟制定了新的生物多样性行动计划（European Union’s Biodiversity Action Plan-Halting the loss of biodiversity by 2010 and beyond）（European Communitics，2008），确定欧盟的生物多样性保护目标主要包括：①加强对欧盟最重要的栖息地与物种的保护，到 2010 年遏制欧盟地区生物多样性丧失；②保护农村地区的生物多样性，降低开发与污染的影响；③保护海洋中的生物多样性，促进可持续的利用；④将生物多样性纳入土地利用计划与发展规划；⑤降低外来入侵物种的影响；⑥加强欧盟在应对全球生物多样性丧失中的职责，尤其针对国际保护管理、贸易与发展合作方面；⑦加强生物多样性对气候变化的适宜；⑧丰富知识基础，加强生物多样性研究。

（2）SEBI 2010 项目情况介绍

为响应欧盟生物多样性战略及其行动计划，欧盟于 2005 年启动了泛欧地区（pan-European）的生物多样性指标构建项目——“整合欧洲 2010 年生物多样性指标”（Streamlining European 2010 Biodiversity Indicators，SEBI 2010）。该项目旨在选择并整合一套在国家、地区、全球尺度上尽量一致的、简单可行的生物多样性指标，以监测生物多样性的现状和趋势，评估 2010 年目标进展（EEA，2007）。

SEBI 2010 项目周期为 8 年，计划于 2012 年结束，包括 4 个工作阶段。第一阶段（2005—2007 年中期）建立、整理并提出初步的生物多样性指标；第二阶段（2007 年中期—2008 年末）补充指标评价所需数据，并运用该指标评估 2010 年生物多样性保护目标实现情况；第三阶段（2009—2010 年末）进一步更新、修订、细化评价指标；第四阶段（2010 年末—2012 年末）进一步修改与细化指标。

（3）SEBI 2010 生物多样性指标

欧盟生物多样性评价指标体系由 7 个重要方面（Focal areas），16 个标题指标（Headline indicators）以及 26 个具体指标（Specific indicators）组成（表 2.2）（EEA，2009a & 2009b）。指标结构框架参考了《公约》全球生物多样性指标的基本框架，并根据欧盟保护工作需要拟定了具体的评价指标。

表 2.2 SEBI 2010 指标

重点方面	标题指标	具体指标
生物多样性组成部分的状况及变化趋势	1．特定物种丰富度和分布的变化趋势	1-1 特定物种的丰富度与分布 （1）鸟类 （2）蝴蝶
	2．受威胁和/或保护物种状况的变化	2-1 欧洲物种红色名录指数
		2-2 欧洲重要物种
	3．特定生物群系、生态系统及栖息地的范围变化趋势	3-1 生态系统覆盖
		3-2 欧洲重要生境
	4．具有重要社会经济意义的家养动物、作物和鱼类的遗传多样性趋势	4-1 家畜遗传多样性
	5．自然保护区覆盖	5-1 国家级自然保护区
		5-2 欧盟栖息地和鸟类指令下建立的保护地
对生物多样性的威胁	6．氮沉降	6-1 氮超临界负荷
	7．外来入侵物种变化趋势	7-1 欧洲外来入侵物种
	8．气候变化对生物多样性的影响	8-1 气候变化对鸟类种群的影响
生态系统完整性及生态系统产品与服务	9．海洋营养指数	9-1 欧洲海域的海洋营养指数
	10．生态系统连通性/破碎化	10-1 自然和半自然区域的破碎化
		10-2 河网破碎化
	11．水生生态系统的水质	11-1 过渡带、海岸带、海洋水体富营养化
		11-2 淡水水质
可持续利用	12．可持续管理的森林、农业、渔业和水产业生态系统面积	12-1 森林：蓄积量、增量与砍伐
		12-2 森林：死木
		12-3 农业：氮平衡
		12-4 农业：有助于维护生物多样性的管理实践覆盖的面积
		12-5 渔业：欧洲经济鱼类资源
		12-6 水产业：鱼类养殖场出水水质
	13．欧洲国家的生态足迹	13-1 欧洲国家的生态足迹

重点方面	标题指标	具体指标
获取与利益分享情况	14．基于遗传资源的欧洲发明专利申请比例	14-1 基于遗传资源的专利申请
资源转让情况	15．生物多样性投资	15-1 生物多样性财政管理
公众意识	16．公众关心和参与	16-1 公众关心

2.2.2 环北极生物多样性监测项目（CBMP）

（1）CBMP 项目情况介绍

环北极生物多样性监测项目（Circumpolar Biodiversity Monitoring Programme，CBMP）是北极理事会北极动植物保护工作组（CAFF）发起的一项生物多样性监测项目。加入国家包括加拿大、丹麦（格林兰、法罗群岛）、芬兰、冰岛、挪威、俄罗斯、瑞典以及美国。该项目旨在协调与强化北极的长期生物多样性监测工作，通过国际科研工作者协同当地资源使用者实施监测、数据管理及报告，提高认识并对环北极地区生物多样性的变化开展有效保护。

（2）CBMP 生物多样性指标

环北极生物多样性监测的指标包括 22 个指数/指标（表 2.3），是评估环北极地区生物多样性的重要基础（Gill *et al.*，2008）。

表 2.3　CBMP 生物多样性指数与指标（Gill & Barry，2008）

CBMP 指数/指标
1. 物种组成
• 北极物种变化指数
• 关键种丰富度变化趋势+其他物种变化趋势（如分布、生产力、存活、身体条件等）
• 红色名录指数
• 濒危物种状况变化情况
• 所有受威胁物种的变化趋势
2. 生态系统结构
• 营养级指数
• 水质指数
3. 栖息地范围与质量的变化
• 土地覆盖变化指数
• 生物群系、栖息地与生态系统范围的变化趋势
• 栖息地破碎化指数
• 栖息地斑块大小分布变化趋势
• 河网破碎化
• 海底破坏范围
4. 生态系统功能与服务

• 自然干扰的范围、频率、强度和分布变化趋势
• 物候变化趋势
• 分解速率变化趋势
5. 人类健康与福利
• 人类福祉指数
• 传统食品和药品多样性变化趋势
• 研究、监测和管理中传统知识使用的变化趋势
• 野生生物病原体和寄生虫发生率变化趋势
6. 政策响应
• 自然保护区覆盖情况

2.3 国家尺度的生物多样性评价指标体系

2.3.1 英国生物多样性评价指标

（1）指标体系建设背景

英国是第一个响应《公约》要求提出国家生物多样性保护行动计划的国家。1994年英国政府公布了《生物多样性：英国行动计划》(Biodiversity：the UK Action Plan，UK BAP)，并成立了英国生物多样性指导小组，以摸清英国的生物多样性资源，同时为保护英国生物多样性制订更为详细的保护计划。UK BAP 是英国保护生物多样性的基础文件，在颁布后的 20 多年中促进了英国许多保育工作的成功开展。

随着新问题的出现和保护目标的变化，2007 年英国政府制定了新的生物多样性保护战略框架《保护生物多样性——英国的方法》(Conserving Biodiversity – the UK Approach)①。该保护框架是对英国可持续发展政策的重要补充，其中强调了生物、栖息地及生态系统服务与人类保护之间的内在联系，指明了将人类生活需求控制在环境可承受范围内的重要性，同时提出了实现生物多样性保护目标的指导原则，并确定了框架下用于评估英国生物多样性的指标体系。

（2）英国生物多样性评价指标

英国保护战略框架中提出的评价指标是英国第一套生物多样性评价指标体系，共包括 18 个指标，用于评估国家生物多样性的状况与变化（表 2.4）。

---

① 英国生物多样性保护战略框架由英国 4 个地区的生物多样性保护战略支撑：
英格兰——*Working with the grain of nature：a biodiversity strategy for England*；
苏格兰——*Scotland's biodiversity：It's in your hands*；
威尔士——*Environment strategy for Wales*；
北爱尔兰——*Northern Ireland biodiversity strategy*。

表 2.4 英国生物多样性评价指标（Defra，2009）

重点方面	具体指标	参数
生物多样性组成状况及变化趋势	1a. 野生鸟类种群变化趋势	（1）繁殖农田鸟类 （2）繁殖林地鸟类 （3）繁殖水生和湿地鸟类 （4）繁殖海鸟 （5）越冬水鸟
	1b. 蝴蝶种群变化趋势	（1）半自然栖息地特异种 （2）泛化种
	1c. 陆生哺乳动物（如蝙蝠）种群变化趋势	
	2. 植物多样性	（1）开阔的栖息地 （2）林地和草地 （3）边缘栖息地
	3. UK 优先物种	
	4. UK 优先栖息地	
	5. 遗传多样性	（1）本国羊品种 （2）本国牛品种
	6. 保护地	（1）自然保护地的范围 （2）自然保护地的条件
可持续利用	7. 林地管理	
	8. 农业-环境计划协议下的土地面积	（1）较高级别的目标计划 （2）登记类型计划
	9. 可持续渔业	
对生物多样性的威胁	10. 空气污染的生态影响	（1）酸化 （2）氮
	11. 入侵物种	（1）淡水物种 （2）海洋物种 （3）陆地物种
	12. 春天指数	
生态系统完整性及生态系统产品与服务	13. 海洋生态系统完整性	
	14. 栖息地连通性	
	15. 生物河流质量	
资源转让与利用情况	16. UK 生物多样性支出	
	17. 全球生物多样性支出	
公众意识	18. 保护志愿者	

2.3.2 德国生物多样性评价指标

（1）德国生物多样性国家战略指标

德国的生物多样性评价指标体系由 19 个指标组成（表 2.5），是基于德国生物多样性国家战略要求建立的指标体系，其评价内容主要涵盖生物多样性保护、生物多样性的可持续利用、环境影响、遗传资源，以及公众关心等方面（BMU，2007）。具体评价指标的确定主要借鉴德国已有的指标体系（如 KIS①、NHS②和 LIKI③）中一些已通过验证、具有实用性的指标。德国政府计划每 4 年定期发表相关的指标评估报告，以跟踪生物多样性变化趋势，促进生物多样性保育措施有效实施。

表 2.5 德国生物多样性国家战略指标（BfN，2008）

具体指标		DPSIR 分类	使用该指标的其他指标体系
1	物种多样性的可持续指标	状态	NHS、KIS、LIKI
2	濒危物种	影响	KIS
3	“栖息地指令”中栖息地类型和物种的保护状况	状态	LIKI（试验中）
4	德国非本国动植物物种的数量	压力	KIS
5	受到严格保护的保护区面积	响应	KIS、LIKI
6	Natura 2000 保护地的设置	响应	KIS、LIKI
7	土地利用：人类居住和交通设施建设使用的土地总量增加情况	压力	NHS、KIS、LIKI
8	景观破碎	压力	KIS、LIKI
9	城市扩张	压力	—
10	农业环境补贴（补贴面积）	响应	KIS
11	有机农业用地面积占农业用地总面积的百分比	响应	NHS、KIS、LIKI
12	经过认证的林地面积百分比	响应	KIS
13	氮盈余（总平衡表）	压力	NHS、KIS、LIKI
14	农业基因工程	压力/响应	LIKI（试验中）
15	水质——Ⅱ级水质以上的水体所占百分比	影响	LIKI
16	海洋营养指数	压力	CBD
17	海洋中特定经济物种的种群	影响	—
18	指示植物的花期	影响	KIS
19	环境政策目标与任务的作用	响应	—

① 德国核心环境指标（System of Core Environmental Indicators，KIS）是 2005 年在德国联邦环境署支持下建立的。由 58 个指标组成，用于反映气候变化、生物多样性、自然与景观、环境、健康、生活质量、资源利用以及污染物管理等方面的变化趋势。其中涉及生物多样性方面的指标有 15 个，主要针对物种、栖息地与景观多样性、保护地与保护区、土地利用、污染排放造成的环境压力。

② 德国国家可持续战略指标（Indicators of the National Sustanability Strategy，NHS）包括 21 个指标，用于评估德国社会各领域的可持续发展状况，其中与生物多样性相关的指标涉及物种多样性、土地利用、氮平衡等几个方面。

③ 德国各州核心指标（Länder Initiative for a Core Set of Indicators，LIKI）共包括 24 个环境核心指标。在联邦尺度和州尺度上对评价的技术方法进行了统一规范。

（2）指标应用举例

① 物种多样性的可持续指标（SISD）

SISD 是一个信息高度综合的状态指标，用于评价自然与景观质量状况。指标评价的基本思路是：物种生存状况受到栖息地质量的影响；反过来，通过监测物种可以推测与反映景观/栖息地的生境质量。

SISD 选择了德国 6 种主要景观/栖息地类型中生活的 59 种鸟类，监测其种群的变化情况。6 种主要景观/栖息地类型分别为：农田、森林、居住区、内陆水体、海岸/海洋与高山。此外，为保证监测的结果能反映自然状况下景观/栖息地的实际状况，这 59 种鸟类都特别选取那些没有受到任何保育措施保护的物种。因此，通过观测这些野生鸟类的种群变化，可以在一定程度上揭示其所在栖息地的可持续性，同时能反映物种多样性的变化以及当前土地利用方式的可持续性。

指标值的计算方法为：①确定每种指示鸟类的期望种群大小，将每年各鸟类种群监测结果与其期望种群大小进行比较。如以各物种 2015 年的种群大小期望值为目标值，该期望值由相关专家组讨论确定。每年监测得到的种群大小通过与 2015 年的期望种群大小相比较，换算成相对于 2015 年目标值的百分比。②分别估计 6 种主要景观/栖息地类型的可持续性。即分别计算农田、森林、居住区、内陆水体、海岸/海洋、高山上生活的指示鸟类种群百分比的平均值。③根据不同景观/栖息地类型的权重计算最终结果，以此反映全国景观/栖息地的生境质量状况（如图 2.1 所示）。其中，农田、森林、居住区、内陆水体、海岸/海洋和高山 6 种景观类型的计算权重分别为 50%、27%、11%、6%、3%和 3%（BfN，2008）。

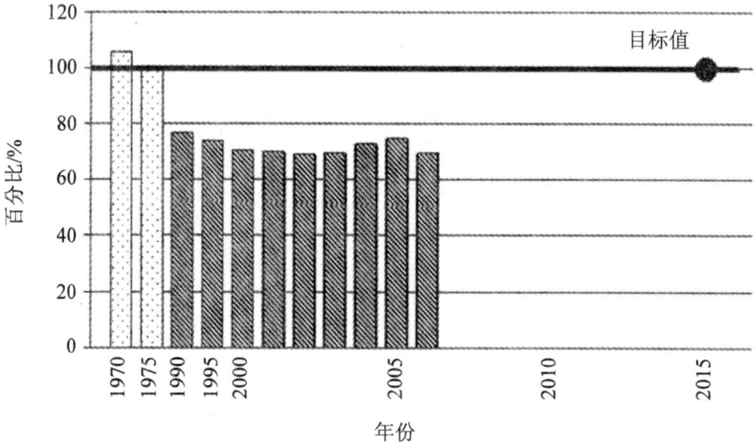

注：图中，1970 年、1975 年的历史参考数值通过数据重建得到；2015 年的目标值由专家组讨论确定。

图 2.1 德国景观/栖息地的生境质量状况评价（BfN，2008）

② 人类居住和交通设施建设使用的土地总量增加情况

城市扩张与交通设施建设是半自然生态系统退化或转变的主要原因。人类居住和发展对土地需求的激增给土地利用带来了巨大压力，并造成土壤生态承载力以及动植物栖息地的丧失。通过统计人类居住和交通设施建设使用的土地总量，并计算日均居住和交通设施建设增加面积，可以反映建设活动占用土地的情况，揭示人类活动给土地利用造成的压力及其变化趋势。根据统计报告，德国 2006 年日均新增居住和交通设施建设面积超过 100 hm^2，是德国 2020 年目标（30 hm^2）的 3 倍多（BfN，2008）。

2.3.3 墨西哥生物多样性评价指标

墨西哥国家环境指标系统中的生物多样性指标分为 2 组：①环境情况指标（Environmental Performance Indicators Set），包括 49 个指标，用于全面地评估生物多样性受到的压力、目前的状态和采取的管理行动（表 2.6）；②关键指标（Key Indicators Set），包括剩余的自然植被、受到保护和可持续管理的国土面积、受威胁的物种 3 个指标，反映了最受公众关注的问题，用于提高公众的生物多样性保护意识。

表 2.6 墨西哥“环境情况指标”

	指标		指标
陆生生态系统	1. 土地利用变化； 2. 高速公路增加； 3. 陆生生态系统中的入侵物种； 4. 自然陆生生态系统的范围； 5. 受威胁的陆生生物； 6. 自然保护区	物种	28. 每次调查确信的野生标本； 29. 人为引起的环境事件； 30. 受威胁物种； 31. 野生生物保护单元； 32. 野生生物保护中心（CIVS）保存的标本； 33. 保护和管理墨西哥优先物种的综合小组委员会； 34. 狩猎许可证
海洋生态系统	7. 国家虾类产量； 8. 国家水产产量； 9. 海洋石油泄漏、污染； 10. 海上探井； 11. 海岸带人口增长； 12. 海岸带旅游； 13. 海上货运与客运； 14. 海洋与海岸生态系统的入侵物种； 15. 受威胁的海洋生物； 16. 国家海洋自然保护区； 17. 海岸带国土规划	海龟	35. 海龟蛋与确信的标本； 36. 国家捕获的金枪鱼、虾、鲨鱼与龙虾； 37. 受威胁的海龟种类； 38. 被联邦龟营（Federal Turtle Camps）释放的小海龟； 39. 安装海龟隔离器的捕虾船； 40. 海龟隔离器检查； 41. 法定保护海龟的国家自然保护区
珊瑚礁	18. 具有珊瑚礁的海岸带人口增长； 19. 具有珊瑚礁的海岸带旅游； 20. 受威胁的珊瑚物种； 21. 国家珊瑚礁海洋自然保护区； 22. 具有珊瑚礁的海岸带国土规划	鲸	42. 观鲸许可证； 43. 捕鱼船与巡航船到达鲸鱼出没区的情况； 44. 鲸鱼出没区国家捕鱼情况； 45. 受威胁的鲸类； 46. 灰鲸与小头鼠海豚的种群大小； 47. 每次撒网死亡的海豚、海豚的死亡率； 48. 灰鲸与小头鼠海豚分布范围内法定的国家自然保护区
淡水生态系统	23. 大坝； 24. 淡水生态系统中的入侵物种； 25. 淡水生态系统中的石油泄漏与污染排放； 26. 淡水生态系统中的入侵物种； 27. 拉姆萨尔公约规定的淡水湿地；		

2.3.4 日本生物多样性评价指标

为评估日本生物多样性的丧失情况，日本环境省于 2008 年起开展了为期 2 年的生物多样性评估工作，评估内容主要围绕国家尺度上生物多样性丧失的原因与现状 2 个方面。

日本环境省将导致生物多样性丧失的原因归为 4 类：①第一危机（the first crisis）：指由于人类活动与发展的直接干扰造成的物种灭绝，以及由于生态系统退化造成的栖息地丧失；②第二危机（the second crisis）：指由于保护管理的减少而造成的环境质量变化，以及物种种群及其生境的减少；③第三危机（the third crisis）：主要是指由于外来物种以及化学物质使用所产生的问题；④气候变化危机（climate change crisis）。在评估生物多样性现状时，主要从森林与山地系统（forest and mountain systems）、种植系统（cultivated systems）、城市系统（urban systems）、内陆水体系统（inland water systems）、海洋海岸系统（marine and coastal systems）与岛屿系统（island systems）6 大系统进行评价。日本生物多样性评价指标如表 2.7 所示。

表 2.7 日本生物多样性评价指标（Nature Conservation Bureau of Japan，2010）

评估内容			指标
生物多样性丧失的原因	第一危机	生物多样性丧失的原因	1. 生态系统的发展； 2. 对野生动物的直接利用； 3. 水体超营养化； 4. 导致濒危物种减少的原因
		措施	5. 保护区域； 6. 采集控制，保护计划与人口增长计划
	第二危机	生物多样性丧失的原因	7. Satochi-Satoyama 区域** * 导致濒危物种减少的原因
		措施	8. 野生动植物的科学保护与管理
	第三危机	生物多样性丧失的原因	9. 外来入侵物种； 10. 化学物质对动植物的影响 * 导致濒危物种减少的原因
		措施	11. 对外来物种的进口限制与控制
	气候变化危机	生物多样性丧失的原因	12. 全球变化对生物的影响 * 导致濒危物种减少的原因
生物多样性的现状	森林与山地系统	生态系统的范围与质量	13. 森林与山地系统的面积与质量
		生态系统的连通性	14. 森林与山地系统的连通性
		物种的数量与分布	15. 森林与山地系统中物种的种群与分布
		生物资源的状况	16. 人工林的利用与管护
	种植系统	生态系统的范围与质量	17. 种植系统的面积与质量
		物种的数量与分布	18. 种植系统中物种的种群与分布
		生物资源的状况	19. 农产品与畜禽的多样性
	城市系统	生态系统的范围与质量	20. 城市绿地的面积
		物种的数量与分布	21. 城市中物种的种群与分布

评估内容			指标
生物多样性的现状	内陆水体系统	生态系统的范围与质量	22. 内陆水体系统的面积与质量
		生态系统的连通性	23. 河流湖泊的连通性
		物种的数量与分布	24. 内陆水体中物种的种群与分布
	海洋海岸系统	生态系统的范围与质量	25. 海岸生态系统的面积与质量
		物种的数量与分布	26. 浅海区域生活物种的种群与分布
		生物资源的状况	27. 有经济价值鱼类资源状况
	岛屿系统	物种的数量与分布	28. 岛屿特有种的种群与分布
其他			29. 对生物多样性的重视； 30. 对其他国家的技术转让与资金支持

注：* 重复指标 4。

**指日本区划的以社区为基础的林地及周围乡村（community-based forest areas and the surrounding countryside）。

2.4 我国生物多样性评价的研究情况

我国从 20 世纪 90 年代与国外同步开始生物多样性评价方面的探讨。初期发表的研究侧重于生态系统尺度及局部地区尺度上的生物多样性评价，主要从遗传、物种和生态系统 3 个层次，利用多样性、特有性、代表性、稀有性、稳定性和干扰性等指标分析生物多样性的组成与结构（郑允文等，1994；史作民等，1996；曾志新等，1999；张峥等，1999；杨树华，1999）。这些指标强调了生物多样性的现状与人类威胁，但在动态性评估方面比较欠缺。2004 年《公约》第 7 次缔约方大会后，国际上加强了对国家及更大尺度生物多样性评价的重视，《公约》关注的内容也更加广泛，国内的专家学者也就大尺度指标技术体系进行了深入研究（万本太等，2007；陈圣宾等，2008；丁晖与秦卫华，2009；Xu *et al.*，2009）。此外，在我国履行《生物多样性公约》的第 4 次国家报告中，还参考了《公约》的评价指标体系，对全国的生物多样性情况进行了分析并提交了我国生物多样性评价结果（环境保护部，2009）。这些研究与应用从理论与实践上累积了指标体系构建的重要经验，无疑为我国国家生物多样性指标评价体系建设与完善提供了重要的信息与建议。

（1）郑允文等（1994）自然保护区生态评价指标与标准

郑允文等（1994）根据我国自然保护区状况，选取多样性、代表性、稀有性、自然性、面积适宜性以及脆弱性和人类威胁等指标，提出了一套适用于自然生态系统类和野生生物类自然保护区生态状况的定量评价指标（表 2.8）。

（2）万本太等（2007）生物多样性综合评价指标

万本太等（2007）根据科学性、代表性和实用性的原则，提出了 5 个用于生物多样性综合评价的指标：物种丰富度、生态系统类型多样性、植被垂直层谱的完整性、物种特有性、外来物种入侵度，初步确立了大尺度生物多样性综合评价方法（表 2.9）。并以全国 31 个省（市、区）为单元，利用生物多样性指数（BI）方法进行了示范综合评价。生物多样性指数（BI）评价分级法见表 2.10。

表 2.8 自然保护区生态状况评价指标（郑允文等，1994）

评价指标			分级	评分
多样性	物种多样性	物种多度	物种多样性极丰，高等植物≥2 000 种，或高等动物≥300 种	8 分
			物种多样性较丰，高等植物 1 000～1 999 种，或高等动物 200～299 种	6 分
			物种多样性中等丰富，高等植物 500～599 种，或高等动物 100～199 种	4 分
			物种多样性较少，高等植物＜500 种，或高等动物＜100 种	2 分
		物种相对丰度	保护区内的物种数占其所在生物地理区或行政省内物种总数的比例相对极高，＞50%	7 分
			保护区内的物种数占其所在生物地理区或行政省内物种总数的比例相对较高，30%～50%	5 分
			保护区内的物种数占其所在生物地理区或行政省内物种总数的比例相对一般，10%～29.9%	3 分
			保护区内的物种数占其所在生物地理区或行政省内物种总数的比例相对较低，＜10%	1 分
	生境类型多样性		保护区内生境或生态系统的组成成分与结构极为复杂，并且有很多种类型存在	10 分
			保护区内生境或生态系统的组成成分与结构比较复杂，类型较为多样	8 分
			保护区内生境或生态系统的组成成分与结构比较简单，类型较少	6 分
			保护区内生境或生态系统的组成成分与结构简单，类型单一	4 分
代表性	自然特征代表性		在全球范围或同纬度区内具有突出的代表意义	15 分
			在全国范围或生物地理区内具有突出的代表意义	11 分
			在地区范围或生物地理省内具有代表意义	7 分
			代表性一般	3 分
稀有性	物种濒危程度		全球性珍稀濒危物种	8 分
			国家重点保护 I 类动物或 I 、II 类植物	6 分
			国家重点保护 II 类动物或III类植物	4 分
			区域性珍稀濒危物种	2 分
	物种地区分布		地理分布极窄，仅有极少产地的地方性物种	6 分
			地理分布较窄，或虽广布但局部少见及生物地理分布区边缘之物种	4 分
			广布种	2 分
	生境稀有性		世界范围内唯一或极重要之生境	6 分
			国家或生物地理区范围内唯一或极重要之生境	4.5 分
			地区范围内稀有或重要生境	3 分
			常见类型	1.5 分
自然性			未受人类侵扰或极少侵扰保持原始状态，自然生境完好，核心区未受人类影响的完全自然型保护区	15 分
			已受到轻微侵扰和破坏，但生态系统无明显的结构变化，自然生境基本完好，核心区未受或较少受到影响的受扰自然型保护区	10 分
			已遭受较严重的破坏，系统结构发生变化，但尚无大量的引入物种，自然生境退化核心区受到中等强度影响的退化自然型保护区	5 分
			自然生境全面遭到破坏，原始结构已不复存在有大量的人为修饰迹象，外源物种被大量引入，核心区受到很大影响，自然状态基本已为人工状态所替代的人工修复型保护区	1 分

评价指标			分级	评分
面积适宜性			有效面积大小适宜，足以维持生态系统的结构和功能，有效保护全部保护对象	15 分
			有效面积大小较适宜，基本能维持生态系统的结构与功能，有效保护主要保护对象	10 分
			有效面积的大小不太适宜，不易维持生态系统的结构与功能，不足以有效保护主要保护对象	2 分
脆弱性和人类威胁	脆弱性	物种生活力	主要或关键性物种适应性差需特化生境或生活力弱，繁殖力很低	2 分
			主要或关键性物种需较为特化生境或生活力、繁殖能力较低	1.2 分
			主要或关键物种不需特化生境，生活与繁殖能力强或较强	0.4 分
		生物种群稳定性	个体数量少，密度低，最小生存种群很难维持	2 分
			个体数量较多，但密度低或个体数量少，但密度高，最小生存种群不易维持	1.2 分
			个体数量多，密度高，最小生存种群可以维持	0.4 分
		生态系统稳定性	生态系统不成熟或结构不完整或不合理，很脆弱	2 分
			生态系统较为成熟或结构较不完整或较不合理，较脆弱	1.2 分
			生态系统处于预极状态，结构完整合理，较稳定	0.4 分
	人类威胁	直接威胁	人类侵扰性活动强度很大人们有过分开发、利用保护区内，特别是核心区内的水体、土地、矿藏、生物或景观等资源的趋势，资源的有效保护受到较大威胁	2 分
			有少量的人类侵扰性活动存在，人们开发利用保护区内，特别是核心区内水体、土地、矿藏、生物或景观等资源的强度中等，资源的有效保护受到一定威胁	1.2 分
			保护区，特别是核心区内很少有人类的侵扰，或者人们对保护区内水体、土地、矿藏、生物或景观等资源开发、利用适度，对资源的有效保护不构成威胁	0.4 分
		间接威胁	保护区已为开发区域所环绕	2 分
			保护区周边地区尚存有未开发的生境	1.2 分
			保护区与另一保护区毗邻或有通道相连或为未开发生境所环绕	0.4 分

表 2.9　万本太等（2007）生物多样性综合评价指标

评价指标	含义	权重
物种丰富度	被评价区域内已记录的野生高等动植物物种数，用于比较物种的多样性	0.50
生态系统类型多样性	被评价区域内生态系统的类型数，用于比较生态系统的类型多样性	0.15
植被垂直层谱的完整性	被评价区域内植被群落垂直分层结构的完整程度，用于比较生态系统的稳定性	0.10
物种特有性	被评价区域内特有种的数量，用于比较生态系统的特殊价值	0.15
外来物种入侵度	指被评价区域内外来入侵物种数与本地高等动植物种数之比，用于比较生态系统的潜在受干扰程度	0.10

表 2.10 生物多样性状况分级方法（万本太等，2007）

生物多样性等级	生物多样性指数（BI）	生物多样性状况
优	BI≥65	物种高度丰富，特有属、种繁多，生态系统丰富多样
良	40≤BI<65	物种较丰富，特有属、种较多，生态系统类型较多，局部地区生物多样性高度丰富
一般	30≤BI<40	物种较少，特有属、种不多，局部地区生物多样性较丰富，但生物多样性总体水平一般
差	BI<30	物种贫乏，生态系统类型单一、脆弱，生物多样性极低

（3）丁晖与秦卫华（2009）生物多样性评价指标体系

丁晖与秦卫华（2009）根据生物多样性评价的规律和生物多样性保护要求，建立了由目标层、准则层、指标层和分指标层 4 个层次组成的生物多样性评价指标体系。从生物多样性现状、生物多样性面临的威胁以及保护生物多样性的措施 3 个角度，利用 17 个指标、64 个分指标。从森林生态系统多样性、湿地生态系统多样性、草原生态系统多样性、荒漠生态系统多样性、海洋生态系统多样性、植物多样性、动物多样性、微生物多样性、生物多样性价值、自然生境破坏程度、野生资源的过度利用程度、外来物种入侵程度、环境污染程度、气候变化程度、生境恢复与改善水平、自然保护区建设管理水平和迁地保护水平等方面详细分析（表 2.11）。

表 2.11 丁晖与秦卫华（2009）生物多样性评价指标体系

目标层	准则层	指标层
生物多样性综合指数	生物多样性现状	森林生态系统多样性
		湿地生态系统多样性
		草原生态系统多样性
		荒漠生态系统多样性
		海洋生态系统多样性
		植物多样性
		动物多样性
		微生物多样性
		生物多样性价值
	生物多样性受到的威胁	自然生境破坏程度
		野生资源的过度利用程度
		外来物种入侵程度
		气候变化程度
	保护生物多样性的措施	生境恢复与改善水平
		自然保护区建设管理水平
		迁地保护水平

（4）《公约》履约第 4 次国家报告的生物多样性评价指标

在我国履行《生物多样性公约》的第 4 次国家报告中，参考了《公约》的评价指标体系，从生物多样性组成部分的现状与变化，生态系统的完整性、产品和服务，对生物多样性造成的威胁，可持续利用，遗传资源获取与惠益分享状况，财政资源状况与公众意识等 7 个方面选择了 17 个评价指标，对全国的生物多样性情况进行了分析并公布了相关评价结果（表 2.12）。

表 2.12 第 4 次国家报告生物多样性评价指标体系（环境保护部，2009）

评价内容	指标
生物多样性组成部分的现状与变化	1. 受威胁物种状况（红色名录指数）
	2. 土地覆被面积和比例
	3. 具有重要经济社会价值的畜禽、养殖鱼类、栽培植物的遗传多样性
	4. 自然保护区数量和面积覆盖率
生态系统的完整性、产品和服务	5. 森林、草地和河流生态系统的完整性 （1）净初级生产力的变化 （2）沙化土地面积 （3）铁路和高速公路密度
	6. 海洋营养指数
	7. 海洋水质
	8. 淡水生态系统的水质（内陆水系的总体水质）
对生物多样性造成的威胁	9. 主要污染物排放量
	10. 气候变化对生物多样性的影响
	11. 外来入侵物种危害程度
可持续利用	12. 森林活立木总蓄积量和年净增量
	13. 氮投入量和产出量之差
	14. 生态足迹
遗传资源获取与惠益分享	15. 遗传资源和传统知识的获取与惠益分享状况
财政资源状况	16. 生物多样性保护相关资金的投入
公众意识	17. 公众意识

2.5 评价指标的发展趋势

生物多样性丧失日益严峻，特别是随着环境问题的全球化，生物多样性保护面临新的挑战，监测与评估生物多样性现状及其发展趋势成为当前生物多样性保护工作的重点内容。与此同时，国内外均为建立适宜的生物多样性评价指标展开长期深入的研究，以促进对生物多样性的有效性评估。目前评价指标体系的发展特点主要表现为以服务决策为应用目标、关注内容更加广泛、方法论进一步完善、重视对评价数据的获取等。

（1）服务决策

“与政策相关并对政策具有指导意义”是当前国外生物多样性评价指标的重要特性。随着许多国家与地区相继制订生物多样性保护战略与行动计划，根据国家生物多样性保护战略需求设置评价指标，评估与跟踪战略行动计划的进展，成为当前指标的主要应用方向之一。如 CBD 全球生物多样性评价指标体系服务于《公约》的全球生物多样性保护战略计划，而欧盟的 SEBI 2010 指标针对欧盟生物多样性行动计划的需求。为国家生物多样性决策服务，使得指标的应用指向进一步明确，有助于提高生物多样性保护能力，协调保护与发展。

（2）关注内容广泛

生物多样性保护不仅是生物保育的问题，更是社会发展问题，这要求生物多样性监测与评价在内容上具有一定的广度，不仅包括生物方面的现状评价，也涉及人文、社会、经济、政策等方面的调查。根据当前国际上的生物多样性评价实践，关注人类社会发展及其产生的环境影响已成为生物多样性保护中的重点问题，生物多样性受到的威胁以及保护响应方面的评价指标得到较快发展。从国内的生物多样性评价指标发展情况上看，现状评价与威胁因素评价方面具有较好的研究基础，但对保护响应的评价主要集中在自然保护区面积、迁地保护保护水平、资金投入上，而对生物多样性的可持续利用等问题关注较少，因此还有待进一步开发适宜的响应评价指标。

（3）方法论更加完善

生物多样性内涵广泛，造成指标选择上的困难。近年来，国内外围绕指标体系构建的原理、方法、技术等方面进行了长期广泛的探讨。如《公约》秘书处文件 UNEP/CBD/SBSTTA/9/10 就对国家生物多样性评价指标的目的、内容、使用，以及指标筛选的原则、方法等问题进行了基本的阐释说明。而在《公约》第 8 次缔约方会议（CBD COP 8）后成立的“2010 生物多样性指标合作伙伴关系”（2010 Biodiversity Indicators Partenership，2010 BIP）（http：//www. twentyten.net）为全球生物多样性评价指标构建相关的技术与经验交流提供了平台，进一步促进了指标体系方法论的发展。

在指标选取原则方面，指标筛选条件更趋于具体，要求在全面性、代表性、可操作性等一般性要求的基础上，根据生物多样性评价与服务决策的要求，建立了详细的筛选标准。而在指标的内容组织上更强调指标间的逻辑关系，利用如 PSR 框架、DPSIR 框架等，使指标能系统地、有机地结合，并为管理与决策提供更有价值的信息。同时，指标体系的构建流程也进一步改进，加强了对实用性指标的选取。

（4）重视数据获取

数据的可获得性是制约生物多样性评价工作的主要问题。由于当前的生物多样性评价趋于大尺度上的动态性评价，因此对数据的更新频率、数据获取方法与记录形式的统一性等提出了更高的要求。开展服务评估的监测项目，完善生物多样性监测网络，建立统一的数据获取平台，提高数据支持能力，是当前生物多样性评价工作的重要环节。此外，如果能建立一个稳定且持续的“指标建设-实施评价-成果产出-信息反馈”机制，通过实践检验并持续地完善评价体系，无疑将进一步提高生物多样性监测与评价对生物多样性保护管理服务的能力。

第二篇

陆地生态系统生物多样性评价指标与技术体系研究

第3章　指标体系的构建原则

3.1 评价范围

本书旨在探讨陆地生态系统生物多样性的评价方法。陆地生态系统为人类提供了主要的生存环境，与人类关系紧密。其分布受到水陆分布、太阳辐射量差异、季节分配，以及人类活动的影响。主要类型包括森林、草原、灌丛、荒漠、湿地、农田等。

（1）森林生态系统

森林生态系统是陆地生态系统中最重要的自然生态系统，主要分布在湿润或较湿润地区，动植物种类繁多，群落结构复杂。在我国东部湿润森林区，由北向南依次分布着针叶落叶林、温带针叶落叶阔叶林、暖温带落叶阔叶林、北亚热带含常绿成分的落叶阔叶林、中亚热带常绿阔叶林、南亚热带常绿阔叶林以及热带季雨林、雨林。

（2）草原生态系统

草原生态系统主要生长耐寒的旱生多年生草本植物，是温带地区的一种地带性植被类型。草原地势平坦或有起伏，草食动物和穴居动物占有优势。我国的草原生态系统主要包括4种类型：典型草原生态系统、草甸草原生态系统、荒漠草原生态系统和高寒草原生态系统。

（3）灌丛生态系统

灌丛生态系统以灌木为主，植株平均高度在4.5～8 m。灌丛生态系统的垂直结构比草原复杂，通常包括高灌木冠层、矮灌木冠层和草本植物层3个层次。

（4）湿地生态系统

湿地生态系统是陆地与水体的过渡地带，兼具水陆双重特征，具有丰富的陆生和水生动植物资源。陆域内的湿地生态系统主要包括沼泽湿地、湖泊湿地与河流湿地。湿地生态系统对水体的水质、水量与水体的形态特征反应非常敏感。

（5）荒漠生态系统

荒漠生态系统无或很少地表植被覆盖，植物种类非常贫乏。荒漠地区生态条件严酷，水分蒸发量超过降水量，裸露的土壤极易受大风的侵蚀。

（6）农田生态系统

农田生态系统是人工建立的、以作物为中心的生态系统类型。农田生态系统中的动植物种类较少，群落结构比较单一。需要依靠人工播种、施肥等农业活动才能向有利于人类的方向发展，一旦人的作用消失，农田生态系统就会很快退化，作物将被其他植物所替代。

3.2 指标体系的结构

评价指标体系以陆地生态系统生物多样性综合评价为目标，并根据逻辑结构对评价内容进行分解。主要由 4 个层次组成：目标层（A）、结构层（B）、指标层（C）和分指标层（D）（表 3.1）。

表 3.1 陆地生态系统生物多样性评价指标体系的层次

层次	指标代号	描述
目标层	A	确定评价工作目标，即陆地生态系统生物多样性整体情况综合评价
结构层	B_i	根据 PSR 逻辑框架分解目标
指标层	C_j	确定评价的具体内容
分指标层	D_k	细化评价指标，确定具体参数

本指标体系按照 PSR 逻辑框架组织评价指标，评价内容包括现状评价、威胁评价与响应评价等 3 个方面。①现状评价：评价生物多样性组成、结构与功能的现状。全面考虑生物多样性的各个层次，包括遗传多样性、物种多样性、生态系统多样性与景观多样性。由于人类文化的多样性有利于发挥人类的智力，维持人类对生物资源利用方式的多样化，因此在现状评价中包含了人文方面的评价。②威胁评价：充分考虑导致生物多样性丧失、威胁物种及其栖息地的各种因素，评价自然与人为压力的变化。③响应评价：从保护管理措施与保护资金投入等方面进行评价。本书将在第 4 章到第 6 章分别说明这 3 个方面评价的具体指标及其分析方法。

3.3 评价指标的筛选标准

根据国内外生物多样性评价指标体系的发展趋势，大尺度上的生物多样性监测与评价内容广泛，具有自然与社会经济的双重属性，是评估生物多样性保护管理目标实现情况的重要工具。在构建指标体系时，首先需明确各国或地区在生物多样性管理中面临的实际问题与目标，以使指标尽量满足保护管理活动的需求。若具体目标或出发点不同，生物多样性指标的侧重点也将具有差异，而其评价的结果将影响到最后的保护决策与措施制定。因此，根据国家或地区的生物多样性战略与行动计划，明确生物多样性指标的应用目的是设计指标体系的关键所在，而问题的针对性越强、越具体，将越有利于发挥生物多样性指标综合评价的效力。

所用的指标体系是否合理可行，还应根据一些基本原则进行判别，如科学性原则、系统性原则、简明性原则、可比性原则与敏感性原则等。

（1）科学性原则

指标的选取必须有严谨的科学依据，应建立在对生物多样性充分认识的基础上。即所选取的指标必须有明确的、科学的定义，能真实地反映生物多样性的特征。指标间的联系应根据科学原理、基于对事物现象及其本质的正确认识来构建。数据的获取及处理方法也应理论规范，并保证数据的准确性与精确度在合理范围内。

（2）系统性原则

生物多样性评价的内容丰富，这是由生物多样性概念的复杂性决定的。因此利用合理的逻辑框架有效地组织这些信息，统筹生物多样性评价的各个方面，可以使评价指标与评价目标有机地结合起来，充分发挥生物多样性监测评价的作用。

（3）简明性原则

理论上，评价内容越多，指标越详细，越能更多地了解生物多样性的客观情况。但是指标数量的增加无疑加重了数据收集和处理的工作量，也加重了经济负担。此外，指标设置过细，信息量过大，可能会使问题复杂化，不利于把握重点。因此选取指标时应根据评价工作的总体目标，抓住反映和影响生物多样性的最主要、最重要的方面，使指标评价简单明了。

（4）可比性原则

指标及其参数的内涵和外延应保持一定的稳定性，以满足同一对象在时间序列上不同时期指标值之间比较的要求，以及不同对象指标值之间比较的要求。

（5）敏感性原则

生物多样性评价指标是服务生物多样性管理的重要工具，选取的指标应区别于一般的生物多样性统计特征。生物多样性指标要求对发生的变化更敏感，能通过指标的评价分析，对生物多样性现状或未来趋势做出与管理目标相关的科学有效的判断，为决策者和管理者提供意义明确的指导信息。

在此基础上，我们将指标筛选的具体标准归纳为 8 个方面，如表 3.2 所示。

表 3.2　陆地生态系统生物多样性评价指标的筛选标准

筛选标准	具体含义
1. 与管理目标相关	指标能结合管理目标，提供具有指示意义的、明确的信息，服务生物多样性保护与管理决策
2. 与陆地生态系统生物多样性相关	指标用于评估陆地生态系统的生物多样性，能涵盖与之相关的自然与社会问题
3. 方法完善	指标定义明确、科学，评价方法合理，数据获取方法可靠，便于进行长期、持续的监测
4. 逻辑清晰	按照 PSR 逻辑结构组织指标，能评价生物多样性的现状、压力与响应
5. 灵敏性	指标对变化敏感，能密切跟踪环境和物种等因子的变化
6. 代表性	指标数量无需过多，但应能揭示生物多样性保护中的重点问题
7. 综合性与灵活性	指标体系稳定，能最大限度地满足不同使用者的需求
8. 适用性与推广性	易于理解和掌握。评价结果不仅只被研究者所掌握，也便于管理者和公众等的理解与认识

候选指标应根据上述筛选标准进行充分的论证与设计，并且尽可能全面地参考已开展的生物多样性监测与评价实践，充分考虑可能存在的技术限制。但在实际操作中，一

些候选指标往往不能满足上述的全部要求。对于这种情况，应重点从应用目的与指标的内涵上进行考察，并兼顾其他原则。当指标全部确定后，应再次根据“代表性”、“综合性与灵活性”、“适用性与推广性”3个标准进行系统性检验，以使指标体系完善合理。

另外需要注意的是，在一些情况下，为了更好地说明问题，部分指标（D_k）可能会选用多个参数。在确定这些内部参数时，应考虑如下几点：①是否符合评价目标的需求；②参数的评估内容有无重叠，是否有利于说明问题的不同方面；③参数之间不能相互矛盾，不能造成评价结果判断时的混乱。

第 4 章　现状评价指标的建立

4.1 中国陆地生物多样性的现状

4.1.1 生态系统多样性状况

我国地域辽阔、自然条件复杂多样，分布有世界上绝大多数的陆地生态系统类型。其中，森林生态系统 248 类、灌丛生态系统 126 类、草原生态系统 55 类、草甸生态系统 77 类、荒漠生态系统 52 类、湿地生态系统 37 类。

历史上的中国曾是一个多林的国家，森林覆盖率曾高达 60%以上。但由于不断地开发利用，我国森林面积持续减少。1840 年前后我国森林覆盖率约为 17%，而到 1950—1962 年仅为 11.8%。从 20 世纪 70 年代末开始，我国加强了对森林资源的保护，开展大规模的造林活动，如“三北”防护林工程（1978 年启动）、天然林资源保护工程（1998 年启动）、退耕还林（1998 年启动）等。我国森林面积开始恢复，并成为世界上森林资源增长最快的国家。根据第 7 次全国森林资源清查结果，我国森林面积达到 19 545 万 hm^2，森林覆盖率 20.4%。

草地是我国分布面积最大的陆地生态系统类型。我国拥有天然草地约 4 亿 hm^2，占国土面积的 41.7%。但从 20 世纪 60 年代开始，我国草地生态系统出现严重的退化问题。如今退化面积已经达到 90%以上，不仅制约了牧区经济社会发展，也影响国家生态安全。

我国湿地面积约 6 590 万 hm^2（不包括江河、池塘），占世界湿地总面积的 10%，居世界第四、亚洲第一。但 20 世纪七八十年代的围湖造田，以及之后的工业开发、城市建设等，导致湿地面积急剧减少。卫星遥感数据显示，1990—2008 年，我国湿地面积减少了约 420 万 hm^2。近年来，由于气候变化的影响，许多地区旱情加重，湿地面临严重退化的威胁。

4.1.2 物种多样性状况

我国是地球上生物多样性最丰富的国家之一，在全世界占有十分重要的地位。据统计，我国拥有高等植物约 34 984 种，仅次于世界高等植物最丰富的巴西和哥伦比亚。其中苔藓植物 2 541 种，约占全球总种数的 9.1%；蕨类植物约 2 270 种，占全球总种数的

22%左右；裸子植物 245 多种，是世界上裸子植物物种数最多的国家；被子植物 29 816 种，约占全球总种数的 10%。我国动物种类也十分丰富。无脊椎动物约占全球总种数的 10%；脊椎动物 6 481 种，约占全球总种数的 14%。其中哺乳类 581 种，鸟类 1 331 种，爬行类 412 种，两栖类 295 种，鱼类 3 862 种（《中国环境状况公报》，2009）。

我国动植物不仅种类丰富，且特有程度高，保存了大量白垩纪、第三纪的古老残遗成分。我国高等植物中特有种约 17 300 种，占全国高等植物的 50%左右。脊椎动物特有种约 667 种，占全国脊椎动物的 10%。其中，哺乳类特有种约 110 种，约占全国哺乳类物种数的 19%。大熊猫（*Ailuropoda melanoleuca*）、白鳍豚（*Lipotes vexillifer*）、扬子鳄（*Alligator sinensis*）、大鲵（*Andrias davidianus*）等都是古老孑遗物种。

我国物种资源虽然丰富，但保护状况不容乐观。野生植物中不少种类可能已经绝迹，如毛茛泽泻（*Ranalisma rostratum*）、雁荡润楠（*Machilus minutiloba*）、单花郁金香（*Tulipa uinflora*）、瓜耳木（*Otophora unilocularis*）等。而如大序隔距兰（*Cleisostoma paniculatum*）、梵净山冷杉（*Abies fanjingshanensis*）、梓叶槭（*Acer catalpifolium*）、天竺桂（*Cinnamomum japinicum*）、宝华玉兰（*Magnolia zenii*）、秤锤树（*Sinojackia xylocarpa*）、琅琊榆（*Ulmus chenmoui*）等植物，其居群数量少、植株零星，分布狭窄且生境脆弱，有绝灭的危险。另外，如长苞冷杉（*A. georgei*）、油杉（*Keteleeria fortunei*）、刺五加（*Acanthopanax senticosus*）、天目木兰（*M. amoena*）、长白松（*Pinus syvelstris* var. *sylverstriformis*）、浙江楠（*Phoebe chekiangensis*）、红豆树（*Ormasia hosiei*）、红椿（*Toona ciliata*）等渐危种，其植株数量正随着森林砍伐、生态环境的恶化以及过度开发而日益缩减。野生动物中如蒙古野马（*Equus przewalskii*）、高鼻羚羊（*Saiga tatarica*）、豚鹿（*Axis porcinus*）、白臀叶猴（*Pygathrix nemaeus*）、黑长尾雉（*Syrmaticus mikado*）、白鳍豚（*Lipotes vexillifer*）可能已经灭绝，猞猁（*Lynx lynx*）、豹（*Panthera pardus*）、大灵猫（*Viverra zibetha*）等物种种群数量下降明显。

根据国际自然和自然资源保护同盟所属保护监测中心统计数据，截至 20 世纪末，中国至少有 3 000 种物种生存受到威胁或处于濒临绝灭的境地。而据 1998 年出版的《中国生物多样性国情研究报告》估计，中国有 23.1%的哺乳类、14.6%的鸟类、4.5%的爬行类、2.5%的爬行类、2.4%的鱼类、28%的裸子植物、13%的被子植物正受到威胁，植物物种受威胁情况更加严重。

4.1.3 遗传多样性状况

我国农业历史悠久，很早就对自然环境中所蕴藏的遗传资源进行开发利用，农耕历史 7 000 年以上。我国的畜禽品种与栽培作物种质资源十分丰富，是世界上家养动物品种和种类最丰富的国家，也是世界上农作物八大起源中心之一。

长期以来，由于过度强调高产品种推广和外来种引进，许多拥有重要基因的传统品种缺乏保护而被淘汰，造成我国的生物遗传资源大量流失。20 世纪中期，全国种植的水稻品种 46 000 多种、小麦品种 1 万多种、玉米品种 1 万多种，但如今全国种植的水稻品种只剩下 1 000 种左右、小麦品种 400 种左右、玉米生产中基本上已经不使用地方品种。

畜禽品种资源流失也很突出。据调查，我国目前有 50%的地方畜禽品种及种群数量在急剧下降或消失，20%的地方品种处于灭绝或濒危状态。到 21 世纪初，全国地方牛品种中已有 3 个品种灭绝、1 个品种濒临灭绝、11 个品种濒危，地方猪品种中 4 个品种已经灭绝、5 个品种濒临灭绝、14 个品种濒危。

4.2 评价指标

“现状评价”按照生物多样性的四个层次，并从生物多样性的组成、结构与功能方面设置评价指标，包括景观格局、生态系统状况、生态系统的产品与服务、物种的组成与动态以及遗传资源状况等 5 个方面。此外，由于人类文化多样性与生物资源开发之间的密切联系，因此也将传统知识与特有文化的发展情况作为评价的一个重要方面。

（1）景观格局（C1）

重点调查评价区域内的景观要素的类型、数目与空间分布。景观格局是景观异质性的具体体现，对生态系统的物质迁移、能量流动与基因交流等有重要的影响。“分指标层（D）”指标包括：景观要素的多样性、斑块破碎度指数、自然要素斑块之间的连通性。

（2）生态系统状况（C2）

在人类对自然资源开发利用的巨大压力下，地球上的原生植被受到严重破坏，森林、草地、湿地等生态系统面积快速减少，生态系统功能退化。而栖息地丧失是导致野生动植物灭绝/濒危的重要原因，也限制了人工繁育物种野外放生等保护措施的效果。因此，在评估生态系统状况时，以生态系统的分布与面积变化作为评估重点。“分指标层（D）”指标包括：自然生态系统覆盖情况、天然林分布情况、重要生态系统/栖息地范围的变化趋势、河流生态系统健康。

（3）生态系统的产品与服务（C3）

生态系统的产品与服务类型多样，包括生态系统和生态过程所形成的一切有益于维持人类生存的自然环境与效用，主要可以划分为供给功能、支撑功能、调节功能与美学功能 4 类。由于技术条件与数据可获得性的限制，只设置了两个“分指标层（D）”指标。利用 *NPP*/*NDVI* 评估初级生产情况（支撑功能）；利用地下水位评估地下水资源供给情况（供给功能）。

（4）物种的组成与动态（C4）

物种多样性的调查包括 2 个层次，第一个层次是调查区域物种资源的本底状况，第二个层次是关注区域内分布的珍稀濒危物种的种群变化。“分指标层（D）”指标为：区域物种的丰富度、珍稀濒危物种的种群动态。

（5）遗传资源状况（C5）

遗传资源是指来自动物、植物、微生物等来源的具有实际或潜在价值的含有遗传功能单位的材料。在评估中，我们重点关注具有重要经济价值的畜禽、鱼类、农作物与栽培植物等品种资源的保存与丧失情况。

（6）传统知识与特有文化（C6）

人类的传统知识与文化在解决农业发展、医疗卫生等方面发挥着重要作用，是开发生物资源价值的智力源泉。在评价中，我们没有采取直接调查传统知识与文化中对生物资源的使用情况，而是利用替代指标（如方言及民族组成的丰富度、世界/国家自然遗产或文化遗产数量等）间接评估文化的多样性。

表 4.1 陆地生态系统生物多样性现状评价指标

结构层（B）	指标层（C）	分指标（D）
现状（B1）	景观格局（C1）	景观要素的多样性（D1）
		斑块破碎度指数（D2）
		自然要素斑块之间的连通性（D3）
	生态系统状况（C2）	自然生态系统覆盖情况（D4）
		天然林分布情况（D5）
		重要生态系统/栖息地范围的变化趋势（D6）
		河流生态系统健康（D7）
	生态系统的产品与服务（C3）	*NPP*/*NDVI*（D8）
		地下水位（D9）
	物种的组成与动态（C4）	区域物种的丰富度（D10）
		珍稀濒危物种的种群动态（D11）
	遗传资源状况（C5）	重要遗传资源（畜禽、鱼类、农作物、栽培植物等资源）的保存与丧失（D12）
	传统知识与特有文化（C6）	方言的种类（D13）
		少数民族数量与人口比例（D14）
		世界/国家自然遗产或文化遗产数量（D15）

4.3 参数计算方法

4.3.1 景观格局（C1）

（1）景观要素的多样性（D1）

景观要素的多样性通过景观多样性指数与景观均匀度指数 2 个参数进行测度。

景观多样性指数计算公式为：

$$H' = -\sum_{i=1}^{m}(P_i \times \ln P_i)$$

式中：H'—— 景观多样性指数；

P_i—— 斑块类型 i 所占景观面积的比例；

m—— 斑块类型数量。

景观多样性指数反映了斑块数目的多少以及斑块之间的大小变化，是景观复杂程度的一个量度。

景观均匀度指数计算公式为：

$$E' = \frac{H'}{H_{\max}} = \frac{-\sum(P_i \times \ln P_i)}{\ln n}$$

式中：E'—— 景观均匀度指数；

H'—— 景观多样性指数；

$H_{\max}$—— 景观多样性指数最大值；

n—— 景观中最大可能的斑块类型数。

景观均匀度指数反映了景观中各类斑块类型的分布平均程度。当 E'趋于 1 时，景观斑块分布的均匀程度也趋于最大。

（2）斑块破碎度指数（D2）

计算公式为：

$$F = \frac{N_P - 1}{N_C}$$

式中：F—— 破碎度指数；

N_P—— 被测区域中景观斑块总数量；

N_C—— 被测区域总面积与最小斑块面积的比值。

F 值域为[0，1]，F 值越大，景观破碎化程度越大。

（3）自然要素斑块之间的连通性（D3）

自然要素斑块之间的连通性是反映区域生态系统之间的物质交换和能量流动，以及物种迁徙、扩散的难易程度的指标。选用了河网密度和河流每 100 km 闸坝等水利设施的数量两个参数。

① 河网密度

河网密度为区域内河流总长与区域面积之比，表示每平方千米面积上河流的长度。河网密度与地区的气候、岩性、土壤、植被覆盖等自然环境以及人类改造自然的各种措施有关。在相似的自然条件下，河网密度越大，河水径流量也越大。

参数计算公式为：

$$\text{河网密度（km/km}^2\text{）} = \frac{\text{河流总长度（km）}}{\text{区域总面积（km}^2\text{）}}$$

② 河流每 100 km 闸坝的数量

参数重点调查河流上每 100 km 闸坝的个数。闸坝的修建可以拦截河水形成水库，在防洪、灌溉供水等方面具有重大效益。但工程修建后会引起径流大幅变更，影响水体的流动性和连通性，对河流尤其是下游河道的生态与环境造成极大的影响。闸坝的个数越多，对河流生态系统的改变越大。

参数计算公式为：

$$\text{百公里闸坝数量(座/100 km)} = \frac{\text{闸坝数量}}{\text{河流长度(100 km)}}$$

4.3.2 生态系统状况（C2）

（1）自然生态系统覆盖情况（D4）

此处的自然生态系统指森林、灌丛、草甸草原、荒漠、湿地等 5 种生态系统类型。自然生态系统覆盖面积百分比的计算公式为：

$$\text{自然生态系统面积比例（\%）}=\frac{\sum S_i}{S_{\text{总}}}\times 100\%$$

式中：$S_{\text{总}}$ —— 区域国土总面积，km^2；

S_i —— 第 i 种生态系统类型的面积，km^2。

此外，针对森林，还可利用“森林覆盖率”可以进一步调查森林资源的丰富程度。森林覆盖率的计算公式为：

$$\text{森林覆盖率（\%）}=\frac{\text{有林地面积}+\text{国家特别规定灌木林地面积}}{\text{土地总面积}}\times 100\%$$

（2）天然林分布面积（D5）

天然林分布情况评价内容包括天然林面积以及天然林与人工林面积比两个参数。天然林指的是天然下种、人工促进天然更新或萌生起源的林地；人工林指由植苗（包括植苗、分殖、扦插）、直播（穴播或条播）或飞播方式形成的林地，包括人工林采伐后萌生形成的林地。

天然林与人工林面积比计算公式为：

$$\text{天然林与人工林面积比}=\frac{\text{天然林面积}}{\text{人工林面积}}$$

（3）重要生态系统/栖息地范围的变化趋势（D6）

本指标重点关注区域内特有的、或对生物多样性保护意义重大的、或作为某类珍稀濒危物种栖息地的生态系统的分布范围与保存状况。例如：古老残遗物种的集中分布区、国际重要湿地、被列为国家一级保护动植物的主要栖息地等。指标评价主要根据野外考察，并结合遥感影像解译分析，监测分布范围变化以及生境质量状况。

（4）河流生态系统健康（D7）

河流生态系统的健康状况利用鱼类生物完整性指数（F-IBI）进行评估。生物完整性指数（Index of Biotic Integrity，IBI）是通过某一类物种的群聚特征表征生态系统健康状况的常用指标。鱼类生物完整指数已广泛用于河流生态研究、水环境工程评价，以及政策和法律制定。

根据 Fausch 等（1990）的方法，具体评价时，应根据评价区域水生生态系统的特点（如鱼类组成、耐受性、营养结构、繁殖共位群、鱼类数量、健康状况等）以及数据的可获得性，选择 5～12 个指标建立评价标准，进行生物完整性评价。以刘明典等（2010）对长江中上游健康状况情况评价为例，其建立的 F-IBI 评分标准如表 4.2、表 4.3 所示。

表 4.2 适合长江上游的 F-IBI 参数和评分标准（刘明典等，2010）

指标	评分标准		
	5	3	1
1. 总的种类数	＞50	30～50	＜30
2. 鲤科鱼类种类数百分比/%	＜55	55～70	＞70
3. 鳅科鱼类种类数百分比/%	0～5	5～8	8～12
4. 鲿科鱼类种类数百分比/%	5～11	11～18	＞18
5. 商业捕捞获得的鱼类科数	＞7	5～7	＜5
6. 外来入侵种个体比例/%	0	0～1	＞1
7. 杂食性鱼类的数量比例/%	＜55	55～70	＞70
8. 底栖动物食性鱼类的数量比例/%	＞30	20～30	＜20
9. 鱼食性鱼类的数量比例/%	＞18	10～18	＜10
10. 产漂流性卵鱼类种类数百分比/%	＞6	3～6	＜3
11. 天然杂交个体的数量比例/%	0	0～1	＞1
12. 感染疾病和外形异常个体比例/%	0～2	2～5	＞5

表 4.3 适合长江中游的 F-IBI 参数和评分标准（刘明典等，2010）

指标	评分标准		
	5	3	1
1. 总的种类数	＞40	20～40	＜ 20
2. 鲤科鱼类种类数百分比/%	＜55	55～70	＞ 70
3. 鲿科鱼类种类数百分比/%	5～11	11～18	＞ 18
4. 鲫鱼数量比例/%	＜3	3～10	＞ 10
5. 商业捕捞获得的鱼类科数	＞7	5～7	＜ 5
6. 杂食性鱼类的数量比例/%	＜55	55～70	＞ 70
7. 底栖动物食性鱼类的数量比例/%	＞30	20～30	＜ 20
8. 鱼食性鱼类的数量比例/%	＞18	10～18	＜ 10
9. 单位努力捕捞量/kg	＞10	3～10	＜ 3
10. 产漂流性卵鱼类种类数百分比/%	＞6	3～6	＜ 3
11. 天然杂交个体的数量比例/%	0	0～1	＞ 1
12. 感染疾病和外形异常个体比例/%	0～2	2～5	＞ 5

4.3.3 生态系统的产品与服务（C3）

（1）*NPP*/*NDVI*（D8）

生产力和生物量的积累过程是生态系统发展的重要驱动力（任海、彭少麟，2001）。生态系统生产力的变化趋势，可以通过净第一性生产力（*NPP*）或归一化植被指数（*NDVI*）进行评估。

① 净第一性生产力（*NPP*）

估算植被净第一性生产力的模型一般有统计模型、参数模型及过程模型 3 种类型。

统计模型利用气候因子（温度、降水等）进行估算，得到潜在的植被生产力。参数模型是通过植被吸收的光合有效辐射和光能转化效率进行估计的，在参数模型中光能转化效率只取决于植被类型。过程模型的计算原理与参数模型类似，但考虑的影响生产力的因素更多，如温度、水分及养分等。过程模型又可以分为 3 类：第一类，基于 NOAA/AVHRR 遥感卫星的模型，如 CASA、GLO-PEM、SDBM、SIB2、TURC 等；第二类，基于确定的植被结构模拟碳通量的模型，如 BIOME-BGC、CARAIB2.1、CENTURY4.0、FBM2.2、HRBM3.0、TEM4.0 等；第三类，模型需要同时模拟植被结构与碳通量，如 BIOME3、DOLY、HYBRID3.0 等（Cramer *et al.*，1999）。

② 归一化植被指数（*NDVI*）

NDVI 可以通过遥感数据获得，然后利用国际通用的最大化合成法（Maximum Value Composites，MVC）生成每年最大化 *NDVI*（*MNDVI*），再进行分析。

NDVI 的计算原理为：

$$NDVI = \frac{NIR - R}{NIR + R}$$

式中：*NIR* —— 近红外波段光谱值；

R —— 红外波段光谱值。

常用的 *NDVI* 遥感数据集主要包括：

NOAA/AVHRR NDVI 数据集

许多国际组织和机构都制订了 NOAA 卫星数据接收、处理和生成数据集的计划。例如：

- 地球资源观测系统数据中心（Earth Resources Observation Systems（EROS）Data Center，EDC）的 *NDVI* 数据集，空间分辨率为 1 km，起止时间为 1992 年 4 月至 1993 年 9 月和 1995 年 2 月至 1996 年 1 月以及 1996 年 5 月，可供全球用户下载；
- LP-DAAC 的 Pathfinder AVHRR Land（PAL）FTP Data 提供从 1981 年 7 月到 2001 年 9 月 *NDVI* 数据集，时间分辨率为 10 d，空间分辨率为 8 km 和 1°两种分辨率；
- NASA 戈达德航天中心（Goddard Space Flight Center，GSFC）全球监测与模型研究组（Global Inventor Modeling and Mapping Studies，GIMMS）制作了 1982—2003 年 15 d 最大化合成的 8 km AVHRR 数据集，GIMMS 数据集利用交叉辐射定标的方法消除了火山爆发、太阳高度角、传感器灵敏度随时间变化等影响，该数据集可提供免费下载。

MODIS NDVI 数据集

MODIS NDVI 数据可以通过在 MODIS 1B 数据产品中选取云污染小、易于大气纠正、几何校正、重采样等的影像图，然后基于 *NDVI* 计算原理，利用 MODIS 第 1、2 波段（波长分别为 620～670 μm（红），841～876 μm（近红外））合成得到。

SPOT VGT 数据集

由欧洲联盟委员会赞助的 VEGETATION 传感器于 1998 年 3 月由 SPOT-4 搭载升空，从 1998 年 4 月开始接收用于全球植被覆盖观察的 SPOT VGT 数据。该数据由瑞典的 Kiruna 地面站负责接收，由位于法国 Toulouse 的图像质量监控中心负责图像质量并提供相关参数（如定标系数），并最终由比利时弗莱芒技术研究所（Flemish Institute for

Technological Research，Vito）VEGETATION 影像处理中心（VEGETATION processing Centre，CTIV）负责预处理成空间分辨率为 1 km、时间分辨率为 10 d 的全球数据。

（2）地下水位（D9）

对于干旱、半干旱地区，地下水位是制约生态系统功能的重要环境限制因子。地下水位从一定程度上反映了区域蒸腾蒸散对水循环过程的影响，水分条件对生态系统的演替方向和系统功能影响巨大。本指标主要用于在干旱、半干旱地区，在湿润地区则无需进行评价。

指标评价可通过监测地下水水位变化进行判断。根据地下水深度的变化程度，划分为：强上升、弱上升、基本稳定、弱下降与强下降 5 个水平。统计强上升区、弱上升区、基本稳定区、弱下降区以及强下降区分别占监测控制总面积的比例：

$$P_i = \frac{S_i}{S_{总}} \times 100\%$$

式中：S_i —— 强上升区、弱上升区、基本稳定区、弱下降区或强下降区的面积，km^2；

$S_{总}$ —— 监测控制区域的总面积，km^2；

P_i —— 对应变化类型区域占监测控制总面积的比例，%。

4.3.4 物种的组成与动态（C4）

（1）区域物种的丰富度（D10）

物种的丰富度（species richness）是衡量区域物种多样性程度的重要指标，这里以整个评价范围内有分布记录的物种种数进行衡量。调查过程中，主要调查统计区域内分布的：①高等植物：包括蕨类植物、裸子植物、被子植物；②脊椎动物：包括哺乳类、鸟类、鱼类、爬行类、两栖类。其他物种类群，如大型真菌、无脊椎动物（如昆虫、软体动物）等，可根据资料的可获得性，进行统计分析。

（2）珍稀濒危物种的种群动态（D11）

指标评价重点针对评价区域内分布的珍稀濒危物种，调查这些物种的种群数量变化，并关注其分布范围与栖息生境的变化。珍稀濒危物种名录主要参考《中国物种红色名录》《国家重点保护野生植物名录》《国家重点保护野生动物名录》以及地方重点保护野生动植物物种名录等。评价区域内分布的旗舰种（flagship species）应作为调查的重点对象。旗舰种通常仅分布于某些特殊的生态系统中，并成为这些特殊生态系统存在标志的物种，如大熊猫、金丝猴、老虎等。旗舰种的选择还需要参考它们的种群规模是否正在缩减或濒危，以及其吸引公众关注的能力。尤其当这些物种又属于国家的特有种时，其凝聚关注的能力更高，更能引起公众对保护行为的关注。

4.3.5 遗传资源状况（C5）

重要遗传资源（禽畜、鱼类、农作物、栽培植物等资源）的保存与丧失（D12）

对生物遗传资源的关注是为了更好地维护遗传资源的权属和未来对于遗传资源惠

益的分享。“重要遗传资源的保存与丧失”重点调查对于今后区域农、林、牧、渔，以及其他经济生产方式具有长远意义的传统种质资源的保护和损失情况。可以通过资源调查、农业部门的统计和栽培记录等途径收集相关资料。

4.3.6 传统知识与特有文化（C6）

（1）方言的种类（D13）

语言的系属分类主要依据语音、词汇、语法规则之间对应关系与相似性。把某些具有对应关系和相似之处的语言归于同一类，称为同族语言，即“语族”；按语族之间的某些对应关系，又归在一起，称为同系语言，即“语系”。中国各民族使用的语言主要包括 6 大类，分别是：汉藏语系（汉语族、藏缅语族、侗台语族、苗瑶语族）、阿尔泰语系（突厥语族、满-通古斯语族、蒙古语族）、南亚语系、印欧语系、南岛语系、未定语系。其中，汉藏语系语言数量最丰富，有近 80 种，主要分布在中国南部；阿尔泰语系有 24 种，主要分布在中国北方；南岛语系 16 种，主要分布在台湾；南亚语系 11 种，主要分布在广西、云南边境；印欧语系 2 种，主要分布在新疆。

根据研究统计，我国 56 个民族共使用 130 多种语言，且语言与民族不是一一对应的关系，两者之间有一对一、一对多、多对多的关系。语言的多样性反映文化的多样性，记录了丰富的物质和非物质的文化产品。但中国的语言多样性正面临严峻威胁，许多语言也濒临灭绝。语言的消失将意味着这种语言承载的文化信息、知识信息和民族智慧的消失，对社会发展与人类的生活方式将产生重要影响。

指标评价过程中，主要通过调查，统计区域内各族人民使用的语言种数，了解少数民族语言文字的使用与保护情况。

（2）少数民族数量与人口比例（D14）

我国自古以来就是一个统一的多民族国家。新中国成立后，通过识别并经中央政府确认的民族共有 56 个。中国各民族分布的特点是：大杂居、小聚居、相互交错居住。这种分布格局是长期历史发展过程中各民族间相互交往、流动而形成的。中国少数民族人口虽少，但分布很广。全国各省、自治区、直辖市都有少数民族居住，绝大部分县级单位都有 2 个以上的民族居住。中国的少数民族主要分布在内蒙古、新疆、宁夏、广西、西藏、云南、贵州、青海、四川、甘肃、辽宁、吉林、湖南、湖北、海南、台湾等省（自治区）。

新中国成立后，中国政府对少数民族实行了宽于汉族的生育政策。这使得少数民族人口的增长速度高于全国平均水平。根据全国 5 次人口普查结果，1953 年 7 月 1 日我国少数民族人口数为 3 532 万人，1964 年 7 月 1 日为 4 000 万人，1982 年 7 月 1 日为 6 724 万人，1990 年 7 月 1 日为 9 120 万人，2000 年 11 月 1 日为 10 643 万人。

指标评价中通过收集区域的人口普查资料，统计分析区域内的少数民族组成及少数民族人口数量。

专栏 4.1　我国 55 个少数民族名单

蒙古族、回族、藏族、维吾尔族、苗族、彝族、壮族、布依族、朝鲜族、满族、侗族、瑶族、白族、土家族、哈尼族、哈萨克族、傣族、黎族、傈僳族、佤族、畲族、高山族、拉祜族、水族、东乡族、纳西族、景颇族、柯尔克孜族、土族、达斡尔族、仫佬族、羌族、布朗族、撒拉族、毛南族、仡佬族、锡伯族、阿昌族、普米族、塔吉克族、怒族、乌孜别克族、俄罗斯族、鄂温克族、德昂族、保安族、裕固族、京族、塔塔尔族、独龙族、鄂伦春族、赫哲族、门巴族、珞巴族、基诺族。

（3）世界/国家自然遗产或文化遗产数量（D15）

累计评价区域内被列入世界自然/文化遗产与国家自然/文化遗产的景观数量。

① 世界遗产数量

为保护世界文化和自然遗产，联合国教科文组织于 1972 年 11 月 16 日在第十七次大会上正式通过了《保护世界文化和自然遗产公约》。1976 年，世界遗产委员会成立，并建立了《世界遗产名录》。中国于 1985 年 12 月 12 日加入《保护世界文化和自然遗产公约》，1999 年 10 月 29 日当选为世界遗产委员会成员。截至 2011 年 6 月，中国已有 41 处自然文化遗址和自然景观列入《世界遗产名录》（附录 B）。其中，世界文化遗产 29 处，世界自然遗产 8 处，世界文化和自然混合遗产 4 处。世界遗产名录统计时，应以最新公布的名录名单为准。

② 国家自然/文化遗产数量

为加强我国对自然遗产、自然与文化双遗产的保护，住建部设立了《中国国家自然遗产、国家自然与文化双遗产预备名录》（附录 C），建立了我国遗产申报管理机制，是实现我国遗产资源保护管理工作可持续发展的重要保障。名录统计时，以最新公布的名录名单为准。

第 5 章　威胁评价指标的建立

5.1 生物多样性面临的主要威胁

伴随社会经济发展和全球一体化进程的加快，生态保护与经济发展之间的矛盾日益突出，产生严重的环境问题，直接或间接地影响了物种的生存、繁衍及生态系统的完整性，使生物多样性面临严重威胁。这些压力因素概括起来主要包括土地利用变化、掠夺式开发利用、气候变化、污染、外来入侵物种、转基因生物、土地退化、氮沉降等方面。

（1）土地利用变化

土地利用是指人类为了一定经济或社会目的，对土地进行的经营活动。已有研究表明，土地利用变化是生物多样性锐减的主要驱动因子（Sala *et al.*，2001；Leemans *et al.*，1999），尤其是农业用地的扩张和城市交通建设用地的增长影响突出。从 1700 年到 2000 年，地球上农业用地面积增长了 4 倍（Leemans *et al.*，1999）。在粮食需求持续增长的压力下，预计未来 50 年将有 1 亿 hm^2 自然地域新被开发为农业或牧业用地（Tilman *et al.*，2001）。

土地利用变化按其性质，可以分为土地利用类型的转变和土地利用管理模式的变化。土地利用类型的转变将直接影响原地块的生物多样性结构和丰富度。例如，毁林开荒将使森林生态系统的原生物种被人工种植的物种替代；城镇化发展蚕食周边农田，影响农田生态系统中的动植物物种。同时，土地利用类型的转变还将导致生境丧失或破碎化，限制动植物的种群繁衍及基因交流。土地利用管理模式的变化，如土地利用强度的改变，也将对生物多样性产生影响。如不当的开垦将造成土地荒漠化，过度放牧将导致草场退化。而由传统粗放农业向现代精准农业的转变，可以减少资源消耗，保护生态环境。

（2）掠夺式开发利用

为获取食物、皮毛以及药材等生产生活原材料，人们广泛地利用野生动植物资源。但对野生动植物的过度乃至掠夺式开发，将破坏资源的可再生能力，是造成生物多样性丧失的直接原因。由于剧烈捕杀，新疆虎（*Panthera tigris lecoqi*）、蒙古野马（*Equus przwalskii*）已经灭绝，高鼻羚羊（*Saiga tatarica*）也已在中国境内消失。面对中草药需求日益扩大的市场，许多野生中药植物被过度采集，如肉苁蓉（*Cistanche deserticola*）、锁阳（*Cynomorium songaricum*）等名贵种类日渐稀少，红豆杉（紫杉）

属（*Taxus*）植物遭到大规模的采伐破坏。渔业过度捕捞也导致鱼类资源急速下降、优势鱼种快速小型化。

（3）气候变化

气候变化直观表现在气温升高、降水格局改变和极端气候事件发生等方面。据政府间气候变化专门委员会（IPCC）研究，由于大气中 CO_2 浓度增加，可能导致 1990—2100 年全球地表温度平均增加 1.4～5.8℃（Houghton *et al.*，2001）。气候变化对生物多样性各层次（基因层次、物种层次、生态系统层次）的影响已被越来越多的证据证实，并受到各国政府、国际组织、学术界和公众的广泛关注。联合国千年生态系统评估（Millennium Ecosystem Assessment）将气候变化列为威胁生物多样性的主要因素之一，并预计在今后几十年中，气候变化的危害将可能加剧。

（4）污染

污染是威胁生物多样性的另一重要因素，包括大气污染、水污染、土壤污染等。污染物的来源主要是人类工业生产排放的废水、废气、废渣，农业生产施用的农药、化肥，以及城市生活污水。污染产生的影响包括：①污染物的直接毒害阻碍生物的正常生长发育，使生物丧失生存繁衍的能力；②污染引起生境的改变，使生物丧失了生存环境；③污染物通过食物链的富集作用，使营养级较高的生物难以存活或繁育。

（5）外来入侵物种

外来入侵物种是指通过有意或无意的人类活动被引入其自然分布区外，并在自然分布区外的自然、半自然生态系统或生境中建立种群，对引入地的生物多样性造成威胁、影响或破坏的物种。外来入侵物种对生物多样性的影响主要表现在 2 个方面：一是通过胁迫和排斥本地物种导致生态系统的物种组成和结构发生改变，最终破坏生态系统的整体功能及其完整性；二是外来入侵物种在一定条件下形成优势种群，威胁本地物种的生存并最终导致本地物种灭绝及物种多样性丧失。据不完全统计，目前入侵我国的外来生物物种超过 500 种，已产生明显经济和生态危害的、具有潜在威胁与危险性的、可能导致严重危害的入侵生物约有 300 种。而近 10 年来，新入侵的疫情不断突发，平均每年增加 1～2 种。广东、云南、福建、江苏、浙江、山东、广西、辽宁等省份受外来入侵物种危害较大。

（6）转基因生物

转基因生物（Genetically modified organisms，GMOs）是指经遗传修饰的生物体。转基因作物已在一些国家与地区种植与推广，但 GMOs 及其产品的安全性还有待检验。随着全球贸易自由化步伐加快，由 GMOs 可能引发的生物安全问题正成为国际社会关注的焦点之一（朱守一，1999；刘谦、朱鑫泉，2001）。GMOs 中包含的外源基因“逃逸”并转入其他生物体中，将造成基因污染。GMOs 对非靶标生物（不属于害虫的动物、植物和微生物）也会产生影响。一些研究表明，转基因抗虫作物对有益捕食性昆虫具有副作用（Birch *et al.*，1997；Hilbeck *et al.*，1998；Losey *et al.*，1999）。而转基因作物被土壤生物降解后，产生的物质可能会影响土壤微生物的组成。

（7）土地退化

土地退化对生物多样性的影响，主要表现在由于土地质量退化、景观类型趋于单一化而造成的土地生产力下降以及物种栖息地丧失。土地退化是由于自然灾害、人为破坏和不合理的利用而产生，包括土壤的侵蚀化、沙化、石漠化、盐碱化与污染化等类型。新中国成立以来，我国的土地退化问题十分突出，且发生范围广、发展快、强度大，产生了严重的生态与社会后果。且由于我国土地退化类型复杂、地区差异明显，治理难度很大。

（8）氮沉降

氮沉降（nitrogen deposition）是全球变化的重要现象之一。自 20 世纪以来，由于农业和工业活动的密集化，如化石燃料的燃烧、含氮肥的生产和使用、畜牧业迅速发展等，大气中含氮化合物（主要是 NO_x 和 NH_y）含量迅速增加（Vitousek *et al.*，1997；Galloway *et al.*，2003），并导致陆地和水域生态系统中较高的氮沉降（Asner *et al.*，2001；Matson *et al.*，2002；Galloway & Cowling，2002）。研究预计，在未来 25 年中，全球氮沉降面临加倍的风险（Neff *et al.*，2002）。过剩的氮沉降可能影响植物的生产力和生态系统的储碳能力，加速土壤的酸化与影响土壤有机碳分解。长期的氮沉降还将影响树木的生长以及土壤微生物生长与繁殖活动，改变物种组成与生态系统的食物网结构。

5.2 评价指标

“威胁评价”针对生物多样性面临的主要压力因素，从如下 6 个方面设置评价指标（表 5.1）：

（1）氮沉降（C7）

氮沉降在全球尺度上对生物多样性丧失的威胁被逐渐认识，近年来成为生物多样性评价中的重点内容。氮沉降按照氮的存在形式划分，包括有机氮沉降与无机氮沉降；按照沉降途径划分，包括干沉降与湿沉降。受监测技术方法的限制，全面地估测氮沉降总量还存在困难。且国内在这方面的研究还较为欠缺，尚未建立公认的评估方法。因此，考虑到农作物生产作物活性氮最主要的来源之一，评价指标通过统计农业生产中氮肥施用情况，间接评估氮沉降的压力变化。

（2）外来入侵物种（C8）

评估指标主要针对外来入侵物种的种类与影响范围。

（3）气候变化（C9）

大尺度上温度与降水格局的变化将导致物种分布范围的改变以及生物物候期的变化，而极端气候事件引发的生态灾难将在短时间内对生态系统与物种造成巨大破坏。在本指标体系中，长期的气候变化动态通过监测冰川的变化进行跟踪，极端气候事件的影响通过统计其发生频率与规模进行评估。

（4）土地退化（C10）

我国土地退化类型多样，考虑到监测方法的可行性与数据的可获得性，评价主要从水土流失、土地沙化与土地石漠化 3 个方面开展。“分指标层（D）”指标包括：水土流失面积、荒漠化与沙化面积、石漠化面积。

（5）污染（C11）

重点关注水污染和大气污染 2 个方面。“分指标层（D）”指标为：重要水体水质、湖泊/水库富营养化、单位 GDP 污染物排放、酸雨的发生频率。

（6）人口、经济与建设（C12）

社会经济发展及由此带来的资源开发压力是环境问题产生的根本驱动因素。为了解这种驱动力的强度，本指标体系从人口、经济与建设 3 个角度进行评估。具体指标包括人口密度、区域 GDP、道路密度、城市发展规模。

表 5.1 陆地生态系统生物多样性威胁评价指标

结构层（B）	指标层（C）	分指标（D）
威胁（B2）	氮沉降（C7）	氮肥施用情况（D16）
	外来入侵物种（C8）	外来入侵物种的发展趋势（D17）
	气候变化（C9）	极端气候事件的发生（D18）
		冰川的退缩（D19）
	土地退化（C10）	水土流失面积（D20）
		荒漠化与沙化面积（D21）
		石漠化面积（D22）
	污染（C11）	重要水体水质（D23）
		湖泊/水库富营养化（D24）
		单位 GDP 污染物排放（D25）
		酸雨的发生频率（D26）
	人口、经济与建设（C12）	人口密度（D27）
		区域 GDP（D28）
		道路密度（D29）
		城市发展规模（D30）

5.3 参数计算方法

5.3.1 氮沉降（C7）

我国农业生产中常用的氮肥有尿素、碳酸氢铵、氯化铵、硫酸铵、硝酸铵、硝酸钙、硝酸钾等化学肥料，以及豆科绿肥、藻类、绿萍等有机肥料。“氮肥施用情况（D16）”统计评估区域单位耕地面积上的氮肥施用总量。计算公式为：

$$\text{施氮水平（kg/hm}^2\text{）}=\frac{\text{氮肥施用量（kg）}}{\text{耕地面积（hm}^2\text{）}}$$

氮肥施用量为评价区域内全年使用的氮肥折纯量。折纯量指氮肥按含氮的 100%成分进行折算后的数值。国际上公认的施氮上限为 225 kg/hm^2。超过该施氮上限值，则认为评价区域的施氮水平过高，氮流失与氮沉降压力较大。

5.3.2 外来入侵物种（C8）

“外来入侵物种的发展趋势（D17）”指标主要通过收集评价区域内外来物种的种类、数目、分布信息，以及导致的经济损失，对流入我国的并纳入国际组织、其他国家或地区的外来入侵物种名录、检疫性有害生物、危险性有害生物或其他有害生物名单的物种进行重点调查。评价时，应全面地收集现有调查资料，包括当地环保、农、林、畜牧、检验检疫部门公布的调查统计数据。外来入侵物种名录是监测调查的重要基础，我国部分主要外来入侵物种的名单如附录 D 所示。

5.3.3 气候变化（C9）

（1）极端气候事件的发生（D18）

极端气候事件是指由某种气象要素或变量引发的，当其正负异常超出一定的阈值，发生在一定区域和时间段的罕见气候极值。极端气候事件导致如暴雨、洪水、高温、干旱、严寒、大风等自然灾害，对社会经济和环境造成极大危害。记录极端气候事件的发生有两种方式：一种是对极高或极低的逐日温度、强的逐日或逐月降水量等基本气象数据的统计分析；另一种是记录气象灾害事件（如洪涝、干旱等）发生情况。本指标评价方法采取第二种方式，调查收集评价区域内气象灾害发生的统计资料，分析极端气候事件发生的频率与影响规模。

（2）冰川的退缩（D19）

我国是中低纬度山地冰川最发育的国家，约有冰川 46 298 条，总面积 59 406 km^2，分别占全球与亚洲山地冰川总量的 14.5%和 47.6%。这些冰川主要分布在天山、昆仑山、念青唐古拉山、喜马拉雅山、喀喇昆仑山、冈底斯山、祁连山、横断山、唐古拉山 9 个山系，另外在羌塘地区、帕米尔山地、阿尔泰山、准格尔西部山地等地区有少量分布。若评价范围包含上述区域/部分区域，则应进行本指标的评价。研究冰川变化的基本方法是利用航拍照片、冰川图、文献记录与历史照片，结合地形图、实地考察进行对照分析，识别发生的变化。20 世纪 50 年代末到 80 年代冰川评价科考中积累下来的数据是目前研究的重要基础。

5.3.4 土地退化（C10）

（1）水土流失面积（D20）

估测水土流失面积的方法主要有遥感调查法和模型估算法两种。

① 遥感调查法

以陆地卫星 TM 影像数据为基础，在地理信息系统支持下，通过人机交互解译及专家知识综合评判，生成土壤侵蚀强度分布数据，并对解译结果进行统计分析。

② 模型估算法

水土流失情况还可以利用如“修正的通用土壤流失方程”（Revised Universal Soil Loss Equation，RUSLE）等模型来估算。RUSLE 模型是目前应用较为广泛的侵蚀估算模型之一，模型考虑了降雨、土壤、地形、植被覆盖以及水土保持管理等因子对水土流失的影响。其基本计算公式为：

$$E = R \times K \times LS \times P \times C$$

式中，E —— 计算得到的多年平均土壤流失量，t/（hm^2·a）；

R —— 降雨侵蚀力因子，MJ·mm/（hm^2·h）；

K —— 土壤可侵蚀性因子，t·h/（MJ·mm）；

LS —— 坡长、坡度因子，量纲为 1；

C —— 覆盖与管理因子，量纲为 1；

P —— 水土保持措施因子，量纲为 1。

分析中，土壤侵蚀强度的分级方法按照《土壤侵蚀分类分级标准》（SL190—2007）。

（2）荒漠化与沙化面积（D21）

荒漠化指由于气候变化和人类活动等因素造成的干旱、半干旱和亚湿润干旱地区的土地退化。我国荒漠化形势十分严峻，有风蚀荒漠化、水蚀荒漠化、冻融荒漠化、土壤盐渍化 4 种类型，其中风蚀荒漠化面积最大。指标主要调查荒漠化与沙化土地的分布范围、面积与发展速度。指标值的获取主要依据全国与地方的荒漠化与沙化监测数据，必要时辅以遥感影像分析。

（3）石漠化面积（D22）

石漠化是指岩溶地区土地由于人为活动的干扰，地表植被遭受破坏，导致土壤流失、溶岩裸露或砾石堆积的土地退化现象。指标主要调查石漠化的分布范围、面积与发展速率。指标值的获取也主要依据现有的调查监测数据，必要时辅以遥感影像分析。

5.3.5 污染（C11）

（1）重要水体水质（D23）

淡水生态系统的水质直接影响到陆地水体生态系统是否健康，也影响到生态系统物质水陆交换的关键环节。参数评价主要通过：①收集调查区域内例行水质监测断面/水质监测站点的监测资料，统计分析地表水水质达标率及主要污染物类型；②必要时，采集水样，检测 pH 值、DO（≥4）、电导率、悬浮物、氨氮、水温、酚、氰化物、砷、汞、铬（6 价）、TP 等常规水质参数，评价水质是否达标。地表水水质评价标准依据《地表水环境质量标准》（GB 3838—2002）。地下水水质评价标准依据《地下水质量标准》（GB/T 14848—93）。

（2）湖泊/水库富营养化（D24）

富营养化是一种氮、磷等植物营养物质含量过多所引起的水质污染现象。水体出现富营养化现象时，由于浮游生物大量繁殖，往往使水体呈现蓝色、红色、棕色、乳白色等。水体发生富营养化，常导致水生生态系统紊乱、水生生物种类减少、生物多样性受到破坏。

湖泊/水库富营养化状况评价一般采用综合营养状态指数法，指数计算公式为：

$$TLI(\sum) = \sum W_j \times TLI_j$$

式中：TLI（Σ）—— 综合营养状态指数；

W_j —— 第 j 种参数的营养状态指数相关权重；

TLI_j —— 第 j 种参数的营养状态指数。

富营养化状况评价参数包括叶绿素 a（chla）、总磷（TP）、总氮（TN）、透明度（SD）以及高锰酸盐指数（COD_{Mn}）。

以 chla 为基准参数，则第 j 种参数的归一化相关权重计算公式为：

$$W_j = \frac{r_{ij}^2}{\sum_{j=1}^{m} r_{ij}^2}$$

式中：r_{ij} —— 第 j 种参数与基准参数 chla 的相关系数；

m —— 评价参数的个数。

部分参数与 chla 的相关系数 r_{ij} 及 r_{ij}^2 见表 5.2。

表 5.2　部分参数与 chla 的相关系数 r_{ij} 及 r_{ij}^2 值（金相灿，1995）

	chla	TP	TN	SD	COD_{Mn}
r_{ij}	1	0.84	0.82	−0.83	0.83
r_{ij}^2	1	0.705 6	0.672 4	0.688 9	0.688 9

主要参数营养状态指数计算公式为：

$$TLI(\text{chla})=10\times(2.5+1.086\ \ln\text{chla})$$

$$TLI(\text{TP})=10\times(9.436+1.624\ \ln\text{TP})$$

$$TLI(\text{TN})=10\times(5.453+1.694\ \ln\text{TN})$$

$$TLI(\text{SD})=10\times(5.118-1.94\ \ln\text{SD})$$

$$TLI(\text{COD}_{Mn})=10\times(0.109+2.66\ \ln\text{COD}_{Mn})$$

式中：chla 单位，mg/m^3；SD 单位，m；其他参数单位均为 mg/L。

湖泊/水库营养状态按 0～100 连续数值进行分级，分级标准如表 5.3 所示。在相同营养状态级别内，指数值越高，其营养程度越严重。

评价时，重点调查与重要生态系统、国际重要湿地、饮用水水源地等保护对象相关的湖泊、水库的富营养状况。以收集例行的水体富营养化监测资料为主，掌握水体富营养程度的变化。必要时，可采集水样，进行检测分析。

表 5.3 湖泊/水库营养状态分级等级

指标值	等级
$TLI(\Sigma)<30$	贫营养
$30\leqslant TLI(\Sigma)\leqslant 50$	中营养
$TLI(\Sigma)>50$	富营养
其中，$50<TLI(\Sigma)\leqslant 60$	轻度富营养
$60<TLI(\Sigma)\leqslant 70$	中度富营养
$TLI(\Sigma)>70$	重度富营养

（3）单位 GDP 污染物排放（D25）

单位 GDP 的污染物排放量表示污染物排放强度，既反映新创造的单位经济价值的环境负荷的大小，也间接反映地方经济生产的技术水平和污染物治理能力。主要关注 SO_2 与 COD 的排放情况。

参数计算公式为：

$$单位GDP\ SO_2排放量（万t/亿元）=\frac{全年SO_2排放量（万t）}{当年GDP（亿元）}$$

全年 SO_2 排放量总量计为工业废气 SO_2 排放量与生活及其他 SO_2 排放量之和。

$$单位GDP\ COD排放量（万t/亿元）=\frac{全年COD排放量（万t）}{当年GDP（亿元）}$$

全年 COD 排放量为工业废水中 COD 排放量与城镇生活污水中 COD 排放量之和。

（4）酸雨的发生频率（D26）

酸雨指雨水 pH 值小于 5.6 的降雨。酸雨污染不仅破坏地表水、森林、土壤与建筑物，同时也威胁人类的健康。其强度分为 3 个等级：

强酸雨程度，$pH<4.5$；

弱酸雨程度，$4.5\leqslant pH<5.6$；

无酸雨，$pH\geqslant 5.6$。

指标评价过程中以资料收集调查为主，通过收集调查区域内例行酸雨监测数据，以及全国酸雨普查数据等，统计分析区域内的酸雨发生频率与酸雨平均强度。

5.3.6 人口、经济与建设（C12）

（1）人口密度（D27）

人口密度即区域总人口数与区域总面积的比值。计算公式为：

$$D=\frac{N}{\mathrm{TA}}$$

式中：D —— 人口密度，人/km^2；

N —— 区域总人口数，人；

TA —— 区域总面积，km^2。

（2）区域 GDP（D28）

区域 GDP 即调查区域的地区生产总值，可从历年统计年鉴中获得。

（3）道路密度（D29）

道路密度计算公式为：

$$道路密度（km/km^2）=\frac{道路总长度（km）}{区域总面积（km^2）}$$

道路总长度一般根据统计年鉴中公布的公路通车里程来确定。公路通车里程指在一定时期内实际达到《公路工程 [WTBZ] 技术标准 JTJ01—88》规定的等级公路，并经公路主管部门正式验收交付使用的公路里程数。包括大中城市的郊区公路以及通过小城镇街道部分的公路里程和桥梁、渡口的长度，但不包括大中城市的街道、厂矿、林区生产用道和农业生产用道的里程。

（4）城市发展规模（D30）

本指标包括两个参数：城市面积占国土面积的百分比和城市化率。

① 城市面积占区域国土面积的比例

计算公式为：

$$城市面积占区域国土面积比例（\%）=\frac{城区面积}{区域总面积}\times 100\%$$

城市面积可以通过解译卫星影像或通过收集统计年鉴资料等方式获取。据《建设部城市和村镇统计报表制度》规定，城区面积统计指标有 2 个统计范围：一个是含县城的城区统计范围，包括设市城市的城区和县城两部分；另一个是不含县城仅指设市城市城区的统计范围。其中，设市城市城区是指街道办事处所辖地域，城市公共设施、居住设施和市政公用设施等连接到的其他镇（乡）地域，以及常住人口在 3 000 人以上独立的工矿区、开发区、科研单位、大专院校等特殊区域。县城是指县政府驻地的镇或街道办事处地域，县城公共设施、居住设施和市政设施等连接到的其他镇（乡）地域，以及常住人口在 3 000 人以上独立的工矿区、开发区、科研单位、大专院校等特殊区域。因此，在采取资料收集方法调查城市面积时，需要了解统计年鉴中相关参数的含义，区别数值的变化是由于城市建设发生的真实变化还是由于统计指标内涵变化造成的差异。

② 城市化率

城市化率是指市镇人口占总人口（包括农业与非农业）的比率。中心城区、县（市、区）及建制镇，凡列入城镇建设规划且城区建设已延伸到乡镇、居委会及村委会并已实现水、电、路“三通”的，都纳入市镇人口计算。该指数可以客观反映城市化进程。

参数值计算公式为：

$$城市化率（\%）=\frac{市镇人口}{总人口}\times 100\%$$

第 6 章　响应评价指标的建立

6.1 中国生物多样性的保护管理状况

（1）生物多样性保护战略与行动计划

自从 1993 年《公约》正式生效实施以来，中国作为最早加入《公约》的国家之一，为保护生物多样性和履行《公约》要求，积极认真地开展了一系列卓有成效的工作。先后完成了“中国生物多样性保护行动计划”、“中国生物多样性国情研究报告”、“中国国家生物安全框架”、“中国履行《生物多样性公约》国家报告”等文件与报告的编制和实施工作。有力地促进了国民经济和社会的可持续发展，也为保护区域特有的生态系统、物种系统和遗传资源系统作出了重要贡献。

1994 年中国即发布了《中国生物多样性保护行动计划》，成为少数几个率先编制生物多样保护和可持续利用行动计划的国家。该行动计划在加强国际合作、推动中国生物多样性保护与持续利用等方面发挥了重要作用，但由于制定的时间较早，该行动在应对新的挑战、指导未来工作开展上显现出一定程度的不足。根据新形势需要，2010 年国务院审议并原则通过《中国生物多样性保护战略与行动计划（2011—2030 年）》（以下简称《战略与行动计划》）（专栏 6.1）。《战略与行动计划》明确了中国今后 20 年生物多样性保护与可持续利用的战略思想、总体目标、重点区域和具体任务，是中国生物多样保护与可持续利用的重要纲领。

专栏 6.1　《中国生物多样性保护战略与行动计划（2011—2030 年）》内容摘要

《战略与行动计划》的指导思想：深入贯彻落实科学发展观，统筹生物多样性保护与经济社会发展，以实现保护和可持续利用生物多样性、公平合理分享利用遗传资源产生的惠益为目标，加强生物多样性保护体制与机制建设，强化生态系统、生物物种和遗传资源保护能力，提高公众保护与参与意识，推动生态文明建设，促进人与自然和谐。

《战略与行动计划》的基本原则：保护优先、持续利用、公众参与、惠益共享。指导思想和基本原则体现了统筹、科学与和谐的理念和发展观，强调我国生物多样性保护和可持续利用的核心是《生物多样性公约》规定的 3 大任务，同时针对我国的实际情况，将全民参与和意识的提高也作为重要任务之一。

《战略与行动计划》为中国制定了今后 5 年、10 年和 20 年的近期、中期和远期生物多样性保护与可持续利用的战略目标。

近期目标：到 2015 年，力争使重点区域生物多样性下降的趋势得到有效遏制。具体实现指标：完成 8~10 个生物多样性保护优先区域的本底调查与评估，并实施有效监控。加强就地保护，陆地自然保护区总面积占陆地国土面积的比例维持在 15%左右，使 90%的国家重点保护物种和典型生态系统类型得到保护。合理开展迁地保护，使 80%以上的就地保护能力不足和野外现存种群量极小的受威胁物种得到有效保护。初步建立生物多样性监测、评估与预警体系、生物物种资源出入境管理制度以及生物遗传资源获取与惠益共享制度。

中期目标：到 2020 年，努力使生物多样性的丧失与流失得到基本控制。具体实现指标：生物多样性保护优先区域的本底调查与评估全面完成，并实施有效监控。基本建成布局合理、功能完善的自然保护区体系，国家级自然保护区功能稳定，主要保护对象得到有效保护。生物多样性监测、评估与预警体系、生物物种资源出入境管理制度以及生物遗传资源获取与惠益共享制度得到完善。

远期目标：到 2030 年，使生物多样性得到切实保护。具体实现指标：各类保护区域数量和面积达到合理水平，生态系统、物种和遗传多样性得到有效保护。形成完善的生物多样性保护政策法律体系和生物资源可持续利用机制，保护生物多样性成为公众的自觉行动。

《战略与行动计划》根据《生物多样性公约》的要求和中国国情，确定了 8 大战略任务：（1）完善生物多样性保护相关政策、法规和制度；（2）推动生物多样性保护纳入相关规划；（3）加强生物多样性保护能力建设；（4）强化生物多样性就地保护，合理开展迁地保护；（5）促进生物资源可持续开发利用；（6）推进生物遗传资源及相关传统知识惠益共享；（7）提高应对生物多样性新威胁和新挑战的能力；（8）提高公众参与意识，加强国际合作与交流。其中第 6 项和第 7 项任务是应国内外新的形势和要求而新增的重点任务，主要侧重生物多样性与气候变化的相互影响，以及外来入侵物种的防控。

（2）法律法规体系

在《公约》指导下，许多国家就本国的生物多样性保护进行了专门立法，如新西兰制定了本国的《生物安全法》，澳大利亚制定了《环境与生物多样性保护法》等。中国目前并未就生物多样性保护采取专门立法的方式，但以《宪法》为依据，已制定或修订了 50 余项与生物多样性相关的法律法规。包括《环境保护法》（1989）、《森林法》（1984 年制定，1998 年修订）、《野生动物保护法》（1998 年制定，2004 年修订）、《环境影响评价法》（2002）、《水污染防治法》（1984 年制定，2008 年修订）、《固体废物污染环境防治法》（1995 年制定，2004 年修订）、《渔业法》（1986 年制定，2004 年修订）、《自然保护区管理条例》（1994）、《野生植物保护条例》（1996）、《植物新品种保护条例》（1997）、《濒危野生动植物进出口管理条例》（2006）、《风景名胜区条例》（2006）等法律及条例，初步形成了生物多样性保护与管理的法律法规体系。

《环境保护法》作为我国环境保护的基本性法律，对生物多样性保护作了明确规定。第三章第十六条："各级人民政府对具有代表性的各种类型的自然生态系统区域，珍稀、濒危的野生动植物自然分布区区域，重要的水源涵养区域，具有重大科学文化价值的地质构造，著名溶洞和化石、温泉等自然遗迹，以及人文遗迹，古树名木，应当采取措施加以保护，严禁破坏。"并对进行自然资源开发、工农业生产、城市规划等活动的生物多样性保护作了规定，并明确了违反规定应承担的法律责任。

《海洋环境保护法》第三章第二十条规定："国务院和沿海各级人民政府应当采取有效措施，保护红树林，珊瑚礁、滨海湿地、海岛、海湾、入海河口、重要渔业水域等具有典型性、代表性的海洋生态系统，珍稀濒危海洋生物的天然集中分布区，具有重要经济价值的海洋生物生存区域及有重大科学文化价值的海洋自然历史遗迹和自然景观。对具有重要经济、社会价值的已经遭到破坏的海洋生态，应当进行整治和恢复。"第三章第二十五条："引进海洋动植物物种，应当进行科学论证，避免对海洋生态系统造成危害"等。

《自然保护区条例》对自然保护区的设立制度、自然保护区的规划和分区制度、自然保护区管理制度等作出了明确规定。

《野生动物保护法》与《野生植物保护条例》对我国的动植物的保护做出了详细并且系统的规定，配合相关的实施条例，对我国的生物多样性保护起到重要作用。

《进出境动植物检疫法》、《动物防疫法》、《家畜家禽防疫条例》等涉及外来物种控制问题。

《农业转基因生物安全管理条例》，对转基因生物的安全评估、进出口管理和标识制度的实施发布了具体管理办法。

（3）发展规划与计划

中国政府于 1987 年公布了中国第一部自然保护方面的纲领性文件《中国自然保护纲要》，把生物多样性保护问题纳入其中，规定了我国生物多样性保护的总体战略和基本原则，并提出了一般性保护对策。此后，相继发布了《全国生态环境建设规划》、《全国生态环境保护纲要》，进一步指导和推动了我国的生物多样性保护工作。

"十一五"期间，国家出台《全国生态保护"十一五"规划》，对生物多样性保护提出明确要求。强调要切实做好保护生物多样性工作，提高生物多样性履约和管理能力，增强保护生物多样性工作的责任感、使命感和紧迫感。2007 年和 2008 年，又先后发布了《全国生物物种资源保护与利用规划纲要》和《中国植物保护战略》，对我国新时期、新阶段生物物种资源以及野生植物资源的保护工作具有重要意义。

《全国生物物种资源保护与利用规划纲要》涵盖了生物物种资源涉及的各个行业和领域，明确了生物物种资源保护和利用的重点领域和优先行动目标，提出了生物物种资源保护和利用的战略思想和战略任务。将今后 15 年的生物物种资源保护与利用的总体目标划分为 3 个五年规划阶段进行实施：到 2010 年，基本遏制住目前生物物种资源急剧减少的趋势；到 2015 年，基本控制生物物种资源的丧失与流失；到 2020 年，生物物种资源得到有效保护。同时，确定了保护和利用物种资源的 5 大原则：国家主权原则、科学性原则、优先保护原则、保护与利用相协调原则和各方参与原则。

《中国植物保护战略》以《全球植物保护战略》提出的16个目标为基本框架，系统分析了中国野生植物保护管理的现状和存在的问题，并为今后一段时间要实现的各项预定目标提出行动计划。《中国植物保护战略》是《全球植物保护战略》的重要组成部分，也是中国植物多样性保护管理工作的行动纲领。

除国家层面上的总体规划外，各地方政府、各行业部门也积极响应并编制了相关规划。如地方政府生物多样性保护规划，以及根据城市建设的需要，以《城市绿地系统规划编制纲要（试行）》中的生物多样性保护规划内容为依据编写的生物（植物）多样性保护与建设规划。

（4）自然保护区网络

我国自然保护区网络的保护区域包括对有代表性的自然生态系统、珍稀濒危野生动植物物种的天然集中分布区、有特殊意义的自然遗迹等保护对象所在的陆地、陆地水体或者海域。按保护区级别，分为国家级自然保护区和地方级自然保护区，地方级又包括省、市、县3级自然保护区。到2008年底，我国已建立各级自然保护区2 538个，总面积14 894万 hm^2，占陆地国土面积的15.1%，超过全世界12%的平均水平。其中，国家级自然保护区 303 个，面积 9 120 万 hm^2；地方级自然保护区 2 235 个，总面积 5 774 万 hm^2。建立森林公园2 277处，其中国家级森林公园709处，面积973.8万 hm^2，占国土面积的1.01%；国家级风景名胜区187处，面积841.6万 hm^2，占国土面积的0.88%；国家湿地公园试点100处；国家地质公园138处。全国各类保护区域总面积约占国土面积的17%。此外，我国还建立了国家级畜禽遗传资源保种场、保护区等113处。

由于自然保护区的建设，中国的大熊猫、金丝猴、坡鹿、扬子鳄等一些珍贵野生动物已得到初步保护，有些种群并得以逐步发展。如安徽的扬子鳄保护区繁殖研究中心在研究扬子鳄的野外习性、人工饲养和人工孵化等方面取得了突破，使人工繁殖扬子鳄几年内发展到1 600多只。又如曾经一度从故乡流失的珍奇动物麋鹿已重返故土，并在江苏大丰县、湖北石首及北京南苑等地建立了保护区，以便得到驯养和繁殖，现在大丰县麋鹿保护区拥有的麋鹿群体居世界第三位。

6.2 评价指标

“响应评价”旨在评估社会对生物多样性的保护与响应力度。评估内容包括如下 3 个方面：

（1）自然保护区的建设（C13）

自然保护区是就地保护的重要形式，保护网络的保护效果受到保护面积的影响。单个保护区的面积应根据保护目标并基于保护类群的特点进行设计。但毫无疑问，保护网络的总面积越大、覆盖范围越广，能够承载与保护的物种越多。因此本体系中以保护区的面积比例评估自然保护区的发展。

（2）环保资金投入（C14）

为适应国际环境保护的要求，促进污染治理、保护自然生态，环保事务将成为政府资金投入的重要领域。评价指标为“环保专项资金的投入”。

（3）可持续利用（C15）

人与自然的协调发展，需要强调对生态系统的合理利用与维护。评价内容涉及我国退耕还林（草）/退田还湖工程开展情况、生态公益林建设，以及基本农田保护 3 个方面。

表 6.1　陆地生态系统生物多样性响应评价指标

结构层（B）	指标层（C）	分指标（D）
响应（B3）	自然保护区的建设（C13）	自然保护区面积占国土面积的比例（D31）
	环保资金投入（C14）	环保专项资金的投入（D32）
	可持续利用（C15）	退耕还林（草）/退田还湖的面积（D33）； 生态公益林面积（D34）； 基本农田面积（D35）

6.3 参数计算方法

6.3.1 自然保护区的建设（C13）

“自然保护区面积占国土面积的比例”（D31）按下式计算：

$$P=\frac{A_{\text{国家级}}+A_{\text{省级}}+A_{\text{市、县级}}}{TA}\times 100\%$$

式中：P —— 自然保护区面积比例，%；

$A_{\text{国家级}}$ —— 国家级自然保护区面积，km^2；

$A_{\text{省级}}$ —— 省级自然保护区面积，km^2；

$A_{\text{市、县级}}$ —— 市、县级自然保护区面积，km^2；

TA —— 区域总面积，km^2。

6.3.2 环保资金投入（C14）

环保专项资金的投入（D32）

指标值计算公式为：

$$F(\sum)=F_1+F_2+\cdots+F_n$$

式中：$F(\sum)$ —— 每年环保专项资金投入总量，万元；

F_1，F_2，…，F_n —— 各项资金投入，万元。

环保专项资金主要包括污染防治专项资金、自然保护区专项资金、天然林保护专项资金、巩固退耕还林专项资金等。

① 污染防治专项资金主要是指政府用于污染防治的专项支出。包括用于大气环境、水环境、声环境污染控制与治理的费用；垃圾处置的费用；核辐射、电磁辐射污染治理

支出等。

② 自然保护区专项资金是指为加强国家级自然保护区与具有特殊生态功能保护区的管理，中央财政拨付的专项经费。主要用于：野外自然综合考察、保护区发展与建设规划编制费用；与保护区的性质、规模及人员能力相适应的，必要的科研及观察监测仪器设备购置费用；能够有效保护珍稀濒危物种、保持保护区生物多样性的管护设施建设及科研试验费用；自然生态保护宣传教育费用；以及其他经批准的支出项目。

③ 天然林资源保护专项资金指中央财政根据《长江上游、黄河上中游地区天然林资源保护工程二期实施方案》与《东北、内蒙古等重点国有林区天然林资源保护工程二期实施方案》，用于天保工程建设方面以及用于森林资源管护所发生的事业性支出。具体包括森林管护费、中央财政森林生态效益补偿基金、森林抚育补助费、社会保险补助费与政策性社会性支出补助费。

④ 巩固退耕还林专项资金是指根据《国务院关于完善退耕还林政策的通知》要求，中央财政在一定时期内安排的专项用于巩固退耕还林成果、解决退耕农户长远生计的资金。

6.3.3 可持续的发展（C15）

（1）退耕还林（草）/退田还湖的面积（D33）

退耕还林（草）是指把水土流失严重的耕地，或沙化、盐碱化、石漠化严重的耕地，或粮食产量低而不稳定的坡耕地，以及生态意义更重要的耕地退出粮食生产，并植树或种草。我国实施退耕还林还草的基本措施是“退耕还林（草），封山绿化，以粮代赈，个体承包”。自 1999 年在四川、陕西、甘肃 3 省进行退耕还林试点工作，到 2002 年退耕还林（草）工程已在全国 25 个省（区、市）和新疆建设兵团全面展开，工程投资总额将达 5 119 亿元，涉及 3 200 多万农户、1.24 亿农民。退耕还林（草）是我国的重点生态工程，在世界上的影响力巨大，在资金投入、建设规模、社会关注度等方面均超过前苏联斯大林改造大自然计划、美国罗斯福大草原林业工程、北非 5 国绿色坝工程等世界重大生态建设工程。跟踪调查我国退耕还林（草）工程实施情况是评价我国的生态恢复工作的重点内容。

内陆湖泊在调节江河流量上具有重要意义，有利于生态平衡。但 20 世纪 70 年代以来我国大规模的围湖造田已经造成我国湖泊数量快速减少，并对湖泊的调节能力产生了重大负面影响。而退田还湖就是将湖泊围垦改造成的农田恢复为湖面的工程措施。1998 年水灾后，我国重点在长江流域的湖南、江西、湖北和安徽等省实施退田还湖工程，以恢复长江干流、洞庭湖和鄱阳湖水面，增加蓄洪容积。

指标评价以资料收集法为主，统计退耕还林（草）面积或退田还湖面积。退耕还林（草）以林业部门公布的相关数据为准，退田还湖以水利部门公布的相关数据为准。

（2）生态公益林面积（D34）

公益生态林包括以防护为目的的水源涵养林、水土保持林、防风固沙林等，以及有特种用途的国防林、自然保护区森林、风景林等对生态区位极为重要、对生物多样性保护具有重要意义的森林、林木或林地。按事权等级划分为国家公益林和地方公益林。国家生态公益林按照保护等级又划分为特殊生态公益林和重点生态公益林 2 个等级。

特殊生态公益林：①位于生态地位极端重要和生态环境极端脆弱的特殊保护区域的森林、林木、林地；②国家自然保护区及其他有国家一、二级保护野生动植物及其栖息地的各类自然保护区内的森林、林木、林地；③未经人为干扰的地带性顶极群落；④经国务院批准的自然与人文遗产和具有特殊保护意义的森林、林木、林地；⑤江河源头；⑥山体坡度 46°以上的地段的森林、林木、林地；⑦严重荒漠化（岩石裸露发≥51℃）地区的植被生长区。

重点生态公益林：①位于生态地位非常重要和生态环境非常脆弱的重点保护区域的森林、林木、林地；②江河源头，如湘江、沅江源头及一级支流源头 10 km 以外 20 km 以内汇水区、二级支流（流程 50 km 以上）源头 10 km 以内汇水区；③江河两岸，长江沿岸自然地形第一层山脊以内或平地 2 000 m 以内；④大型水库正常水位周围自然地形第一层山脊以内或平地 1 000 m 以内的森林、林木、林地；⑤坡度 36°以上、土壤瘠薄、岩石裸露、森林采伐后难以更新或森林生态环境难以恢复的森林、林木、林地；京广线、湘黔线、枝柳线、洛湛线等国有铁路，106 线、107 线、209 线、319 线、320 线等国道和高速公路两旁自然地形第一层山脊以内（陡坡地段）或平地 100 m 以内的森林、林木、林地；⑥以掩护军事设施和作军事屏障为主要目的的森林、林木、林地等。

具体评价指标为生态公益林面积及其在区域总面积所占比重，以反映森林生态建设发展情况。评价数据可从林业部门公布的相关资料中获取。

（3）基本农田面积（D35）

我国从 1995 年起开始划定基本农田保护区对优质耕地实行特殊保护。目前已划定基本农田保护地块 1.25 亿块，面积约 15.8 亿亩*，保护率超过 80%，部分地区超过了 90%。基本农田不仅是我国粮食的主要生产来源，为国家粮食安全提供根本保障，同时也是我国农业可持续发展的重要阵地，有助于促进集约用地机制形成，推动土地的合理利用。在生态功能方面，基本农田发挥着湿地、绿地等多种生态功能。在建设用地集中区和大中城市周边，基本农田已成为稳定的绿色生态屏障，在调节城市小气候、防风固沙、改善环境等方面发挥着重要作用。但由于我国城镇和工业用地需求量以及粮食需求量持续增长，稳定基本农田数量和布局、提高基本农田质量等工作仍面临巨大压力。

指标评价通过收集地区基本农田调查及相关资料，统计该地区的基本农田面积，并与该地区的基本农田保护区目标总面积相比较，以评价地区基本农田保护力度。

* 1 亩=1/15hm^2。

第7章　生物多样性综合评价方法

7.1 国内外现有评价方法

7.1.1 综合评分法

国内的生物多样性评价实践多采用综合评分法，经过指标值量化、数值标准化、权重设置等步骤，获得评价区域生物多样性的综合得分。

（1）指标值的量化

指标评价结果用数值形式表示是进行综合评分的基础。除了定量指标的评价结果使用数值表示外，定性指标也需要进行量化。

但由于定性指标缺乏明确的测度方法，所以并没有公认的量化模式。生物多样性评价中，通常根据由低到高的顺序划分5个等级，分别为“极低”、“低”、“中”、“高”、“极高”，依次取量化值为1、2、3、4、5。

（2）数值标准化

对于多目标决策指标体系，需消除不同指标间的量纲差异。因此在使用指标体系进行综合评价前，需要将指标值作标准化处理。目前常用的指标标准化方法有：极差变换法、线性比例变换法、向量归一化法（列模等于1）、标准样本变换法、归一化法（列和等于1）、取倒数等。

（3）权重设置

指标权重的确定主要有主观法和客观法2类。主观法根据决策分析者对各指标的主要重视程度对指标的权重赋值，如专家调查法、循环评分法、二项系数法、层次分析法等。客观法根据评价对象各指标数据采用数学计算准则得出评价指标的权重，如熵值法、最小二乘法、最大方差法等。

运用综合评分法需要注意：由于指标标准化处理方法很多，采用不同的标准化方法可能会产生不同的标准化数据，并得到不一样的评价结论（焦立新、杨靖东，1997；李美娟等，2004）。另外，现有研究中，指标权重设置方法主要采用层次分析法与德尔菲法（吴殿廷、李东方，2004；徐谒婷，2006），由于主观法本身存在的不确定性与随意性，使评价结果的可信度与严谨性受到一定程度的制约。

7.1.2 红绿灯法

国外的生物多样性评价实践主要利用“红绿灯（traffic light）”评价法（Defra，2007；2010 BIP，2010）。在“红绿灯”体系中，评价的关键在于制定评判标准，并获得一定时期内连续的监测数据。基于指标值与评判标准之间的定量比较，判断指标状态在一定时期内发生的变化。具体包括 4 种可能的变化情形：①绿灯，表示状况改善，指标呈正向发展，且指标值处于可接受的范围内，不会对生物多样性产生不利影响；②黄灯，表示总体上没有或几乎没有变化，同时指标值处于可接受的范围内；③红灯，表示状况恶化，指标呈负向发展，或指标值超出了可接受的范围，并对生物多样性产生可能的不利影响；④如果数据不充分或没有可参比的基本数据，则作单独说明。“红绿灯”法由于其评价方法简便、结果表述直观，在应用中具有很大的优势。

7.2 陆地生态系统生物多样性综合评价方法的建立

本书采用的评价方法主要参考了“红绿灯”法的基本评价思路，评价分析由两个部分组成：第一部分为单项指标评估，即评估“分指标层”指标（D_k）的变化情况；第二部分为综合分析，将在单项指标评估结果的基础上进行汇总评价。

7.2.1 单项指标评价

7.2.1.1 评判标准

评判标准是指为分析判断指标值的变化而设置的特定值，它可以是根据指标特点而确定的目标值、界限值、阈值范围或历史值等。

（1）目标值

这里指定量的目标值。选取的目标值要尽量具体化，准确、先进且具有科学性，能综合反映指标项目的基本内容，符合生物多样性保护的需要。可优先采用国家环境保护战略、国家生物多样性战略及行动计划以及其他相关规划与计划中设定的具体目标。

（2）临界值

从一种状态转变为另一种状态时的风险值。有两种情况：一种是底限值，低于某个数值后状态发生突变，不再有利于目标保护；另一种是封顶值，超过某个数值后状态发生突变，不再有利于目标保护。

（3）阈值范围

指可接受的状态变动范围。在此范围内的变动不会导致体系发生激烈变化、产生不利影响。

（4）历史值

指过去的一个时期中某一年或某一时刻的指标值。该值被作为评价时的背景值，或代表被影响或破坏前的理想状态。

评判标准的设置应基于科学的方法，尽可能使用具有生态学意义的、经过验证的或被公认的数值，以保障评价结果的科学性与合理性。反之，得到的评价结论可能无助于指导生物多样性保护工作，甚至误导判断与决策。

7.2.1.2 评估方法

参照 7.1.2 节中的“红绿灯”的方法评估单项指标发生的变化，并确定指标的变化情形，即：①绿灯；②黄灯；③红灯；④数据不充分或没有可参比的基本数据；⑤无需评价。不同变化情形的表示符号与具体含义如表 7.1 所示。

表 7.1 “分指标层”指标（D_k）的变化情形说明

编号	表示符号	含义
1	↗	指标值增大，状况改善
2	↘	指标值降低，状况改善
3	→	没有或几乎没有变化
4	↗	指标值增大，状况恶化
5	↘	指标值降低，状况恶化
6	……	缺乏数据或无参比数据
7	无需评价	根据指标/参数分析方法，该评价区域可以不进行本项指标的评价

考虑到指标数值可能发生的正常波动，以及可能出现由于指标数值变化幅度小而难以明确地判断该指标状态是否改善或者恶化，本书参考英国生物多样性评价的经验（Defra，2007），以阈值±3%作为判断指标状态是否发生变化的标准。当指标数值的变动处于±3%的阈值范围内，则认为指标状态稳定；而当变动超过±3%，则认为指标发生了显著的变化。

7.2.1.3 包含多个参数的指标处理方法

包含多个参数的指标，在评价过程中根据参数之间的相互关系，分为两种情况进行评价：

情况一：参数间区分主次

包括表 7.2 中列举的指标。对于这些指标其评估一般取决于对主要参数的分析，次要参数只起辅助说明的作用。但如果因为数据缺乏等原因而不能获取主要参数的分析结果，则可用次要参数替代进行评价。

情况二：参数相互平行，不分主次

包括表 7.3 中列举的指标，这些指标的评价要综合考虑其内部的所有参数。如果各参数性质不同或具有不同的量纲和数量级，则应先进行数据标准化，消除参数间的量纲差异或水平差异，然后再进行指标的评估。

表 7.2　包含主要参数与次要参数的评价指标

指标（D）	编号	主要参数	次要参数
景观要素的多样性	D1	景观多样性指数	景观均匀度指数
自然要素斑块之间的连通性	D3	河流每 100 km 闸坝数量	河网密度
自然生态系统覆盖情况	D4	自然生态系统面积比例	森林覆盖率
天然林分布情况	D5	天然林面积	天然林与人工林面积比例
重要生态系统/栖息地范围的变化趋势	D6	生境质量	分布面积
外来入侵物种的发展趋势	D17	危害程度	外来入侵物种的种数
极端气候事件的发生	D18	发生频率	发生规模
城市发展规模	D30	城市面积占国土面积的比例	城市化率

表 7.3　包含多个平行参数的评价指标

指标（D）	编号	参数 1	参数 2
荒漠化与沙化面积	D21	荒漠化面积	沙化面积
单位 GDP 污染物排放	D25	单位 GDP 的 SO_2 排放量	单位 GDP 的 COD 排放量
退耕还林（草）/退田还湖的面积	D32	退耕还林（草）的面积	退田还湖的面积

数据标准化方法如下：

一般地，定量参数包括以下 3 种类型：值“越小越好”、“越大越好”和“适中为宜”。

对于参数 $v_i \in u$，设其论域为 $d_i=[m_i，M_i]$，其中 m_i 和 M_i 分别表示参数 v_i 的最小值、最大值，定义：

$$r_i = u_{d_i}(x_i) \qquad i=1，2，\cdots，n$$

为决策者对评价指标 u_i 的属性值 x_i 的量纲为 1 值，且 $r_i \in [0，1]$，其中 $u_{d_i}(x_i)$ 是定义在论域 d_i 上的指标 u_i 量纲为 1 的标准函数。根据参数的类型，构建下列 3 种量纲为 1 的标准函数：

①“越小越好”型量纲为 1 和归一化的标准函数：

$$r_i = u_{d_i}(x) = \begin{cases} 1 & x_i \leqslant m_i \\ \dfrac{M_i - x_i}{M_i - m_i} & x_i \in d_i \\ 0 & x_i \geqslant M_i \end{cases}$$

②“越大越好”型量纲为 1 和归一化的标准函数：

$$r_i = u_{d_i}(x) = \begin{cases} 1 & x_i \geqslant M_i \\ \dfrac{x_i - M_i}{M_i - m_i} & x_i \in d_i \\ 0 & x_i \leqslant m_i \end{cases}$$

③“适中为宜”型量纲为 1 和归一化的标准函数：

$$r_i = u_{d_i}(x_i) = \begin{cases} \dfrac{x_i - m_i}{c_1 - m_i} & m_i \leqslant x_i \leqslant c_1 \\ 1 & c_1 < x_i < c_2 \\ \dfrac{M_i - x_i}{M_i - c_2} & c_2 \leqslant x_i \leqslant M_i \end{cases}$$

其中 $c_1 < c_2$，且 $c_1 \in [m_i, M_i]$，$c_2 \in [m_i, M_i]$。

7.2.2 综合评价

综合评价基于单项指标评估结果，按照指标层次由下往上的顺序归纳汇总信息，最终获得评价结论。具体步骤为：

步骤 1：将“分指标层”指标（D_k）的“红绿灯”评估结果列表。

步骤 2：按“指标层”指标（C_j）统计汇总单项指标（D_k）的评估结果。并以饼状图的形式表示，如图 7.1 所示。

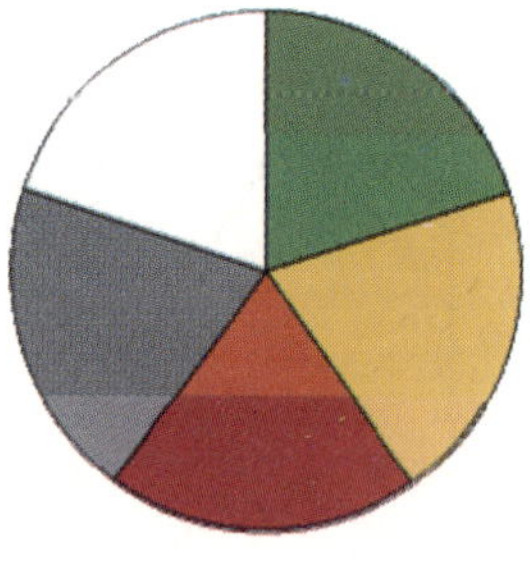

注：图中的圆按指标 C_j 包含的分指标（D_i）个数等分为若干份，每一份代表一个分指标，并将该分指标的评估结果表示于图中。图中不同的颜色代表不同的指标状态：绿色，状况改善；黄色，没有变化；红色，状况恶化；灰色，数据缺乏；白色，无需评价。

图 7.1 “指标层”指标（C_j）评价结果汇总图示

步骤 3：确定“结构层”指标（B_i）的状态。具体地，首先分别统计指标 B_i 内“绿灯”、“黄灯”、“红灯”、“数据不充分或没有可参比的基本数据”，以及“无需评价”5种情况出现的比例；然后将这 5 种情况按照其出现比例由高到低排列。排在首位的状态即为指标 B_i 的状态。

综合评价结果的表示方式如图 7.2 所示。

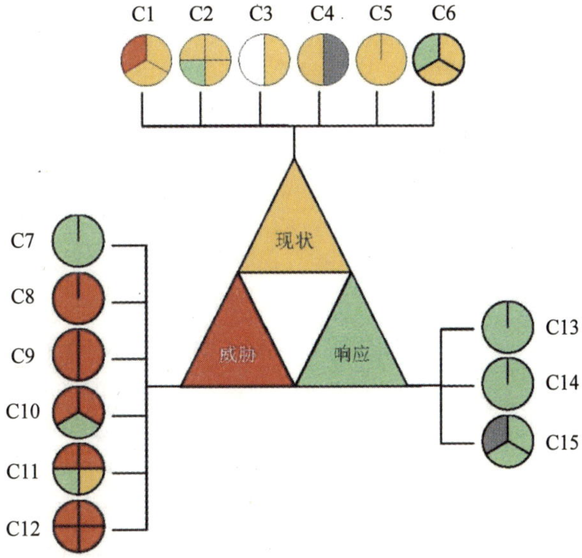

注：“指标层（C）” 指标分别为；C1：景观格局；C2：生态系统状况；C3：生态系统的产品与服务；C4：物种的组成与动态；C5：遗传资源状况；C6：传统知识与特有文化；C7：氮沉降；C8：外来入侵物种；C9：气候变化；C10：土地退化；C11：污染；C12：人口、经济与建设；C13：自然保护区的建设；C14：环保资金投入；C15：可持续利用。

图 7.2　生物多样性综合评价结果表示方法示意图

第8章　评价数据的获取与管理

8.1 数据获取方法

陆地生态系统生物多样性评价数据的获取，原则上以搜集现有资料为主；当这些资料和信息不能满足需求时，应辅助开展野外考察和现场监测。数据来源主要有历史资料、统计数据、调查数据、野外考察、现场监测、遥感与模型估算等。

（1）资料收集法

资料收集法应用范围广、收效大，比较节省人力、物力和时间。如生物资源调查、环境监测、社会经济调查、气象监测等调查监测数据是进行生物多样性评价不可或缺的基本资料，此外，学术文献研究报告等也是获得相关数据与信息的重要来源。但由于资料收集法只能获得第二手资料，往往不尽全面，因此需要结合其他方法补充使用。

（2）野外调查和现场监测法

野外调查和现场监测的方法可以针对使用者的需要，直接获得第一手数据和资料，以弥补资料收集法的不足。实地调查的方法由于工作量大，需要使用较多的人力、物力和时间，有时还可能受到季节、仪器设备条件的限制，因此使用过程中需要做好考察计划，并选择合适的取样调查方法。

（3）遥感法

利用遥感方法能在较短的时间内从总体上了解一个区域的环境特点，弄清人类无法到达区域的地表环境情况。如大面积的森林、草原、荒漠等。这些数据为宏观掌握地面事物的现状创造了极为有利的条件，也为宏观研究生态系统状况、监视自然灾害与环境污染等提供了重要的第一手资料，与传统的手工作业相比具有不可替代性。

（4）模型法

利用物理、化学、生态模型模拟种群动态、生物地球化学过程、生物地球物理变化等自然生态过程，可以帮助使用者认识和理解一些不能直接观察到的复杂事物，预测可能出现的问题或变化及其影响程度。但由于模型的准确性受到人们认知、数据的可靠性等很多因素影响，因此使用时需要慎重考虑模型的有效性。在生物多样性评价中，模型法通常用于辅助性分析。

中国陆地生态系统生物多样性评价体系中各指标评价数据的主要获取来源如表 8.1 所示。

表 8.1 各指标评价数据的主要来源

编号	分指标	数据来源
现状评价		
D1	景观要素的多样性	遥感解译
D2	斑块破碎度指数	遥感解译
D3	自然要素斑块之间的连通性	数字高程模型，统计资料
D4	自然生态系统覆盖情况	土地调查数据，森林资源清查数据，遥感解译
D5	天然林分布情况	森林资源清查数据
D6	重要生态系统/栖息地范围的变化趋势	野外调查，遥感解译，历史数据
D7	河流生态系统健康	野外调查，统计数据
D8	*NPP*/*NDVI*	遥感数据，模型估算
D9	地下水位	水资源调查数据
D10	区域物种的丰富度	生物资源调查数据
D11	珍稀濒危物种的种群动态	生物资源调查数据，野外考察
D12	重要遗传资源（禽畜、鱼类、农作物、栽培植物等资源）的保存与丧失	生物资源调查数据
D13	方言的种类	民族语言调查数据
D14	少数民族数量与人口比例	人口普查数据
D15	世界/国家自然遗产或文化遗产数量	世界遗产名录，国家公布的相关名录
威胁评价		
D16	氮肥施用情况	统计年鉴
D17	外来入侵物种发展趋势	外来入侵物种调查数据
D18	极端气候事件的发生	气象统计数据
D19	冰川的退缩	遥感解译，监测调查
D20	水土流失面积	遥感解译，模型模拟，水土流失调查数据
D21	荒漠化与沙化面积	荒漠化和沙化监测数据
D22	石漠化面积	石漠化调查数据
D23	重要水体水质	水环境监测数据
D24	湖泊/水库富营养化	水环境监测数据
D25	单位 GDP 污染物排放	统计年鉴，环境监测数据
D26	酸雨的发生频率	酸雨普查数据，环境监测数据
D27	人口密度	人口普查数据
D28	区域 GDP	统计年鉴
D29	道路密度	统计年鉴
D30	城市发展规模	统计年鉴
响应评价		
D31	自然保护区面积占国土面积的比例	统计资料
D32	环保专项资金的投入	统计资料
D33	退耕还林（草）/退田还湖的面积	统计资料
D34	生态公益林面积	林业调查数据
D35	基本农田面积	土地调查数据

8.2 生物多样性的调查与监测活动

8.2.1 生物多样性编目

我国经过长期的全国性物种调查和资料积累，在物种编目工作方面取得了重要成就，已出版大量志书，为陆地生态系统研究提供了极为重要的基础信息和科学依据。

完成了《中国植物志》80 卷 126 册，总结了我国现有蕨类植物和种子植物种类，共记载植物 3 万多种，是世界各国已出版的植物志中物种数量最多的一部志书。《中国动物志》已出版 100 卷（到 2004 年），其中脊椎动物 24 卷，无脊椎动物 40 卷，昆虫 36 卷，共记述我国动物 2.5 万余种。《中国孢子植物志》，记录我国非维管束孢子植物，分为《中国海藻志》、《中国淡水藻志》、《中国真菌志》、《中国苔藓志》和《中国地衣志》，已出版 64 卷。此外，还出版有《中国高等植物图鉴》（7 册，包括补编 2 册），《中国高等植物》（已出版 11 卷），《Flora of China》，《中国木本植物分布图册》等，以及大量的地方植物志、动物志。

濒危物种编目方面，已出版《中国植物红皮书：稀有濒危植物》（第一册）、《中国濒危动物红皮书》（4 卷）、《中国物种红色名录》（3 卷）等。

植被方面，已出版《中华人民共和国植被图 1∶1 000 000》，详细地反映了中国植被的区域分异特点和植被分布状况。

8.2.2 生态环境调查与监测

（1）土地调查

新中国成立以来，我国已开展了两次全国土地调查工作。第一次全国土地调查从 1984 年开始至 1997 年结束。第二次全国土地调查与第一次调查之间相隔 10 年，于 2007 年开始并于 2009 年结束。第二次土地调查在技术水平和人员组织上都更加完善与提高，调查的基础图件均由国家统一制作，并广泛使用“3S”技术。调查的主要任务包括：农村土地调查，清查每块土地的地类、位置、范围、面积分布和权属等情况；城镇土地调查，掌握每宗土地的界址、范围、界线、数量和用途；基本农田调查，将基本农田保护地块（区块）落实到土地利用现状图上，并登记上证、造册；建立土地利用数据库和地籍信息系统，实现调查信息的互联共享。在调查的基础上，建立土地资源变化信息的统计、监测与快速更新机制。

（2）荒漠化和沙化监测

我国自 1994 年起每 5 年组织开展一次全国荒漠化和沙化监测，到 2009 年已累计完成四次监测工作。经过 20 多年的努力，我国已建立了集宏观监测、年度趋势监测、定位监测、专题监测、沙尘暴灾害监测和工程效益监测为内容的监测体系，并建立了《全国荒漠化和沙化地理信息管理系统》。在 2009 年第 4 次全国荒漠化和沙化监测中，共调查地面图班 592 万个，获取各类信息 2.5 亿条，获得了我国荒漠化和沙化土地现状及动态变化信息。

（3）石漠化土地监测

2004—2005 年，国家林业局在岩溶地区开展了石漠化土地监测工作，调查范围涉及湖北、湖南、广东、广西、贵州、云南、重庆、四川 8 个省（自治区、直辖市），监测区总面积 107.14 万 km^2。共区划和调查图斑 61.2 万个，获取各类信息记录 5 000 多万条。

（4）水土流失调查

1955 年，水利部组织了第一次全国性的水土流失面积调查，统计了全国除新疆、西藏、上海、天津、台湾以外其他省（自治区、直辖市）由于水力侵蚀导致的水土流失面积，但由于技术条件限制，当时的调查没有形成统一的调查标准与规范。

为了进一步科学客观地了解全国水土流失状况，更好地为国民经济和社会发展服务，水利部 1989 年以来先后组织开展了 3 次全国水土流失遥感普查。第一次遥感普查（1989—1990 年）采用了 1985—1986 年时段的 TM 遥感影像，调查结果显示：全国土壤流失总面积约 367 万 km^2。第二次遥感普查（1999—2000 年）采用了 1995—1996 年时段的 TM 遥感影像，调查结果表明：全国水土流失面积为 356 万 km^2，比 10 年前减少了约 11 万 km^2。

（5）酸雨普查

2002 年国家环境监测总站组织开展了为期一年的全国酸雨普查，并在 2004 年和 2005 年再次组织酸雨普查工作，以核实我国酸雨污染的年际变化规律，确定全国酸雨区域分布状况和污染程度。参加 2004—2005 年全国酸雨普查的城市共有 679 个，其中地级以上城市 283 个，县级市、县（区）共 396 个，点位 1 122 个（其中城区点位 864 个，郊区点位 258 个）。全国目前有 190 个监测点安装了降水自动采样器，开展离子组分监测的城市有 301 个，能够开展 8 项离子测定的城市有 201 个。

（6）外来入侵物种调查

2001 年 12 月—2003 年 10 月，国家环保总局（现环境保护部）组织协调，会同农业、林业、海洋、水产、科研和教育等部门，历时近 2 年时间，完成了首次全国外来入侵物种调查。调查查明了 283 种外来入侵物种的分类地位、起源、引入路径、生态和经济影响等详细信息，并建立了数据库。查明外来入侵微生物 19 种，水生植物 18 种，陆生植物 170 种，水生无脊椎动物 25 种，陆生无脊椎动物 33 种，两栖爬行类 3 种，鱼类 10 种，哺乳动物 5 种。

2008 年，环境保护部还下达了“典型省份外来入侵物种调查试点项目”，涉及江西、浙江、辽宁与江苏 4 省。并由承担试点工作的省份组织成立外来入侵物种调查组具体执行，调查外来入侵物种在各省的分布数量与整体发展态势以及典型生态系统受外来入侵物种的影响状况。

（7）生态环境调查

2000—2003 年，国家环保总局（现环境保护部）组织力量先后完成了“西部生态环境现状调查”和“中东部生态环境现状调查”。生态现状调查采用现有资料收集汇总、分析和遥感调查的方法进行，并通过典型案例的调查研究，揭示我国的生态现状和存在的问题及成因。调查的内容涉及社会、经济、环境、资源和灾害等多个领域（西部调查指标涉及 9 大类 193 项，中东部调查指标涉及 10 大类 371 项），统计数据以 1986 年和 2000 年为基准年，主要源自 1949 年以来我国统计、农、林、水、环保、国土等部门先后开展过的社会、经济、环境、资源等方面调查，内容涉及农业、森林资源、土壤侵蚀、沙化、土地资源、农村面源污染等；遥感调查以 1988 年和 2000 年为基准年，提取分析土地退化、城市化、海岸带、湿地等专题信息；典型案例调查以我国目前突出存在的生态问题为对象，共设置 100 多个典型区，其中跨省、跨流域典型案例数十个，包括森林、湖泊湿地、生态退化、生物多样性、水资源利用、外来物种入侵、城市快速发展、海岸带、风景旅游以及转基因生物安全等典型案例。在调查结果基础上，编写了《全国生态环境现状调查报告》，基本摸清了家底，找到了我国主要环境问题的所在。

（8）环境统计制度

2006 年国家环保总局（现环境保护部）通过并公布了《环境统计管理办法》。该办法自 2006 年 12 月 1 日起施行，1995 年 6 月 15 日国家环境保护局发布的《环境统计管理暂行办法》同时废止。我国环境统计的内容包括环境质量、环境污染及其防治、生态保护、核与辐射安全、环境管理及其他有关环境保护事项。通过定期调查，如统计年报、半年报、季报和月报等，以及不定期调查，有助于准确及时地了解各地的环境情况及其变化，加强全国的环境管理。

8.2.3 生物资源调查

（1）森林资源调查

我国从 20 世纪 70 年代开始开展全国性的森林资源调查工作，包括国家森林资源连续清查、森林资源规划设计调查等调查内容。国家森林资源连续清查，以省（区、市）为单位，每 5 年进行一次，是了解我国森林资源现状及其变化的重要基础。森林资源规划设计调查，以县、国有林业局林场或其他部门所属林场为单位，每 10 年进行一次。

2004—2008 年间完成的第七次全国森林资源清查，采用国际公认的“森林资源连续清查”方法，以数理统计抽样调查为理论基础，以省（区、市）为单位进行调查。在全国（除港、澳、台地区）共实测固定样地 41.50 万个，判读遥感样地 284.44 万个，获取清查数据 1.6 亿组，调查结果更加全面、科学、准确。

（2）湿地资源调查

20 世纪 70 年代以来，我国曾先后进行了沼泽、湖泊等专项资源调查。1995—2003 年，国家林业局组织了新中国成立以来的首次大规模全国湿地资源调查，调查涉及全国除港、澳、台地区外的 31 个省（自治区、直辖市），首次全面系统地调查了全国各类湿地及其分布。调查结果显示：全国自然湿地面积 3 620 万 hm^2，占全国湿地总面积的 94.07%，库塘湿地的面积 229 万 hm^2，占全国湿地面积的 5.95%。

（3）野生动植物资源调查

1996—2003 年，国家林业局组织开展了全国重点保护野生植物资源调查。从我国野生植物保护急迫需要出发，确定了 189 种生态作用关键、经济需求量大、国际较为关注、科研价值高且资源消耗严重的重点保护野生植物，并作为主要调查对象。这189种野生植物中，有148种列入第一批《国家重点保护野生植物名录》，另有41种列入正在争取公布的第二批《国家重点保护野生植物名录》。通过这次调查，首次掌握了189种重点保护野生植物的种群数量、分布状况和生境状况。

（4）畜禽品种遗传资源状况调查

为摸清我国的畜禽品种资源情况，我国从20世纪50年代开始，就着手畜禽品种资源调查。1976—1985年，农业部组织开展了一次较大规模的畜禽品种资源调查，基本摸清了全国大部地区的品种资源状况，并出版了《中国猪品种志》、《中国牛品种志》、《中国羊品种志》、《中国家禽品种志》、《中国马驴品种志》，各省还分别编辑出版了地方品种志，全面介绍了中国畜禽遗传资源。1995年又对中国西南、西北部的偏远地区进行了一次为期4年的畜禽资源补充调查，并发现了79个新遗传资源群体。

最近20年中，中国进一步加强了对畜禽品种资源的基础研究，开展了部分畜禽品种的种质特性和遗传距离测定等方面的系统研究，并在畜禽系统保种理论和保种方法等方面取得了一定成果。1995年开始，国家启动了畜禽种质资源保护项目。根据“重点、濒危、特定性状”的保护原则和急需保护品种资源的分布情况，国家财政每年拨专项经费用于全国畜禽遗传资源的保护工作。2000年，农业部公布畜禽遗传资源重点保护名录，以及畜禽遗传资源濒危分类的结果，对目前处于严重濒危的遗传资源进行重点保护。

（5）渔业资源普查

2011年我国组织开展黄河流域鱼类资源本底调查，这是继20世纪80年代开展全国性的渔业资源普查后，首次对内陆水域全流域开展的鱼类资源本底调查项目黄河流域鱼类资源本底调查将着力于了解黄河流域近30年来的鱼类资源变化、现有鱼种及其生存状况，调查主要经济鱼类、珍稀鱼类的产卵场、索饵场、洄游场位置，以及外来物种及其分布情况。

（6）大熊猫调查

20世纪70年代我国进行了第一次全国大熊猫资源调查，并基于调查结果新建了佛坪、唐家河、蜂桶寨等自然保护区。1985—1988年进行了全国第二次大熊猫资源调查。进入90年代，全国大熊猫保护区增至36个，迄今共建立了63个与保护大熊猫相关的自然保护区。1999—2003年的第三次调查，调查范围涵盖了四川、陕西、甘肃3省57个县（市、区）和辖区内的40个有大熊猫分布的自然保护区及全国23家大熊猫饲养单位，基本掌握了我国大熊猫的分布情况，以及圈养和野生种群的情况。第四次全国大熊猫资源调查也即将启动。

8.2.4 社会经济调查

（1）全国人口普查

从新中国成立到2011年，我国在1953年、1964年、1982年、1990年、2000年、2010年共完成6次全国人口普查。人口普查工作包括对人口普查资料的搜集、数据汇总、资料评价、分析研究等过程，它是当今世界各国广泛采用的搜集人口资料的一种最基本的科学方法，是提供全国基本人口数据的主要来源。根据第六次全国人口普查数据，全国总人口 1 370 536 875 人，其中大陆 1 339 724 852 人，香港特别行政区 7 097 600 人，澳门特别行政区 552 300 人，台湾地区 23 162 123 人。与 2000 年第五次全国人口普查相比，10 年增加 7 390 万人，增长 5.84%，年平均增长 0.57%，10 年来我国人口增长处于低生育水平阶段。

（2）少数民族语言调查

1950—1955 年，我国先后对西南、中南、西北一些省区的壮、布依、水、苗、瑶、彝、傣、傈僳、景颇、哈尼、佤、蒙古、维吾尔等民族的语言进行初步调查。1956 年后，又组织了由 700 多人参加的 7 个少数民族语言调查工作队，分赴全国 15 个省（自治区），对壮、布依、侗、水、傣、彝、毛南、仫佬、苗、瑶、畲、藏、羌、彝、土家、白、哈尼、傈僳、拉祜、纳西、景颇、阿昌、仡佬、佤、蒙古、达斡尔、东乡、土、保安、维吾尔、哈萨克、柯尔克孜、乌孜别克、塔塔尔、撒拉、裕固、锡伯、赫哲、鄂温克、鄂伦春、塔吉克、京等 42 个民族的语言进行了普查。20 世纪 60 年代，进一步对过去没有普查过或调查工作较薄弱的一些民族语言进行了补充调查，并在新词术语、语言相互影响、藏族书面语口语化等方面开展了专题调查。70 年代和 80 年代初，主要进行了有关语言规范、语言系属、混合语言、双重语言制和语言深入研究中某些新问题的调查，另外还开展了语言学和民族学相结合的专题调查。

（3）全国经济普查

为掌握我国第二、第三产业的发展规模、结构和效益状况，研究制定国民经济和社会发展规划，提高各级政府的决策和管理水平，促进国民经济的健康发展，我国于 2004 年开展了第一次全国经济普查。普查对象包括我国境内从事第二、第三产业的法人单位、产业活动单位和个体经营户。普查内容为各单位的基本属性、从业人员与报酬、生产经营活动与财务状况、科技活动以及能源消费等方面的情况。

（4）国民经济核算

为了全面、系统、完整地反映我国国民经济运行状况，为各级政府制订有关政策和计划，进行宏观管理和决策提供依据，我国实施国民经济核算。国民经济核算工作包括 5 个部分，即地区生产总值核算、投入产出核算、资金流量核算、国民资产核算和国民经济账户，各省、自治区、直辖市、计划单列市、新疆生产建设兵团辖区按照《国民经济核算综合统计报表制度》的要求施行。

（5）农林牧渔业统计调查

调查统计范围包括全部农业生产经营户，各省、自治区、直辖市以及新疆生产建设兵团所属的各种经济组织类型、各个系统的全部农业生产单位和非农行业单位附属的农业生产活动单位。对于种植业的粮食等主要农作物，畜牧业的猪、牛、羊和家禽，国家实行以省为总体的抽样调查，并对生猪调查大县实行以县为总体的抽样调查。农业生产条件、热带农作物、园林作物、设施农业、其他畜禽等生产统计报表为全面统计报表制度，调查方法由各省区市统计局自行确定。林业和渔业报表资料分别来自林业和渔业部门统计，调查统计方法由有关部门自行确定。

8.3 生物多样性的野外监测

生物多样性监测是为确定生物多样性的变化而进行的定期监视（Hellawell，1991），是获得生物多样性信息的重要途径。从长期管理的需求出发，有必要建设稳定、完善的生物多样性监测网络，开展长期的生物多样性监测。

8.3.1 监测对象与监测内容

理论上，生物多样性监测包括基因监测、物种监测、生境监测等内容。但考虑可操作性与监测代价，目前开展的监测工作主要集中在监测生境与调查重要保护物种的种群变化。

8.3.1.1 生境监测

需要开展生境监测的重点区域包括：①支撑地方特有种、稀有种、正在减少的生境/物种/基因型的区域；②作为缓冲区、生境连接区、生态走廊，或者在维持环境质量中扮演重要作用的区域；③具有重要的季节性用途或者对迁徙至关重要的区域；④支撑脆弱或一定范围内受到威胁且恢复较为缓慢物种种群、生态系统的区域；⑤支撑面积巨大或连续未受干扰的原生生境区域；⑥可作为气候变化下的生物多样性庇护所，能够保存和延续进化过程的区域；⑦支撑那些减灾困难或生物多样性效益未得到证明的区域，包括需要长时间来建立典型生物多样性的生境；⑧目前生物多样性十分贫瘠，但在适当的干预下有潜力发展成为生物多样性丰富的区域。

生境监测的重点是调查生境质量的变化。

主要调查内容包括：

① 自然环境特征，如降水、温度、光照、土壤、地形地貌等；

② 植物群落组成，包括乔木层、灌木层与草本层等的物种组成情况；

③ 动物活动；

④ 物候情况；

⑤ 演替特征；

⑥ 人为活动。

8.3.1.2 重要保护物种监测

物种监测主要针对评价区域内的重要保护物种。

重点调查物种名录主要依据① IUCN 濒危等级的物种；②《濒危野生动植物国际贸易公约》（CITES）中所列的动植物物种；③ 中国物种红色名录确定的受威胁物种；④ 国家和地方重点保护物种；⑤ 当地保护区具有感召力的旗舰种；⑥ 具有重要经济价值而过度开发利用的野生植物；⑦ 具有重要科研、文化价值的野生植物等，并结合保护工作安排而确定。

物种调查的内容主要包括：

① 物种的分布与数量；

② 栖息生境类型及质量；

③ 威胁因素；

④ 就地保护状况；

⑤ 迁地保护状况；

⑥ 开发利用情况，如种植/养殖、国际贸易等。

8.3.2 生物多样性监测网络

8.3.2.1 国内外现有的监测研究网络

随着环境问题的全球化，建立长期生态研究网络，开展大尺度监测研究，对于全球生物多样性保护与自然资源管理具有积极意义。欧洲、美国等发达地区与国家很早就认识到建设野外观测台站、构建监测网络的重要作用。建于 1843 年的英国洛桑试验站（Rothamsted Experimental Station，现名 Rothamsted Research）是全球最早的长期生态观测研究台站。美国国家科学基金会（NSF）建立的美国长期生态研究网络（US Long-Term Ecological Research Network，LTER Network）则是世界上第一个国家尺度的长期观测研究网络。

到 2000 年，由国家、区域、国际组织或重大国际合作项目支持建立的、针对环境与生态系统的监测研究网络已有 90 多个（赵士洞，2001）。全球尺度上的监测网络体系主要包括国际长期生态研究网络（International Long Term Ecological Research Network，ILTER）、全球环境监测系统（Global Environment Monitoring System，GEMS）、全球陆地观测系统（Global Terrestrial Observing System，GTOS）与全球海洋观测系统（Global Ocean Observing System，GOOS）等，此外还有人与生物圈计划（Man and the Biosphere Programme，MAB）在全球范围内建设的由 261 个定位站组成的生物圈保护网，IGBP 计划在全球建立的 17 条陆地观测样带等。

我国在陆地生态系统定位监测网络方面经过 20 多年的努力，已逐步建成具有相当规模和国际影响力的观测与研究网络体系，并在全球变化研究与解决我国的生态环境问题等方面取得了重要的研究成果。其中，具代表性的监测网络有中国科学院的中国生态系统研究网络（Chinese Ecosystem Research Network，CERN）与中国森林生物多样性监测网络（Chinese Forest Biodiversity Monitoring Network，CForBio），以及国家林业局中国陆地生态系统定位研究网络（Chinese Terrestrial Ecosystem Research Network，CTERN）等。

CERN 从 1988 年开始建立，是一个兼具观测与研究功能的长期生态系统研究网络。目前 CERN 体系内建立了 40 个生态站点，包括 15 个农田生态站、10 个森林生态站、5 个荒漠生态站、2 个草原生态站、1 个沼泽生态站、2 个湖泊生态站、3 个海湾生态站、1 个喀斯特生态站和 1 个城市生态站。监测工作主要针对农田、森林、荒漠、草地、湿地、海湾等生态系统的水分、土壤、大气、生物、水体，以及重要生态过程 6 类因子开展动态观测，为我国生态建设、环境保护、农业发展与灾害重建等领域作出了重要贡献。

CForBio 是从 2004 年开始实施的森林生物多样性变化监测网络。目前在全国范围内已建立了 11 个监测样地，包括温带地区 3 个、亚热带地区 6 个、热带地区 2 个，其中面积大于 20 hm^2 样地 4 个以及若干 5 hm^2 样地。该网络作为我国森林生态系统生物多样性变化监测基地，也是世界热带森林研究中心（Centre for Tropical Forest Science，CTFS）监测网络的重要组成部分。其研究内容涉及森林生态学、保护生物学、全球变化生态学等领域，并将开展生物多样性变化监测作为一项重要业务工作。

CTERN 由中国森林生态系统定位研究网络（Chinese Forest Ecosystem Research Network，CFERN）、中国湿地生态系统定位研究网络（Chinese Wetland Ecosystem Research Network，CWERN）和中国荒漠生态系统定位研究网络（Chinese Desert Ecosystem Research Network，CDERN）3 大体系构成。根据 CTERN 发展规划，到 2020 年拟建设森林生态站 99 个、湿地生态站 50 个、荒漠生态站 43 个。CTERN 目前已建成 73 个森林生态站，基本覆盖了我国主要典型生态区，形成了由北向南以热量驱动和由东向西以水分驱动的生态梯度十字网。部分森林生态站还与国际监测网络进行了合作，如海南尖峰岭、长江三角洲、江西大岗山、河南鸡公山、山西太岳山、内蒙古大兴安岭等已纳入 GTOS 系统。

8.3.2.2 陆地生态系统生物多样性监测站点布局原则

目前对生物多样性的监测主要在保护区内进行。截至 2008 年年底，我国陆地自然保护区总面积约占国土面积的 15.1%，其中国家级自然保护区面积约占国土面积的 9.25%。虽然我国自然保护区的保护面积在一定程度上得到保证，但由于土地资源的紧缺以及人口增长，保护区面临的外部压力将越来越大。此外自然保护区的建立还受到政策导向、人力、经济等因素的影响，空间分布上具有不平衡性。基于自然保护区网络实施生物多样性监测虽然具有基础优势，但若仅限于自然保护区内部则会产生一定的局限性。所以生物多样性监测网络建设需要考虑更多的影响因素，系统地设计站点布局，以满足长远需求。

在设计监测网络时，首先要明确监测评价的尺度。尺度问题是生态学中的核心问题（Delcourt *et al.*，1983）。在空间上，我国的生物多样性监测与评价主要在 2 个尺度上开展，包括局域尺度（local level）与国家尺度（national level）。在时间上，主要关注新中国成立以来，尤其是 1978 年改革开放之后，由于工业发展、人口激增而发生的变化。不同的尺度上具有不同的生态过程与格局，因此考虑的具体问题也不尽相同，需要区别对待。评价范围与尺度确定后，再对站点布设位置进行科学合理的设计。

监测站点布设应体现出区域特点，兼顾代表性与典型性，并优化资源配置。具体主要从如下 3 个原则考虑监测网络的设计：

（1）分区原则

以生态地理区划为基础，监测站点尽可能全面地覆盖我国陆地上的不同生态地理区域，体现区域差异。通过对不同生态地理区域的侧重，避免遗漏一些特殊或重要的生物区群，全面地监测我国陆地生物多样性的动态变化。

（2）优先原则

监测站点优先设置在生物多样性高的地区、提供重要/特殊的生态服务功能的地区，以及生境脆弱、对气候变化敏感的地区等重要区域。重要区域的识别可以借助地理信息系统进行空间叠加分析。

（3）因地制宜原则

在上述 2 个原则的基础上，各监测站点位置的最后确定还要充分考虑拟建区域的具体情况，并结合专家经验、实地调查结果进行布局的优化和补充。如果拟建区域周边已经存在类似的生态站，则要避免重复建设，并开展合作互补。

专栏 8.1　我国生态地理区划的发展

生态地理区划作为一种方法论，是研究生物多样性空间分异的基础。根据地表自然总体状况的相似性与差异性划分区域，并以区划单元来认识自然综合体的特征与变化规律，能有效地阐释自然条件对区域生物多样性的影响。

长期以来，我国科研工作者在自然地理分区上进行了广泛的研究与讨论，在综合自然地理区划、景观区划、气候区划、农业区划、农业气候区划、土壤区划、植被区划、植物地理区划（植物区系）和动物地理区划（动物区系）等方面取得了丰富的研究成果。许多第一手资料与研究成果汇集在《中国自然区划》、《中华人民共和国国家自然地图集》、《中华人民共和国植被图》、《中国生态地理区域系统研究》等专著与地图集中。

随着生态学等内容不断融入自然地理区划，区划成果的应用也有了新的发展。从最早的为大农业布局服务，到当前综合服务生态整治与恢复、全球环境变化的区域响应、自然资源与区域可持续发展、生物多样性保护等。近年来的自然区划工作如倪健等（1998）中国生物多样性的生态地理区划、傅伯杰等（2001b）中国生态区划方案、杨勤业等（2002）中国生态地理区划方案、解焱与李典谟（2002）中国生物地理区划等，都反映出更加明确的应用指向（高江波等，2010）。

在区划技术方法方面，20 世纪 80 年代中期以前的自然区划大都采用主观经验和人为推断占主导的传统方式，80 年代后期以来，随着地理数学方法的引入，如回归分析、聚类分析、判别分析和主成分分析等方法被广泛使用。而 GIS 和 RS 等空间技术手段的运用，方便了数据获取与管理，进一步提高了区划工作的效率。

8.3.2.3 应用举例：全国尺度上陆地生物多样性监测网络布局

按照上述监测网络的布设原则，我们整合了我国各物种类群分布、陆地重要生态系统类型分布格局、生物多样性地理区划、生物多样性保护优先区等地理信息，基于 GIS 空间分析，对需要建设生物多样性监测站点的重点区域（以下简称重点区域）进行筛选。

具体技术路线如图 8.1 所示。

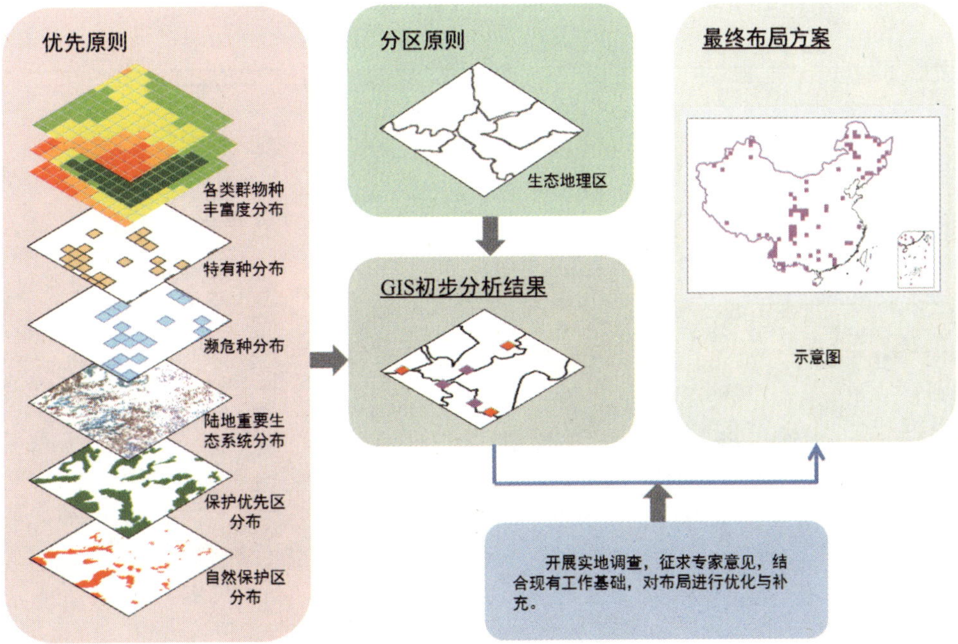

图 8.1　监测网络设计的技术路线

在全国尺度上，我们以 100 km × 100 km 网格为分析单元进行重点区域识别。使用的基础数据包括：高等植物（分为裸子植物与被子植物两个类群）丰富度分布、脊椎动物（分哺乳类、鸟类、爬行类、两栖类四个类群）丰富度分布、《中国物种红色名录》物种分布、特有种（主要考虑陆生脊椎动物、淡水鱼类与高等植物）分布，以及重要生态系统分布、国家级自然保护区分布、生物多样性保护优先区分布等。

地理分区采用了生物多样性两级区划方案。该两级区划根据我国气候带、地形以及植被和动物区系的分布格局，按照先地带性、后非地带性，先水平地带性、后垂直地带性，先水热条件、后地质地貌的次序进行区域划分，主要分为 3 个生物多样性区域（一级区）与 9 个生物多样性区（二级区）（图 8.2）。具体类型包括：

Ⅰ　东部森林区域；

ⅠA　寒温带针叶林-冷湿型动物群区；

ⅠB　温带针阔叶混交林-温湿型动物群区；

ⅠC　暖温带落叶阔叶林-暖湿型动物群区；

ⅠD　亚热带常绿阔叶林-湿热型动物群区；

ⅠE　热带季节性雨林-极喜湿热型动物群区。

Ⅱ　西北部草原荒漠区域

ⅡA　温带草原-耐旱动物群区；

ⅡB　温带荒漠-极端耐旱动物群区。

Ⅲ　青藏高原区域

ⅢA 高寒森林、草甸-不同类型动物群区；

ⅢB 高寒草原、荒漠-不同类型动物群区。

图 8.2 全国生物多样性区划示意图

经过综合分析得到的重点区域分布如图 8.3 所示。该分布设计目前为实验室分析结果，还有待经过实地考察检验，并结合专家建议、当地相关部门的意见和建设成本等，对站点布局进行调整与完善。

另外需要说明的是：由于本示范应用中采用的生物多样性区划数据是在大尺度上对全国生物多样性区域的粗略划分，该区划中未选择更具体的区划指标、收集更详细的资料与数据对二级区内的分区进一步划分。因此利用这个分区方案得到的分析结果可能不能全面、详细地体现我国生物地理的地区差异，并影响筛选出的重点区域的代表性。但本节内容旨在通过举例示范对应用方法进行说明，因此此处未把分析结果的合理性与可行性作为讨论的重点。

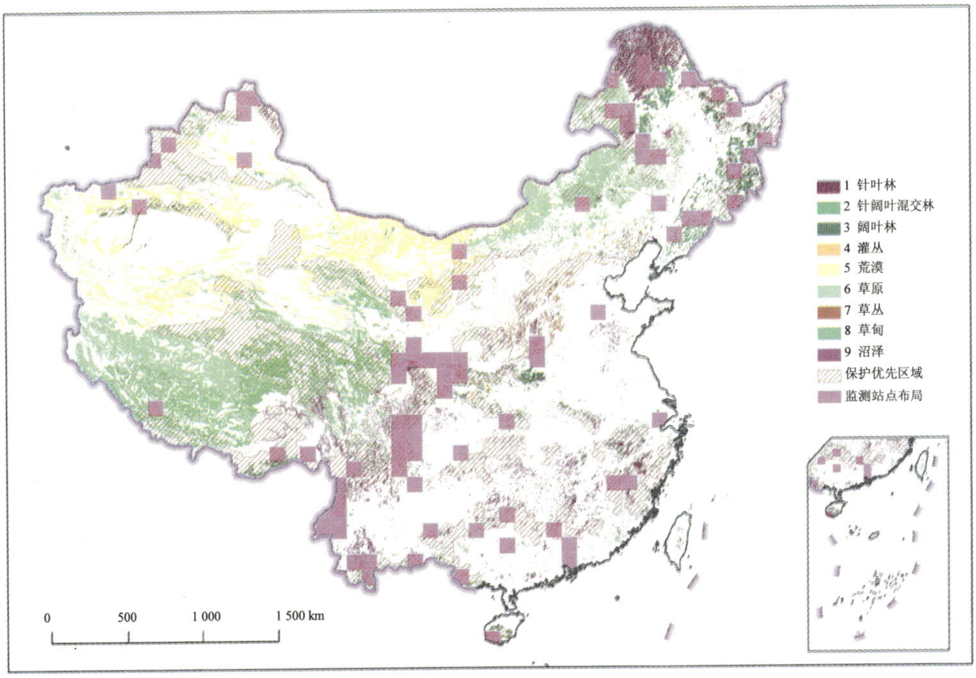

图 8.3　全国尺度生物多样性监测网络布局示意图

8.4 遥感监测技术方法

卫星和航空遥感技术可以提供区域及景观尺度上有关土地覆盖和土地利用变化以及地表特征的综合信息。从技术原理上，遥感监测是通过地物的反射或发射光谱特性为基础实施的监测。在对生态系统和景观尺度的监测中，遥感多波段反射率及组合可随植被变化呈规律性的变化，这是植被变化监测的基础。

在对生态系统层次的面状地物为对象的监测中，定期的地面调查只能了解局部点的有限信息，不能够全面地反映整个区域的总体情况，而遥感技术的应用为宏观监测提供了可能性。遥感同时还具有时效性和经济性，是目前区域生态环境动态监测的重要工具。但遥感监测的信息也不能完全代表地表的真实情况，它同样需要通过地面观测进行补充与验证。

遥感监测技术主要包括数据的采集与校正、遥感信息提取与空间数据分析。

8.4.1 数据的采集与校正

在选择合适的遥感影像数据之前，需要全面了解监测对象的地理位置、面积大小以及期望了解的物候特征；选择合适的卫片数据源及其波段、空间分辨率和时相参数。另外，还需收集相关的辅助基础地理数据。

目前，植被遥感的应用可以选择的数据产品很多，地面分辨率和光谱分辨范围差异也较大，所以选择合适的监测数据十分重要。合理的数据源可以最大限度地获得研究区域的地面信息，节省人力物力；而不匹配的数据源，则不能真实反映生态系统的特征或造成人力物力的浪费。

采集的原始卫片数据在应用前需要经过预处理才可以使用，预处理过程包括：对影像质量和其余辅助数据的校正或配准，具体需经过辐射校正、大气校正、几何纠正，以及通过已有空间数据对影像进行投影配准等。辐射校正是指对辐射误差的校正，辐射误差可以由传感器本身或大气散射造成。几何校正需要消除的误差包括了不同遥感影像图拼接过程中产生的误差和用二维平面表达三维空间造成的误差。几何校正需要根据地形图上已知控制点来进行纠正，使误差减小到最小范围。在目前可提供的遥感信息产品中，一般都经过了辐射校正和大气校正的预处理过程，而一些常用的遥感应用软件也为用户提供了用于影像几何校正的工具模块。

8.4.2 遥感影像的解译与信息获取

从原始的遥感卫片到成为可供使用的专题地图，需要经过解译知识库建立、遥感分类解译或模型计算、野外验证核查和精度验证等一系列工作。

解译知识库是影像解译的主要依据标准，是植被遥感分类和植被模型建立的依据。解译知识库的建立，首先需要明确地物的光谱特征、空间特征、极化特征和时间特性，其次还需要了解影像要素的大小、形状、空间关系与纹理属性等。解译知识库是避免同谱异物判读误差的根本依据。知识发现过程包括：从单期遥感图像上发现有关地物的光谱特征知识、空间结构与形态知识、地物之间的空间关系知识。其中，空间结构与形态知识包括地物的空间纹理知识、形状知识以及地物边缘形状特征知识；从多期遥感图像中，除了可以发现以上知识外，还可以进一步发现地物的动态变化过程知识；从 GIS 数据库中可以发现各种相关知识。在利用知识建立模型方面，主要是利用所发现的某种知识、某些知识或所有知识建立相应的遥感专题信息提取模型。解译知识库的建立是保障下一步影像正确分类的基础。

植被遥感分类和植被模型参数计算是植被动态监测的核心。对信息的分类，就是对单个像元或比较匀质的像元组给出对应其特征的名称，其原理是利用图像识别技术实现对图像的自动分类。计算机图像分类方法常见的有 2 种，即监督分类和非监督分类。

监督分类是一种由已知样本外推未知区域类别的方法。首先从待分类的图像区域中选定一些训练样区，在这些训练区中地物的类别是已知的。基于此建立分类标准，然后计算机将按同样的标准对整个图像进行识别和分类。

非监督分类是一种无先验（已知）类别标准的分类方法。对于待研究的对象和区域，没有已知类别或训练样本作标准，而是利用图像数据本身能在特征测量空间中聚集成群的特点，先形成各个数据集，然后再核对这些数据集所代表的物体类别。非监督分类的优点在于，它不需要对被研究的地区有事先的了解，对分类的结果与精度要求相同的条件下，在时间和成本上较为节省。但实际上，非监督分类不如监督分类的精度高，所以监督分类方法使用更为广泛。

解译结果需要通过野外验证核查和精度验证，以保证遥感信息提取的准确性。野外验证核查需要确定调查内容、路线和重点调查区域、质量要求等。对于遥感影像解译判断程度低的区域，需要保证解译标志的建立具有较好的涵盖性，解译精度的判定具有较高的可信度。精度检验一般以像元为基本检验单位，通过与参照图上对应单元的对比，确定分类精度。遥感数据处理过程中精度验证是不可缺少的步骤，它可以保障分类的有效性，改进分类模型，使用者也能够根据分类结果的精度，正确有效地获取分类结果中的信息。需要说明的是，在验证过程中不可能选择所有的像元来进行检验，一般是通过抽样的方法，抽取一定数量的样本来进行。

8.4.3 空间数据分析

遥感空间数据的分析是以 GIS 平台为支撑，对解译的地表信息及其长时间序列动态变化信息进行空间数据的统计分析，最终获取植被现状和动态的过程。空间数据分析包括信息查询、空间信息分类、空间统计分析、叠加分析、网络分析、邻域分析和空间插值等种类。

（1）空间信息查询是 GIS 最基本的功能。通过信息查询，不仅可以获取图像解译结果中的既有信息，还是进行其他高层次分析的基础。

（2）空间数据分类的目的是简化复杂的空间信息，突出主要因素。空间数据分类包括：单因素分类，即属性变量区间、组合；间接因素；地理区域；多因素分类，即主成分分析；聚类分析。

（3）空间统计分析的目的也是简化复杂的空间信息。常用的统计分析方法包括：常规统计分析（包括对数据集合的均值、总和、方差、频数、峰度系数等参数的统计分析）；空间自相关分析；回归分析；趋势分析；主成分分析；层次分析；聚类分析；判别分析。

（4）空间数据的多元复合、空间属性叠加是基于同一空间位置、区域进行属性运算过程，也是 GIS 最主要的分析功能。空间数据叠加是以空间层次分析理论为基础，空间信息复合包括视觉信息复合和属性数据层叠合。

（5）网络分析在空间分析中占有极为重要的地位，通过对地理网络等进行地理分析和模型化，实现网络结构及其资源的优化，如寻找最佳路径以及选择最佳布局中心的位置等。

（6）邻域分析是通过空间点周围的邻点，或某特定位置及方向范围内的某种性质的邻点，对其进行分析的一种方法。邻域分析可以获取多种信息，如在调查土地利用时，通过邻域统计可以获得邻域范围土地编号和确定土地利用的稳定性。

（7）空间插值方法分为两类：一类是确定性方法，另一类是地质统计学方法。确定性插值方法是基于信息点之间的相似程度或者整个曲面的光滑性来创建一个拟合曲面，比如反距离加权平均插值法（IDW）、趋势面法、样条函数法等；地质统计学插值方法是利用样本点的统计规律，使样本点之间的空间自相关性定量化，从而在待预测的点周围构建样本点的空间结构模型，比如克立格（Kriging）插值法。

8.5 评价分析数据库的建立

8.5.1 数据库结构

陆地生态系统生物多样性评价系统数据库主要包括元数据库、基础地理数据库、遥感影像数据库、生态专题数据库与社会经济数据库 5 个部分。数据库结构如图 8.4 所示。

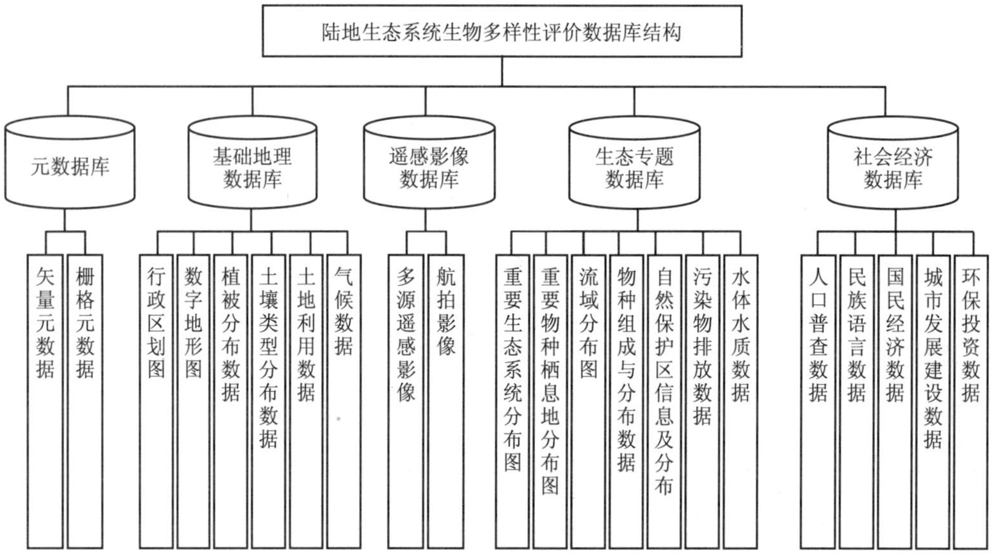

图 8.4 数据库结构树状图

（1）元数据库

用于存储和管理各类元数据，如数据集作者、数据集名称、数据用途、数据类型、分辨率、投影坐标系统、数据来源、产生时间等。元数据与其对应的具体信息数据应建立关联，并能实现与其对应的具体信息数据进行同步更新。

（2）基础地理数据库

用于管理与维护各类基础地理信息数据，包括行政区划、数字地形图、交通、水系、植被分布、土壤类型分布、土地利用、气候、地面测量控制点等有关自然和社会要素位置、形态和属性等的数据。

（3）遥感影像数据库

管理遥感影像与航拍影像。

（4）生态专题数据库

管理与维护各类生态专题数据。包括物种组成与分布、重要生态系统类型及其分布、重要物种栖息地分布、流域分布数据、自然保护区情况、污染物排放情况、水体水质等数据。

（5）社会经济数据库

管理各类社会经济数据。包括人口、语言使用情况、国民经济情况、城市发展建设、环保投资等方面的数据。

8.5.2 数据库组织

（1）矢量数据

矢量空间数据采用 Shape File 文件格式存储，并根据全国测绘标准，转换为统一的空间参考方式。文件统一命名，使用规范化字段和记录的代码编目，并采用元数据为矢量数据建立索引。

（2）栅格数据

栅格数据统一采用 Erdas Image 文件格式存储。对于遥感卫片，不同分辨率数据应进行几何纠正，并转换到与矢量数据统一的空间参考。对于数字化地形图数据，利用高分辨率的地形数据对低分辨率的地形数据进行修补和纠正，并转换到国家标准比例尺的地形数据。文件统一命名，使用规范化字段和记录的代码编目，并采用元数据为各栅格数据建立索引。

（3）表格数据

对统计资料等表格化数据，用 Microsoft Office Excel 软件将表格数据转换为统一格式的数据表文件存储，并建立文件索引。

（4）文档数据

对文本描述、图形、专题图件等非结构化数据，采用文档格式存储到数据库中，并建立文件索引。

第三篇

示范评价

第 9 章　江西省生物多样性示范评价

9.1 江西省概况

（1）地理位置

江西省位于长江中下游南岸，东经 113°35′～118°29′，北纬 24°29′～30°05′，南北长约 620 km，东西宽 490 km，面积 166 974 km^2。江西北濒长江，南至南岭山脉的九连山、大庚岭，东倚武夷山、怀玉山，西止罗霄山脉，为长江三角洲、珠江三角洲和闽南三角地区的腹地，与上海、广州、厦门、南京、武汉、长沙、合肥等重镇、港口直线距离大多在 600～700 km。

（2）地质地貌

江西地质构造处于我国东部新华夏构造体系武夷山隆起带以西，南岭纬向构造带以北，淮阳山字形弧顶以南，区内以走向北北东和北东一系列较密集的褶皱和断裂为主。赣北除广泛出露前震旦系复理石浅变质岩外，震旦系及下古生界甚为发育，且以浅海相砂、页岩及碳酸岩建造为主。赣中南以广泛出露的前泥盆系复理石浅变质岩为主要特征，上古生界及中生界也较发育，前者以海陆交互、含煤页岩建造及碳酸盐建造为主，后者以陆相碎屑岩及火山岩建造为主。

江西省东、南、西 3 面群山环绕、峰峦重叠；中南部丘陵、盆地相间，北部平原坦荡、河湖交织。全省地势南高北低，由周边向中心逐渐倾斜，形成一个以鄱阳湖平原为底的不对称的巨大盆地。主要河流有赣江、抚河、信江、饶河、修水五大河，均发源于边缘山地，汇流于鄱阳湖，然后流出长江，形成完整的鄱阳湖水系。全省地貌概括分为山地、丘陵、岗地平原和湿地 4 类。山地（海拔 500～2 000 m）面积 60 101 km^2，占全省总面积的 36%；丘陵（海拔 100～500 m）面积 70 117 km^2，占全省总面积的 42%；岗地平原（海拔低于 100 m）面积 36 729 km^2，占全省总面积的 22%，其中鄱阳湖、赣江等江河湖泊为主的天然湿地面积 11 661 km^2，占全省总面积的 6.9%。

山体多由变质岩、花岗岩、碳酸盐岩组成，在构造运动影响和流水作用下，形成峰峦耸立的崇山峻岭，平均海拔 1 000～1 500 m，构成省际的天然界线和分水岭。主要山脉有：赣东北的怀玉山，呈东北-西南走向，主峰玉京峰海拔 1 816 m，是鄱阳湖水系和钱塘江水系的分水岭；赣东绵延 500 km 的武夷山，也是东北-西南走向，是一个巨大的褶皱山体，主峰黄岗山海拔 2 157.7 m，是华东 6 省 1 市最高峰；赣南盘亘于赣粤边境的大庚岭和九连山，山脉走向零乱，九连山最高峰黄牛石高 1 430 m，是赣江与北江、东江的分水岭；赣西湘赣边境的罗霄山脉，北北东-南南西走向，最高峰南风面海拔 2 120 m，井冈山位于罗霄山脉中段；赣西北是幕阜山和九岭山，东北-西南走向，幕阜山是湘鄂赣 3 省交界地，其东延余脉庐山，耸立于鄱阳湖畔，是著名的风景胜地。

（3）气候

江西属中亚热带湿润季风气候区，春季回暖较早，雨量偏多，夏秋晴热干燥，冬季阴冷，但霜冻期短。由于江西地势狭长，南北气候差异较大，但总体来看是春秋季短而夏冬季长。全省气候温暖，日照充足，雨量充沛，无霜期长，为亚热带湿润气候，十分有利于农作物生长。

江西省年平均气温在 18℃左右。冬季南北平均气温差别较大。以 1 月为代表，九江市为 4.5～5.0℃，极端最低气温－12～－14℃，1969 年 2 月 6 日彭泽县出现过－18.9℃，而赣南盆地 1 月平均 8.0～8.7℃。夏季南北差异不大，略有北高南低现象，7 月平均气温从鄱阳湖滨、五河两岸到赣南盆地均为 29～30℃。全省极端最高气温几乎都接近或超过 40℃，如赣州市 39.2℃，吉安市 40.0℃，南昌市 40.6℃。1953 年 8 月 15 日赣西北修水县超过 44.9℃，赣东北 8 月 10 日 43.3℃。

江西省年平均降水量 1 341～1 940 mm，总趋势表现为省境四周山区多于中部盆地和长江沿岸，赣东大于赣西。受季风气候影响，年内四季降水分配不均匀。一季度（1—3 月）降水量占全年降水总量的 16%～22%，二季度（4—6 月）占 43%～53%，三季度（7—9 月）占 18%～27%，四季度（10—12 月）占 10%～15%。其中，5 月、6 月为全年降水最多时期。

全省平均相对湿度 75%～83%，山区湿度大于平原和河谷地带。年太阳总辐射量为 97～114.5 $kcal/cm^2$，年日照时数为 1 473.3～2 077.5 h。除庐山外，全省年均风速为 1～3.8 m/s，最小为德兴市，最大为星子县。年均大风日 0.5～28.5 d，最少为宜黄县，最多为星子县。鄱阳湖滨，赣江、抚河下游和高山顶及峡谷区风能资源较为丰富，年均风速在 3～5 m/s。

全省主要自然灾害有寒害、洪涝、干旱和冻害以及持续时间较为短暂的高温危害等。

（4）土壤

江西土壤类型丰富，主要土壤类型包括红壤、黄壤、山地黄棕壤、山地草甸土、紫色土、潮土、石灰土、水稻土等。土壤的种类和分布受地形及成土母岩影响，具有地带性和地域性规律。

红壤是江西分布范围最广的地带性土壤，主要母质有泥质岩、砂质岩、第四纪红土等，从鄱阳湖滨直到海拔 600 m 的低山高丘都有分布，约占全省总面积的 55.8%。黄壤主要分布于山地中上部海拔 700～1 200 m，母质以花岗岩、泥质岩为主，自然肥力较高，分布面积约占全省总面积的 10%。山地黄棕壤主要分布于海拔 1 000 m 以上的山地。山地草甸土主要分布于海拔 1 400 m 以上的高山顶部，面积很小。紫色土是由紫色泥页岩或紫色砂岩发育的一类岩性土，主要分布于赣南、赣东和吉泰盆地，常与红壤交错分布，占全省面积的 3.3%。潮土主要分布鄱阳湖、长江沿岸和 5 大河谷平原，成土母质为河湖沉积物。石灰土分布面积不大，零星见于彭泽、德安等石灰岩地区，是发育在石灰岩或白云母质上的岩性土。水稻土是各类自然土壤耕垦后种植水稻形成的一类人工土壤，是江西省最主要的耕作土壤，占全省耕地总面积的 80%以上。

（5）生物资源

① 自然植被

江西省主要的植被类型为亚热带常绿阔叶林、常绿与落叶阔叶混合林、针叶林、针阔叶混合林和落叶阔叶林，此外还分布有山顶矮林、竹林，以及荒山灌丛草坡、沙地植被、草甸植被等。其中荒山灌丛草坡是常绿阔叶林反复遭到人为破坏后逆向演替的产物，植被稀疏低矮，植物种类较少。

常绿阔叶林是江西的地带性植被，主要建群种有苦槠（*Castanopsis scterophylla*）、青冈（*Cyclobalanopsis glauca*）、栲树（*Castanopsis fargesii*）、甜槠（*C. eyrei*）、米槠（*C. carlesii*）、华南栲（*C. concinna*）、长叶石栎（*Lithocarpus elasanifolia*）、南岭栲（*C. fordi*）、木荷（*Schinia superba*）等。

常绿落叶阔叶混交林是中亚热带过渡到北亚热带的地带性植被，主要组成树种有长叶石栎（*L. elasanifolia*）、青冈（*C. glauca*）、甜槠（*C. eyrei*）、木荷（*S. superba*）、锥栗（*Castanea henryi*）、楠木（*Phoebe zhennan*）、冬青（*Ilex chinensis*）、山槐（*Albizzia kalkora*）等。

针叶林中分布于海拔 1 000 m 以下的为低山丘陵针叶林，主要是马尾松（*Pinus massoniana*）林和杉木（*Cunninghamia lanceolata*）林，为次生的半天然林或人工林；分布于海拔 1 000 m 以上的针叶林为山地针叶林，主要群系有台湾松（*Pinus tawanensis*）林、柳杉（*Cryptomeria fortunei*）林、铁杉（*Tsuga chinensis*）林等。

针阔混交林主要包括有杉、竹混交林，杉木（*Cunninghamia lanceolata*）、马尾松（*P. massoniana*）与阔叶树混交林，以及台湾松（*P. tawanensis*）、红豆杉（*Taxus chinensis*）、三尖杉（*Cephalotaxus fortune*）、福建柏（*Fokiena hodginsii*）、竹柏（*Potocarpus nagi*）与阔叶树混交林等。

落叶阔叶林主要分布在赣北的丘陵或中山地带。主要组成树种有小叶栎（*Quercus chenii*）、麻栎（*Q. acutissima*）、栓皮栎（*Q. variabilis*）、茅栗（*Castanea seguinii*）、锥栗（*C. henryi*）、山槐（*A. kalkora*）、黄檀（*Dalbergia hupeana*）、马鞍树（*Mackia chinensis*）、椴树（*Tilia tuan*）等。

竹林主要分布在海拔 1 000 m 以下的丘陵地区，建群种主要有毛竹（*Phyllostachys pubescens*）、淡竹（*P. glauca*）、刚竹（*P. bambusoides*）、紫竹（*P. nigra*）、苦竹（*P. amarus*）、水竹（*P. congesta*）、方竹（*Chimonobambusa quadrangularis*）等。

② 植物资源

江西全省种子植物约有 5 000 种，苔藓类植物有 100 种以上，蕨类植物约有 442 种，裸子植物 7 科 20 属约 33 种（不包括人工引种栽培的针叶树种），被子植物 184 科 1 132 属 4 191 种。

由于得天独厚的水热条件，江西省分布有许多特有植物。如观光木（*Tsoongiodendron odorum*）、半枫荷（*Semiliquidambar cathayensis*）、珙桐（*Davidia involucrate*）、香果树（*Emmenopterys hentyi*）、腊梅（*Chimonanthus praecox*）、青钱柳（*Cyclocarya paliurus*）、喜树（*Camptotheca acminata*）、青檀（*Pteroceltis tatarinowii*）、通脱木（*Tetrapanax papyriferus*）、伯乐树（*Bretschneidera sinensis*）、血水草（*Eomecon chionantha*）、大血藤

（*Sargentodoxa cuneata*）、银鹊树（*Tapiscia sinensis*）、檵木（*Loropetalum chinensis*）、拟赤杨（*Alniphyllum fortunei*）、化香（*Platycarya strobilacea*）、银钟花（*Halesia macgreorii*）、阿丁枫（*Altingia chinensis*）等。

植物系统演化中各个阶段的代表植物江西均有分布，同时发现不少古老物种。如古生代的蕨类植物福建观音座莲（*Angiopteris fokiensis*）、石松（*Lycopodium clavatum*）、石子藤石松（*L. asuarinoides*）、地刷子石松（*L. complanatum*）、千层塔（*L. serratum*）等；中生代三叠纪蕨类植物紫萁（*Osmunda japonica*）、华南紫萁（*O. vachellii*）、芒萁（*Dicranopteris dichotoma*）等；侏罗纪蕨类植物金毛狗（*Cibotium barotetz*）、桫椤（*Cyathea spinulosa*）等。另外还分布有杉木（*C. lanceolata*）、三尖杉（*C. fortune*）、南方红豆杉（*Taxus chinensis* var. *mairei*）、白豆杉（*Pseudotaxus chienii*）、香榧（*Torreya gradis*）、竹柏（*P. nagi*）、银杏（*Ginkgo biloba*）等。

江西省植物种类中还包含许多热带成分物种，如含笑（*Michelia figo*）、木莲（*Manglictus fordiana*）、鹰爪花（*Artabotrys hexapetalus*）、瓜馥木（*Fissistigma oldhamii*）、琼楠（*Beilschmjiedia intermedia*）、枫香（*Liquidambar formosana*）、阿丁枫（*Altingia chinensis*）、茶梨（*Anneslea fragrans*）等乔木树种，以及异叶榕（*Ficus hetermorpha*）、竹叶榕（*Ficus stenophylla*）、爬藤榕（*Ficus martinii*）、琴叶榕（*Ficus pandurata*）、变叶榕（*Ficus variolsa*）、天仙果（*Ficus beecheyana*）等热带性的灌木和藤本。

③ 动物资源

江西省陆地动物区系属东洋界华中区东部丘陵平原亚区，主要为东洋界成分，其次为古北界成分。历年调查表明，江西全省现有脊椎动物600余种。其中鱼类170余种，约占全国淡水鱼类总量的21.4%；两栖类40余种，约占全国的20.4%；爬行类70余种，约占全国的23.5%；鸟类270余种，约占全国的23.2%；兽类50多种，约占全国的13.3%。江西省的鱼类和鸟类种类较多，经济价值较大，是开发利用和资源保护的重点。

江西省珍稀动物种类丰富，分布有国家一类保护动物如白鹤（*Grus leucogeranus*）、黄腹角雉（*Tragopan caboti*）、白鹳（*Ciconia ciconia*）、黑鹳（*C. nigra*）、白鳍豚（*Lipotes vexillifer*）、扬子鳄（*Alligator sinensis*）、华南虎（*Panthera tigris amoyensis*）、梅花鹿（*Cervus nippon Temminck*）等；国家二类保护动物如猕猴（*Macaca mulatta*）、短尾猴（*M. arctoides*）、穿山甲（*Manis pentadactyla*）、金猫（*Catopuma temminckii*）、云豹（*Neofelis nebulosa*）、黑熊（*Ursus thibetanus*）、毛冠鹿（*Elaphodus cephalophus*）、水鹿（*Cervus unicolor*）、小天鹅（*Cygnus columbianus*）、白头鹤（*Grus monacha*）、鸳鸯（*Aix galericulata*）、白颈长尾雉（*Syrmaticus reevesii*）、大鲵（*Andrias davidianus*）等；国家三类保护动物如大灵猫（*Viverra zibetha*）、小灵猫（*Viverricula indica*）、獐（*Hydropotes inermis*）、鬣羚（*Capricornis sumatraensis*）、斑羚（*Naemorhedus goral*）、白鹇（*Lophura nycthemera*）、大鸨（*Otis tarda*）、棘胸蛙（*Quasipaa spinosa*）、蟒蛇（*Python molurus*）等。

（6）社会经济

江西省设南昌、景德镇、萍乡、九江、新余、鹰潭、赣州、吉安、宜春、抚州、上饶等11个设区市，11个县级市，70个县，19个市辖区（表9.1）。南昌市为江西省省会。

江西省农业比重较高。粮食、油料、蔬菜、生猪、蜜橘、脐橙、淡水鱼类等农产品在全国占有重要地位。全省工业化进程也加速推进，着力培植壮大支柱产业，以规范建设工业园促进工业相对集中发展，同时加快国有企业改革和发展，使经济结构由农业为主转向以工业为主。初步形成了汽车航空及精密制造业、特色冶金和金属制品业、中成药和生物制药业、电子信息及现代家电产业、食品工业、精细化工及新型建材业等六大支柱产业。近年来，江西省把旅游业作为江西经济的支柱产业来培育，进一步促进了第三产业的积极发展。

表 9.1　江西省行政区划

地级市名	序号	县（区）名	地级市名	序号	县（区）名	地级市名	序号	县（区）名
南昌市	1	东湖区	鹰潭市	34	月湖区	宜春市	68	袁州区
	2	西湖区		35	贵溪市		69	丰城市
	3	青云谱区		36	余江县		70	樟树市
	4	湾里区	赣州市	37	章贡区		71	高安市
	5	青山湖区		38	瑞金市		72	铜鼓县
	6	新建县		39	南康市		73	靖安县
	7	南昌县		40	石城县		74	宜丰县
	8	进贤县		41	安远县		75	奉新县
	9	安义县		42	赣县		76	万载县
景德镇市	10	珠山区		43	宁都县		77	上高县
	11	昌江区		44	寻乌县	抚州市	78	临川区
	12	乐平市		45	兴国县		79	南丰县
	13	浮梁县		46	定南县		80	乐安县
萍乡市	14	安源区		47	上犹县		81	金溪县
	15	湘东区		48	于都县		82	南城县
	16	莲花县		49	龙南县		83	东乡县
	17	上栗县		50	崇义县		84	资溪县
	18	芦溪县		51	信丰县		85	宜黄县
九江市	19	浔阳区		52	全南县		86	广昌县
	20	庐山区		53	大余县		87	黎川县
	21	瑞昌市		54	会昌县		88	崇仁县
	22	共青城市	吉安市	55	吉州区	上饶市	89	信州区
	23	九江县		56	青原区		90	德兴市
	24	星子县		57	井冈山市		91	上饶县
	25	武宁县		58	吉安县		92	广丰县
	26	彭泽县		59	永丰县		93	鄱阳县
	27	永修县		60	永新县		94	婺源县
	28	修水县		61	新干县		95	铅山县
	29	湖口县		62	泰和县		96	余干县
	30	德安县		63	峡江县		97	横峰县
	31	都昌县		64	遂川县		98	弋阳县
新余市	32	渝水区		65	安福县		99	玉山县
	33	分宜县		66	吉水县		100	万年县
				67	万安县			

9.2 江西省生物多样性的现状评价

9.2.1 景观格局

9.2.1.1 景观要素的多样性（D1）

基于20世纪80年代、1995年和2000年3个时段的全国1 km网格土地利用数据，将江西省土地利用划分为水田、旱地、有林地、灌木林、疏林地、其他林地、草地、水域、建设用地、沼泽地、裸土地11个类型。根据景观多样性指数与景观均匀度指数的分析结果，从20世纪80年代以来，江西省景观格局总体上没有显著变化，但2000年与80年代相比，水田、其他林地面积有所减少，有林地、水域、建设用地略有增加（表9.2）。

表9.2 江西省不同土地利用类型斑块所占面积比例

土地利用类型	斑块所占比例（P_i）		
	20世纪80年代	1995年	2000年
水田	0.196	0.197	0.195
旱地	0.052	0.052	0.052
有林地	0.501	0.502	0.502
灌木林	0.049	0.050	0.049
疏林地	0.122	0.122	0.122
其他林地	0.003	0.002	0.002
草地	0.036	0.036	0.036
水域	0.030	0.029	0.031
建设用地	0.003	0.004	0.004
沼泽地	0.006	0.006	0.006
裸土地	0.000 04	0.000 04	0.000 04
景观多样性指数（H'）	1.519	1.515	1.519
景观均匀度指数（E'）	0.633	0.632	0.633

9.2.1.2 斑块破碎度指数（D2）

同样基于20世纪80年代、1995年和2000年3个时段的全国1 km网格土地利用数据，江西省斑块破碎情况分析结果如表9.3所示。

表9.3 江西省斑块破碎度情况

	20世纪80年代	1995年	2000年
总面积/km^2	166 694	166 694	166 694
最小斑块面积/km^2	1	1	1
N_C	166 694	166 694	166 694
N_P	23 552	23 194	23 516
F	0.141	0.139	0.141

9.2.1.3 自然要素斑块之间的连通性（D3）

江西省境内水系发达，水资源丰富。主要水系为长江、鄱阳湖、赣江、抚河、信江、修河、饶河，即所谓一江、一湖、五河的水系格局。全省多年平均水资源总量约 1 422 亿 m^3，仅次于西藏、四川、广东、云南、广西和湖南，居全国第 7 位。流域面积在 10km^2 以上的河流约 3 745 条，其中 10～30 km^2 河流 2 260 条，30～100 km^2 河流 1 033 条，100～300 km^2 河流 304 条，300～1 000 km^2 河流 102 条，1 000～3 000 km^2 河流 28 条，3 000～10 000 km^2 河流 13 条，10 000～30 000 km^2 河流 4 条，大于 30 000 km^2 河流 1 条（杨荣清等，2003）。面积在 2 km^2 以上的天然湖泊约 77 个。基于 90 m 数字高程模型（DEM）提取得到的河网分布图，计算出江西省河流总长度约为 2.04 万 km，河流密度约 0.122 km/km^2。

20 世纪 50 年代至 70 年代，江西省先后掀起了两次大规模水库建设高潮，兴建了大批水利工程，奠定了江西省水利发展的基础。到 2008 年，江西省各级水库大坝总计 9 800 座，其中大型水库 25 座（表 9.4）。每百千米河流上水库大坝平均数量约为 48 座，分布密集。

表 9.4 2000—2008 年江西省修建水库总量

年份	2000	2001	2002	2003	2004	2005	2006	2007	2008
水库数量/座	9 602	9 602	9 577	9 448	9 401	9 394	9 697	9 783	9 800

注：数据来源《中国农村统计年鉴》。

9.2.2 生态系统状况

9.2.2.1 自然生态系统覆盖情况（D4）

根据江西省生态遥感调查结果，江西省自然植被覆盖情况较好，2007 年森林、灌丛、草地、湿地等生态系统类型累计面积约 1 139 万 hm^2，占江西全省面积的 68.2%。

森林覆盖率方面，1974—1975 年，江西省森林覆盖率 36.6%，到 1977 年江西省森林覆盖率降为 32.7%。但从 20 世纪 80 年代起，江西森林面积逐年递增。至 2005 年，江西省森林覆盖率达到 60.05%，居全国第 2 位。其中，有林地 871.7 万 hm^2，疏林地 13.9 万 hm^2，灌木林地 118.6 万 hm^2，未成林造林地 31.7 万 hm^2，无立木林地 13.6 万 hm^2，宜林地 12.8 万 hm^2，苗圃地 0.3 万 hm^2，辅助生产林地 0.1 万 hm^2。

9.2.2.2 天然林分布面积（D5）

全省林地起源多属天然次生，针叶林面积比重大。地带性植被常绿阔叶林在历史上曾广泛分布在全省的低山丘陵，后遭受了剧烈的破坏。一是大量被“拔大毛”式的掠夺性砍伐，二是砍伐后被彻底清除改造杉木人工林。但经过近年来的保护与抚育，江西省天然林得到一定程度的恢复。截至 2001 年，江西省天然林面积 665.5 万 hm^2，人工林面积 275.25 万 hm^2，人工林面积列居全国第 6 位（肖兴威，2005）。天然林与人工林面积比例为 2.42。

据森林资源清查数据，1983 年江西省有天然阔叶林 123.1 万 hm^2，占全省林分面积的31%；林分蓄积量为 11 060.7 万 m^3，占林分总蓄积量的 57%，平均每公顷蓄积量 89.8 m^3（同年杉木林 37.0 m^3，马尾松林 25.4 m^3）。到 1999 年，全省天然阔叶林面积增加至 147.5 万 hm^2，占林分总面积的 21.4%；但蓄积量下降，为 8 053 万 m^3，占林分总蓄积量的 29.6%，平均每公顷蓄积下降为 48.1 m^3。蓄积量下降主要是由于幼、中龄林的所占比例上升。但从天然林（包括原始林与次生林）覆盖面积上看，江西省天然阔叶林面积在 20 世纪 80 年代之后逐年递增，天然林现存状况有所改善。

9.2.2.3 重要生态系统、栖息地范围的变化趋势（D6）

江西北部的鄱阳湖是中国最大的淡水湖，为典型的季节性湖泊，水域面积随季节变化，每年 10 月至次年 3 月为鄱阳湖枯水期。其湿地景观由湖泊、河流、草洲、泥滩、岛屿、泛滥地、池塘等构成，生物多样性十分丰富，具有很高的保护价值。湖区分布有高等植物 75 科 350 余种，浮游植物 54 科 154 种，浮游动物 24 科 112 种，软体动物 55 种，贝类 32 种，鱼类 25 科 122 种，爬行动物 48 种，兽类 45 种，鸟类 51 科 280 种。

近年来，鄱阳湖生态保护面临较大压力：

（1）鄱阳湖低水位日益严重。根据江西省防灾减灾研究基金项目“鄱阳湖地区生态环境与气象灾害监测系统研究”的研究结果：1992—2007 年间，鄱阳湖水域面积最大为 4 786 km^2（1995 年），最小仅为 2 886 km^2（2006 年）；20 世纪 90 年代平均面积为 3 898 km^2，比 2002—2007 年的平均值高 11%。较长时间的持续干涸现象，导致了鄱阳湖湿地面积锐减，并造成湿地生态功能缺失。2006 年，在鄱阳湖越冬栖息的候鸟只有 40 多万只，比 2005 年同期减少了 43.6%。

（2）水环境质量恶化。鄱阳湖周边地区是江西经济发展重点区域，但随着湖区周围工业和城市的不断发展，污染物持续排放，造成水体中总磷、总氮过量积累，呈中营养状态，湖泊水质不断恶化。湖泊生态综合功能发生减退，水生生态系统结构将遭受严重破坏。

（3）此外，根据对鄱阳湖国家级自然保护区 1999 年和 2006 年两期遥感影像的分析，保护区内的河网密度出现下降，人居建设和道路交通增加；景观斑块数目略微增加，平均斑块面积出现下降，破碎度指数增加；可供鸟类栖息的草洲也面临破碎化的威胁。这些现象进一步证明了近年来保护区保护状况并不乐观，不仅受到湖区水量的变化的影响，同时人为干扰程度的增加也对保护区形成压力。

9.2.2.4 河流生态系统健康（D7）

由于缺乏鱼类资源调查数据的收集，因此暂未开展本指标的评价。

9.2.3 生态系统的产品与服务

9.2.3.1 *NPP*/*NDVI*（D8）

参数分析的数据来源为1998—2007年逐旬的SPOT VEGETATION NDVI遥感图像数据，数据处理方法采用国际通用的最大化合成法，并求得各年全省的最大化*NDVI*（*MNDVI*）平均值。

2000年以来，江西省*MNDVI*总体上表现为上升趋势。1998—2007年的10年中，江西省*MNDVI*平均最低值为0.717（2000年）。2000年之后年平均值呈现上升趋势（图9.1）。2007年*MNDVI*值达到0.756。

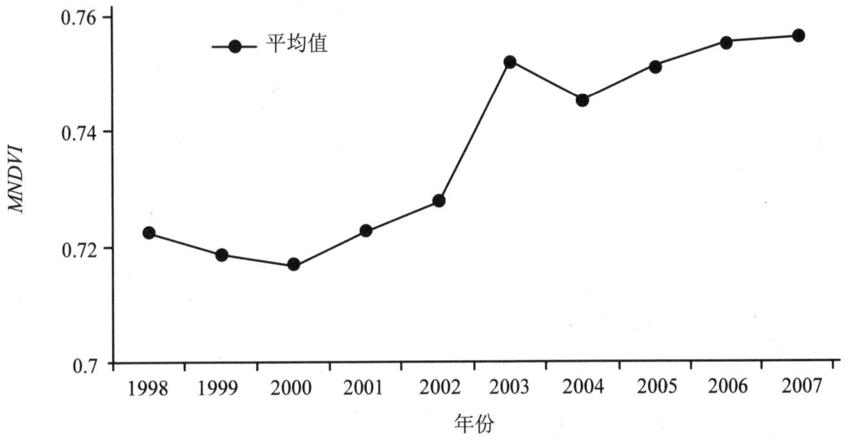

图9.1　江西省年际平均*MNDVI*

另据曾慧卿等（2008）对南昌、吉安、赣州3地近40年气候变化对*NPP*的影响研究结果：近40年来，这3个地区的*NPP*总体上都呈上升趋势，期间出现了4个高值期和3个低值期。高峰期为1970年代初、1980年代末、1990年代初和1990年代末；低值期在1960年代、1970年代和1980年代中期。

9.2.3.2 地下水位（D9）

该指标适用于干旱、半干旱地区，由于江西省处于中亚热带湿润季风气候区，因此无需进行本指标的评价。

9.2.4 物种的组成与动态

9.2.4.1 区域物种的丰富度（D10）

江西动植物物种资源丰富。

（1）高等植物约 243 科 1 267 属 4 666 种。

其中，蕨类植物 52 科 115 属 442 种，裸子植物 7 科 20 属 33 种，被子植物 184 科 1 132 属 4 191 种。

江西珍稀、濒危树种有 110 种属于中国特有。如水松（*Glyptostrobus pensilis*）、金钱松（*Pseudolarix amabilis*）、柳杉（*Cryptomeria fortunei*）、华东黄杉（*Pseudotsuga gaussenii*）、木莲（*Manglietia fordiana*）、玉兰（*Magnolia denudata*）等 60 余种属中国亚热带特有；江西杜鹃（*Rhododendron kiangsiense*）、井冈山杜鹃（*R. jinggangshanicum*）、红花杜鹃（*R. spanotrichum*）、背绒杜鹃（*R. hypoblematosum*）、江西槭（*Acer kiangsiense*）、美毛含笑（*Michelia caloptila*）、柳叶腊梅（*Chimonanthus salicifolius*）、井冈山猕猴桃（*Actinidia chinensis* var. *chinensis f. jinggangshanensis*）、井冈葡萄（*Vitis jinggangensis*）、河边竹（*Bambusa strigosa*）、厚壁毛竹（*phyllostachys edulis* cv. *Pachyloen*）等 16 种属中国江西特有。这些品种约占全省珍稀树种的 73.3%。

江西境内尚有不少古木大树。据不完全统计，全省保留下来的古木大树有近 40 种，分属 13 科 29 属，分布点达 95 处之多。特别是古樟树，为江西一大特色，现 500 龄以上的古樟树有 30 余处。

（2）脊椎动物约 600 余种。

其中，鱼类 170 余种。鄱阳湖有 140 余种，占全省的 81%以上。鄱阳湖种类最多的为鲤科鱼类，共计 70 多种，占鄱阳湖主要经济鱼类约 55%。银鱼是鄱阳湖名产。5 大河水系（赣江、抚河、信江、饶河、修河）主要经济鱼类有鲤（*Cyprinus carpio*）、鲶（*Silurus* spp.）、乌鱼（*Channa argus*）、江鼠（*Mystus macropterus*）、马口鱼（*Opsariichthys bidens*）、白甲鱼（*Onychostoma sima*）、鳅（*Hymenophysa curta*）、鳝（*Monopterus albus*）等。

两栖类 40 余种。主要物种有大鲵（*Andrias davidianus*）、肥螈（*Pachytriton brevipes*）、东方蝾螈（*Cynops orientalis*）、青蛙（*Rana nigromaculata*）、金线蛙（*R. plancyi*）、泽蛙（*R. limnocharis*）、虎纹蛙（*R. rugulosa*）、沼蛙（*Hylarana guentheri*）以及棘胸蛙（*Quasipaa spinosa*），还有各种蟾蜍（*Bufonidae*）、雨蛙（*Hylidae*）、树蛙（*Rhacophoridae*）、姬蛙（*Microhylidds*）等。

爬行类 74 种。其中蛇类 55 种。蛇类中毒蛇 15 种，主要有眼镜蛇（*Naja*）、银环蛇（*Bungarus multicinctus*）、尖吻蝮（*Deinagkistrodon acutus*）、日本蝮（*Gloydius blomhoffii*）、竹叶青（*Trimeresurus stejnegeri*）、烙铁头（*T. mucrosquamatus*）、白头蝰（*Azemiops feae*）、绞花林蛇（*Boiga kraepelini*）、福建丽纹蛇（*Calliophis kelloggi*）和中国水蛇（*Enhydris chinensis*）等；无毒蛇 40 种，主要有滑鼠蛇（*Ptyas mucosus*）、灰鼠蛇（*P. korros*）、乌梢蛇（*Zoacys dhumnades*）、翠青蛇（*Eurypholis major*）、赤链蛇（*Dinodon rufozonatum*）、游蛇（*Natrix natrix*）、红点锦蛇（*Elaphe rufodorsata*）、黑眉锦蛇（*E. taeniura*）、水蛇（*Enhydris*）等。其他类群动物种类还有鳖（*Trionyx sinensis*）、金龟（*Cuora aurocapitata*）、大头平胸龟（*Platysternon megacephalum*）、白条草蜥（*Takydromus wolteri*）、铜石龙子（*Sphenomorphus indicus*）、蓝尾石龙子（*Eumeces elegans*）、壁虎（*Gekko japonicus Dumeril*）、脆蛇蜥（*Ophisaurus harti*）等。在彭泽县沿江地方，还曾发现过我国特有的

扬子鳄（*Alligator sinensis*）。

鸟类 522 种，隶属 20 目 73 科 234 属。陆地鸟类主要有环颈雉（*Phasianus coichicus*）、白鹇（*Lophura nycthemera*）、竹鸡（*Bambusicola thoracica*）、珠颈斑鸠（*Streptopelia chinensis*）、红嘴相思鸟（*Leiothrix lutea*）、画眉（*Leucodioptron canorus*）、鹌鹑（*Coturnix coturnix*）、八哥（*Myna*）、暗绿绣眼鸟（*Zosterops japonica*）、啄木鸟（*Piculus*）、树鹨（*Anthus hodgsoni*）、伯劳（*Lanius*）、杜鹃（*Rhododendron simsii Planch*）、松鸦（*Garrulus glandarius*）、红嘴蓝鹊（*Red-billed Blue Magpie*）、喜鹊（*Pica pica*）、乌鸦（*Corvus corax*）、鹊鸲（*Copsychus saularis*）、乌鸫（*Eurasian Thrush*）、棕头鸦雀（*Paradoxornis webbianus*）、寿带鸟（*Terpsiphone paradisi*）、白脸山雀（*Parus major*）、树麻雀（*Passer montanus*）、金腰燕（*Hirundo daurica*）、家燕（*Hirundo rustica*）等。水禽、涉禽主要有鸿雁（*Anser cygnoides*）、豆雁（*Anser fabalis*）、白额雁（*Anser albifrons*）、小天鹅（*Cygnus columbianus*）、大天鹅（*C. cygnus*）、鸳鸯（*Aix galericulata*）、白鹤（*Grus leucogeranus*）、白枕鹤（*G. vipio*）、白头鹤（*G. monacha*）、灰鹤（*G. grus*）、白鹳（*Ciconia ciconia*）、黑鹳（*C. nigra*）、白鹭（*Egretta alba*）、黄咀白鹭（*Egretta eulophotes*）、苍鹭（*Ardea cinerea*）和大鸨（*Otis tarda*）等。

兽类 50 多种。其中数量较大的有黄鼬（*Mustela sibirica*）、麂（*Muntiacus*）等。另外还分布有狼（*Canis lupus*）、狐（*Vulpes*）、大灵猫（*Viverra zibetha*）、水獭（*Lutra lutra*）、水鹿（*Cervus unicolor*）、猪獾（*Arctonyx collaris*）、狗獾（*Meles meles*）、鬣羚（*Capricornissumatraensis*）、黑麂（*Muntiacus crinifrons*）、獐（*Hydropotes inermis*）及少量的云豹（*Neofelis nebulosa*）和金钱豹（*Panthera pardus*）。还生长着少量猕猴（*Macaca mulatta*）、短尾猴（*M. arctoides*）以及梅花鹿（*Cervus nippon*）等。江西省兽类以九江、吉安、宜春、上饶等地区为多，但由于森林滥伐和滥捕，兽类资源大幅度下降。目前数量尚多经济价值较大的还有小麂（*Muntiacus reevesi*）、豹猫（*Prionailurus bengalensis*）、鼬獾（*Melogale moschata*）等。

（3）无脊椎动物种类也十分丰富。

鄱阳湖软体动物近 60 种，经济价值最高的物种有三角帆蚌（*Hyriopsiscumingii*）和绉纹冠蚌（*Cristaria plicata*）等；有浮游动物 24 科 112 种；贝类 32 种。

9.2.4.2 珍稀濒危物种的种群动态（D11）

江西省境内中国特有种目前记录的数量为 2 090 种，其中植物特有种为 2 044 种，动物特有种为 46 种。兽类特有种为 4 种，鸟类特有种为 6 种，爬行类 15 种，两栖类 21 种，鱼类无特有种分布。特有物种分布最多的地区是定南县，为 1 022 种。

依据《国家重点保护野生植物名录》（第 1 批与第 2 批）和《中国物种红色名录（第一卷・红色名录）》，同时参考《中国植物志》、《江西植物志》以及其他相关文献，经统计，江西省共有野生分布的珍稀濒危高等植物 57 科 128 属 207 种。其中，蕨类 4 科 5 属 7 种；裸子植物 8 科 18 属 28 种；被子植物 45 科 105 属 172 种。

从 2008 年开始，江西省野生动植物保护管理局组织全省各设区市野保站对辖区内的极小种群野生植物和极度濒危野生动物野外分布情况进行实地调查。调查的濒危野生动植物主要包括资源冷杉（*Abies ziyuanensis*）、水松（*Glyptostrobus pensilis*）、落叶木莲（*Magnoliaceae glanca*）、粗齿桫椤（*Alsophila denticulata*）、小黑桫椤（*A. metteniana* var. *metteniana*）、金钱松（*Pseudolarix amabilis*）、华东黄杉（*Pseudotsuga gaussenii*）、广东松（*Pinus kwangtungensis*）、白豆杉（*Pseudotaxus chienii*）、连香树（*Cercidiphyllum japonicum*）、红豆树（*Ormosia hosiei*）、观光木（*Soongiodendron odorum*）12 种野生植物和黑麂（*Muntiacus crinifrons*）、梅花鹿（*Cervus nippon*）、云豹（*Neofelis nebulosa*）、金钱豹（*Panthera pardus*）、穿山甲（*Manis pentadactyla*）、白鹤（*Grus leucogeranus*）、东方白鹳（*Ciconia boyciana*）、中华秋沙鸭（*Mergus squamatus*）、海南虎斑鳽（*Gorsachius magnificus*）、斑背大尾莺（*Megalurus pryeri*）、黄喉噪鹛（*Garrulax galbanus*）、黄腹角雉（*Tragopan caboti*）、白颈长尾雉（*Syrmaticus ellioti*）、金斑喙凤蝶（*Teinopalpus aureus*）14 种野生动物。开展濒危野生动植物调查，将有助于掌握上述野生动植物种在江西省内的野外资源分布现状，以切实加强江西省野生动植物资源保护管理工作。

（1）长江江豚（*Neophocaena phoconoides*）的保护状况

长江江西段及鄱阳湖是长江江豚最重要的分布区。江豚是生活在我国长江中的两种淡水鲸类之一，是长江水生生物多样性的旗舰物种，也是长江江湖生态系统健康状况的重要标志。由于受环境污染和水生态变化的影响，长江江豚种群数量处于濒危状态。长江流域江豚数量 1984 年为 2 700 头，2006 年已锐减至 1 800 头，目前江豚种群最多只有 1 400 头。近 20 年来，由于种群数量快速衰减，江豚已被列为《中国濒危物种红皮书》濒危物种，以及《濒危野生动植物种国际贸易公约》。

由于小型鱼类资源丰富，江豚适口饵料充裕，水质较好，鄱阳湖和长江江西段水域是长江江豚最主要的摄食和哺幼基地。长江江豚中有 60%以上都集中在该水域。其中，长江江西段的八里江是长江干流江豚集群规模最大的区域之一，常年有 100 头左右的江豚出没；鄱阳湖湖口至老爷庙一带是鄱阳湖江豚种群最为密集的繁殖栖息地，分布有 450 头江豚。

2004 年，江西省在鄱阳湖湖口至老爷庙水域建立了省级长江江豚自然保护区，保护区总面积 68 km^2，核心区 27 km^2，以保护江豚及其生境。保护区建立同时，设立了第一个国家级长江江豚救护中心——江西江豚救护中心。救护中心总投资 543 万元，总站设在江西省水产科学研究所，下设星子县、湖口县和都昌县 3 个分站。投入运行后，将形成覆盖鄱阳湖 5 000 多 km^2 和长江江西段 152 km 长水域的江豚全天候救护和资源动态监测保护网络，并逐步成为长江中下游地区的江豚救护中心。

（2）中华秋沙鸭（*M. squamatus*）

中华秋沙鸭是第三纪冰川期残存下来的物种，是我国特有珍稀鸟类，属于国家一级重点保护动物。其分布区域十分狭窄，种群数量稀少。江西是中华秋沙鸭在我国主要的越冬分布区之一。赣东北的弋阳、婺源相继发现有中华秋沙鸭的较大越冬群，总数量至少超过 100 只，且数量和分布地点相对保持稳定（何芬奇等，2006）。这两地记录到的最大数量分别超过该物种全球总量的 1%。另据刘宇等（2008）2006 年对江西省境内三龙镇西河段、浮梁县昌江段、婺源县乐安江段、弋阳县清湖乡信江段、修水县修水段、吉安县永和镇赣江段和万安县窑头镇赣江段等 14 个河段和地点进行的中华秋沙鸭越冬分布地和数量调查，共记录到中华秋沙鸭 82 只（31 雄、51 雌或幼）。其中浮梁县昌江和修水县修水段为首次发现，且数量较大，分别达到 22 只和 23 只。

为保护这种珍稀鸟类，江西省已建立两个县级自然保护区以保护其种群与栖息地。2000 年在弋阳成立了"弋阳中华秋沙鸭"县级自然保护区；2007 年在鹰潭建立了"龙虎山中华秋沙鸭"县级自然保护区。

（3）华南虎（*Panthera tigris amoyensis*）

江西抚州地区的宜黄、乐安和宁都等区域是华南虎的主要分布区之一，其中宜黄华南虎数量居全省之首。根据宜黄县县志记载，解放前宜黄县境内虎、豹比较常见。五六十年代，由于人们将虎视为"害兽"而加以大肆捕杀，华南虎数量急剧减少。据县土产、外贸、供销等部门收购华南虎虎皮数统计，宜黄县在 50 年代猎捕华南虎 55 只，60 年代猎捕华南虎 25 只，70 年代猎捕华南虎 10 只。而 1950—1970 年，江西省全省猎捕华南虎数量为 264 只。

80 年代以后，由于森林砍伐、过度捕猎等因素影响，华南虎栖息地不断恶化，华南虎种群数量锐减。1992 年宜黄建立华南虎县级自然保护区，保护面积 2.3 万 hm^2。2001 年，经江西省政府批准成立省级自然保护区，保护面积扩大到 5.83 万 hm^2，核心区 1.4 万 hm^2，保护区内森林覆盖率 60%以上，植被覆盖度 90%以上。根据 1999—2001 年江西省有关部门在华南虎出没核心区的野外调查，1999—2001 年发生华南虎袭人事件 1 起、华南虎足迹 15 次、卧迹 2 次、叫声 9 次、食物残骸 6 处，另有约 20 人上山劳动时见到老虎（刘萍与彭贤文，2005）。近 10 年来，由于栖息地保护工作的开展，华南虎生存的野外环境有所改善，但江西省是否还存在野生华南虎还有待调查证实。

9.2.5 遗传资源状况

重要遗传资源（禽畜、鱼类、农作物、栽培植物等资源）的保存与丧失（D12）

江西省地方畜禽遗传资源较为丰富。根据统计资料，江西省现存 31 个地方畜禽品种，其中地方猪品种 8 个，地方鸡品种 8 个，地方鸭品种 2 个，地方鹅品种 4 个，地方牛品种 6 个，地方羊品种 2 个，地方兔品种 1 个。

江西鄱阳湖是我国最大的淡水鱼产殖基地，生长有 140 余种鱼类，占全省鱼类的 81%以上。1962 年捕捞量达 5 063 万斤，是捕捞年产量最高年。鄱阳湖种类最多的为鲤科鱼类，共计 70 多种，占鄱阳湖主要经济鱼类约 55%，鲤鱼、鲫鱼约占整个鄱阳湖鱼产量的一半，其他产量较大的鱼类还有刀鲚（凤尾鱼）、黄颡（黄牙头）、鲶鱼和草、青、鲢、鳙 4 大家鱼等，而银鱼则是鄱阳湖名产。

江西省水稻种植历史悠久，品种类型众多。江西也是我国野生稻的分布区之一，其中江西东乡是普通野生稻分布的北限（高立志等，1996）。江西的木本粮食植物数量也十分丰富，如栗（*Castanea mollissima*）、茅栗（*Castanea seguinii*）、野木瓜（*Stauntonia hexaphylla*）、豆腐柴（*Premna microphylla*）等。野生果木资源包括山楂（*Crataegus pinnatifida*）、山柿（*Dyrsineafricana*）、杨梅（*Myrica rubra*）、山莓（*Rubus corchorifoliu*）、

草莓（*Fragaria ananassa*）、粗叶悬钩子（*Rubus alceaefolius*）、胡颓子（*Elaeagnus pungens*）、猕猴桃（*Actinidia chinensis*）、乌饭树（*Vaccinium bracteatum*）、米饭花（*V. mandarinorum*）和野葡萄（*Ampelopsis brevipedunculate*）等。江西常见的野菜和野生饲料植物种类有野大豆（*Glycine soja*）、假地蓝（*Crotalaria ferruginea*）、鸡眼草（*Acalypha brachystachya*）、胡枝子（*Lespedeza bicolor*）、葛藤（*Pueraria lobata*）、草木樨（*Melilotus suaveolens*）、车轴草（*Trifolium repens*）、山绿豆（*Phaseolus minimus*）、山合欢（*Albizia kalkora*）、马兰（*Kalimeris indica*）、鼠曲草（*Gnaphalium affine*）、一年蓬（*Erigeron annuus*）、刺儿菜（*Cirsium setosum*）、紫萁（*Osmunda japonica*）、野苋（*Amaranthus spinosus*）、荠菜（*Capsella bursa-pastoris*）、独行菜（*Lepidium apetalum*）、鱼腥草（*Houttuynia cordataThunb*）、糯米团（*Gonostegia hirta*）、藜（*Chenopodium album*）、车前草（*Plantago asiatica*）、马齿苋（*Portulaca oleracea*）等草本植物；满江红（*Azolla imbricata*）、眼子菜（*Potamogeton distinctus*）、水葫芦（*Eichhornia crassipes*）、水竹叶（*Mllrdanniatriguetra*）、浮萍（*Lemna minor*）、苋实（*Amaranthus tricolor*）、水芹（*Oenanthe javanica*）等水生植物；还有榆（*Ulmus pumila*）、构树（*Broussonetia papyrifera*）、椴（*Tilia*）等木本植物。

江西省药用植物有 1 901 种，常用的有 300 余种。盛产栀子（*Gardenia jasminoides*）、泽泻（*Rhizoma Alismatis*）、石韦（*Folium Pyrrosiae*）、枳壳（*Citrus aurantium*）、枳实（*Citrus sinensis*）、钩藤（*Uncaria macrophylla*）、蔓荆子（*Vitex trifolia*）、土茯苓（*Smilax glabra*）、薄荷（*Mentha haplocalyx*）、荆芥（*Nepeta cataria*）等。分布量大或较名贵的有贯众（*Dryopteris setosa*）、野菊（*Chrysanthemum indicum*）、半夏（*Pinellia ternata*）、天南星（*P. pedatisecta*）、桔梗（*Platycodon grandiforus*）、前胡（*Peucedanum praeruptorum*）、黄连（*Coptis chinensis*）、龙胆（*Gentiana scabra*）、千里光（*Senecio scandens*）、金银花（*Lonicera Japonica*）、土茯苓（*Rhizoma Smilacis*）、苦参（*Sophora flavescens*）、千层塔（*Huperzia serrata*）、厚朴（*Magnolia officinalis*）、海金沙（*Lygodium japonicum*）、花榈木（*Ormosia henryi*）、远志（*Polygala tenuifolia*）、金锦香（*Osbeckia chinensis*）、山蚂蝗（*Desmodium racemosum*）、鹿蹄草（*Pyrola calliantha*）、土党参（*Codonopsis lanceolata*）、孩儿参（*Pseudostellaria heterophylla*）、菟丝子（*Cuscuta Chinensis*）、玉竹（*Polygonatum odoratum*）、百合（*Lilium brownii* var. *viridulum*）、沙参（*Adenophora tetraphylla*）、商陆（*Phytolacca acinosa*）、草珊瑚（*Sarcandra glabra*）、五倍子（*Galla chinensis*）等。

油脂植物主要有山茶科植物如小果油茶（*Camellia meiocarpa*）、红花油茶（*C. chekiangoleosa*）等，大戟科植物如三年桐（*Vernicia fordii*）、千年桐（*Aleurites montana*）、乌桕（*Sapium sebiferum*）等。种子含食用油的植物主要有竹柏（*Podocarpus nagi*）、榧（*Torreya grandis*）等。另外还分布有榛（*Corylus heterophylla*）、山核桃（*Carya cathayensis*）、野核桃（*Juglans cathayensis*）等，但分布较少。

观赏植物种类繁多。其中杜鹃花种类尤其丰富，有 20 多个品种。另外还大量生长金鸡菊（*Coreopsis basalis*）、野菊（*Chrysanthemum indicum*）、秋牡丹（*Anemonehupehensis* var. *japonica*）、黄花（*Hemerocallis citrina*）、黄花远志（*Polygala arillata*）、金丝梅（*Hypericum patulum*）、玉兰（*Hypericum patulum*）、木莲（*Manglietia fordiana*）、黄山木兰（*M. cylindrica*）等开花植物，以及竹柏（*Podocarpus nagi*）、红豆杉（*Taxus chinensis*）、

福建柏（*Fokienia hodginsii*）、苏铁（*Cycas revoluta*）、三尖杉（*Cephalotaxus fortunei*）、华东黄杉（*Pseudotsuga gaussenii*）、刺柏（*Juniperus formosana*）、铁杉（*Tsuga chinensis*）、银杏（*Ginkgo biloba*）、虎皮楠（*Daphnipnyllum oldhami*）、厚皮香（*Ternstroemia gymnanthera*）、香果树（*Emmenopterys henryi*）、赤楠（*Syzygium buxifolium*）、大叶楠（*Machilus japonica*）、华幌伞枫（*Heteropanax chinensis*）、黄杨（*Buxus sinica*）等树型健美、叶片奇特的植物。竹类中有观赏价值的品种有黄竹（*Dendrocalamus membramaceus*）、方竹（*Chimonobambusa quadrangularis*）、紫竹（*Phyllostachys nigra*）、斑竹（*P. bambussoides cv.tanakae*）、篌竹（*P. nidularia*）、人面竹（*P. aurea*）、桂竹（*P. bambusoides*）、井冈寒竹（*Gelidocalamus stellatus*）等。

9.2.6 传统知识与特有文化

9.2.6.1 方言的种类（D13）

江西省为汉语区，全省汉语方言主要有赣语、客家话、吴语、徽语和江淮官话、西南官话。

赣语，以南昌话为代表，又称老表话、江右语等。赣语是江西省最主要的方言，被全省 2/3 的人口使用。

客家话，或称客语，在中国南方的客家人和绝大多数畲族人中广泛使用，以梅县话为代表。虽然是一种南方方言，但客家话是在北方移民南下影响中形成的，客家话因而保留了一些中古中原话的特点。在江西省，客家话主要分布江西南部的 17 个县以及西北部的铜鼓县等地。

吴语，或称吴方言，在中国江苏南部、安徽南部、上海和浙江大部分地区使用。典型的吴语以苏州话为代表。其中安徽西南部受赣语影响，浙江南部保留了较多古代百越话特征，以致不能和作为典型吴语的太湖片吴语通话。在江西，吴语主要分布赣东北、上饶、广丰、玉山等地。

徽语主要在安徽南部及赣浙苏部分毗邻地区使用，以前（及现在的部分语言学学者）将其归于吴语。江西的徽语主要分布在婺源、德兴、浮梁等地。

江淮官话、西南官话都属于汉语方言官话。江淮官话分布在南方东部，以扬州话为代表；西南官话分布在南方西部，以成都话为代表。江西的江淮官话主要分布在九江和瑞昌等地，西南官话主要分布在赣州市城区和信丰等地。

9.2.6.2 少数民族数量与人口比例（D14）

江西省是少数民族散居省份。我国的 55 个少数民族，除保安族、赫哲族、塔塔尔族和门巴族在江西没有人口分布外，其他 51 个少数民族在江西均有分布。

根据全国第五次人口普查统计，江西省少数民族人口共计 12.57 万人，占全省总人口的 0.27%。全省各设区市和县级行政区域均有少数民族人口分布，其中：赣州市 58 795 人、吉安市 16 504 人、上饶市 14 123 人、南昌市 9 973 人、九江市 9 597 人、抚州市 4 944

人、鹰潭市 3 367 人、宜春市 3 355 人、萍乡市 1 813 人、景德镇市 1 805 人、新余市 1 441 人。人口数超过 5 000 人的少数民族有 5 个：畲族 77 650 人、回族 9 972 人、蒙古族 9 010 人、苗族 5 414 人、满族 5 075 人（图 9.2）。到第 6 次人口普查，江西省少数民族人口达到 15.24 万人，占总人口的 0.34%，少数民族的绝对人数和人口比重均有增加。

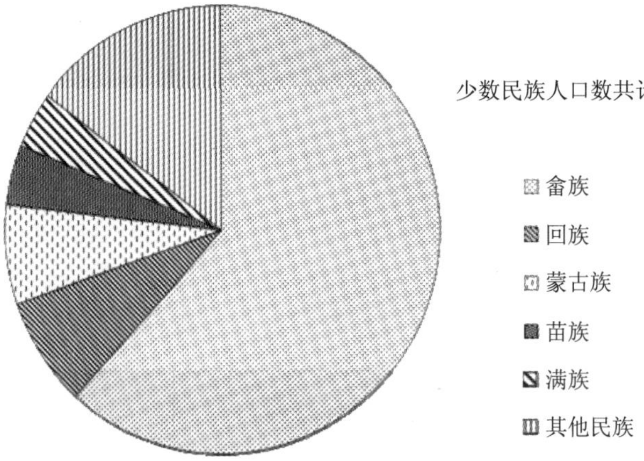

图 9.2 江西省少数民族人口构成

数据来源：第五次全国人口普查统计数据。

9.2.6.3 世界/国家自然遗产或文化遗产数量（D15）

根据《世界遗产名录》公布数据，截至 2010 年 8 月，中国已有世界遗产共 40 处。其中包括江西省的庐山风景名胜区和三清山。庐山风景名胜区于 1996 年 12 月批准成为文化景观类遗产，三清山于 2008 年 7 月批准成为自然遗产。

根据建设部公布的《中国国家自然遗产、国家自然与文化双遗产预备名录》，江西省有国家自然遗产 3 处，分别是：三清山风景名胜区、武功山风景名胜区、鄱阳湖湿地；有国家自然与文化双遗产 3 处，分别是：龙虎山风景名胜区、高岭—瑶里风景名胜区、井冈山风景名胜区。

9.2.7 生物多样性现状变化趋势

生物多样性现状评价包括长期变化评价与近期变化评价。近期变化是指 10 年内的变化情况，长期变化为更长时间段内发生的变化。

江西省生物多样性现状评价中，各指标均选取历史值（其数据集中最早年份的指标值）作为评价参考。通过参数值与历史值的比较，判断指标的变化情况。包含多个参数的指标，其评价方法按照第 7.2 节的规定。

江西省生物多样性现状评价结果如表 9.5 所示。

表 9.5 江西省生物多样性现状“分指标层（D）”指标评价结果表

分指标（D）	长期变化	近期变化（十年内）
景观格局（C1）		
景观要素的多样性（D1）	→（黄）	→（黄）
斑块破碎度指数（D2）	→（黄）	→（黄）
自然要素斑块之间的连通性（D3）	↗（橙）	↗（橙）
生态系统状况（C2）		
自然生态系统覆盖情况（D4）	↗（绿）	↗（绿）
天然林分布面积（D5）	↗（绿）	↗（绿）
重要生态系统/栖息地范围的变化趋势（D6）	↘（橙）	↘（橙）
河流生态系统健康（D7）	—	—
生态系统的产品与服务（C3）		
NPP/*NDVI*（D8）	↗（绿）	↗（绿）
地下水位（D9）	无需评价	无需评价
物种的组成与动态（C4）		
区域物种的丰富度（D10）	—	—
珍稀濒危物种的种群动态（D11）	↘（橙）	↘（橙）
遗传资源状况（C5）		
重要遗传资源的保存与丧失（D12）	—	—
传统知识与特有文化（C6）		
方言的种类（D13）	→（黄）	→（黄）
少数民族数量与人口比例（D14）	—	↗（绿）
世界/国家自然遗产或文化遗产数量（D15）	↗（绿）	↗（绿）

注：表中 ↗（绿） 表示“指标值增大，状况改善”；↘（绿） 表示“指标值降低，状况改善”；→（黄） 表示“总体上没有或几乎没有变化”；↗（橙） 表示“指标值增大，状况恶化”；↘（橙） 表示“指标值降低，状况恶化”；— 表示“缺乏数据或无参比数据”。

9.3 江西省生物多样性面临的威胁评价

9.3.1 氮沉降

氮肥施用情况（D16）

江西省 1990 年氮肥施用实物量约 150.5 万 t（折纯量 46.1 万 t），1995 年增加到 176.3 万 t（折纯量 60 万 t）。2000 年全省氮肥施用量为 150.2 万 t（折纯量 47.5 万 t），比 1995 年减少约 26.1 万 t。2003—2008 年的年氮肥施用实物量 135.4 万～144.1 万 t 之间，折纯量 44.1 万～47.7 万 t，均低于 2000 年氮肥施用水平（图 9.3）。

1990 年以来，江西省单位耕地面积氮肥施用情况见表 9.6。另据研究报道，1995—1999 年间江西全省耕地年平均单位面积施氮量为 273.1～288.9 kg/hm^2（李祖章等，2004）。

数据显示：20 世纪 90 年代后期，江西省年氮肥施用量超过国际上公认的施氮上限（225 kg/hm²），氮肥施用水平较高；2000 年以后江西省氮肥施用水平有所降低，2004—2006 年接近国际施氮上限；2008 年有大幅下降，降为 156.0 kg/hm²，低于国际施氮上限。

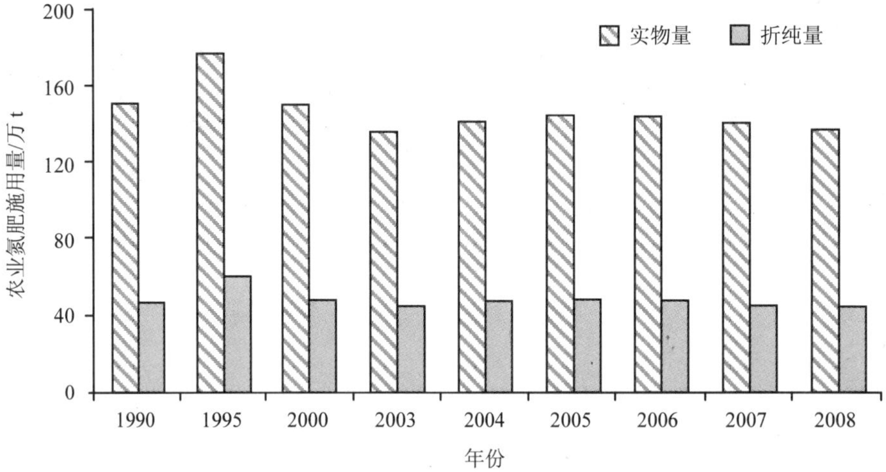

图 9.3 江西省农业氮肥施用量

数据来源：《江西省统计年鉴》（1991 年、1996 年、2001 年、2004 年、2005 年、2006 年、2007 年、2008 年、2009 年）。

表 9.6 1990 年以来江西省单位耕地面积氮肥施用量

年份	农用化肥施用量*（折纯量）/万 t	耕地面积*/10³ hm²	单位面积氮肥施用量（折纯量）/（kg/hm²）
1990	46.1	2 349.6	196.2
1995	60	2 308.7	259.9
2000	47.5	2 253.3	210.8
2003	44.4	2 106.2	210.8
2004	47	2 073.6	226.7
2005	47.7	2 098.1	227.3
2006	47.4	2 126.7	222.9
2007	45.3	2 146.4	210.8
2008	44.1	2 827.2	156.0

注：* 数据来源为《江西省统计年鉴》（1991 年、1996 年、2001 年、2004 年、2005 年、2006 年、2007 年、2008 年、2009 年）。

9.3.2 外来入侵物种

外来入侵物种的发展趋势（D17）

根据江西省环保部门调查数据，截至 2009 年底，江西省有外来入侵物种 97 种，其中外来入侵植物 27 科 64 属 85 种，外来入侵动物 12 种。

入侵植物中以菊科、禾本科、豆科和苋科植物最多，约 50 种，占全部入侵植物种类的 58.9%。来源多为美洲和欧洲，其次为亚洲，非洲最少。从危害性上看，入侵危害性最强的有 22 种，较强的 28 种，较弱的 35 种。但总体上，江西省入侵植物的种类数量和入侵危害程度都有上升趋势（鞠建文等，2011）。

9.3.3 气候变化

9.3.3.1 极端气候事件的发生（D18）

（1）洪涝灾害

江西是全国多暴雨的地区之一，洪涝灾害易发。受灾面积一般为 50 万～60 万 hm^2，占全省耕地面积的 20%～25%；重灾年份受灾面积可达 100 万 hm^2，占耕地面积的 50%以上（黄国勤，2006）。从受灾频率上，赣东北的景德镇市、鹰潭市的洪涝灾害发生频率最高，分别为 46%和 36%；吉安、赣州、上饶 1949—1990 年各县（市）平均受灾年数均为 14 年以上，受灾频率为 34%；萍乡、南昌、宜春 3 市平均受灾年数为 10 年以上，受灾频率 27%～32%；九江、抚州、新余洪涝灾害最轻，受灾年数 6～8 年，受灾频率在 20%以下（黄国勤，2006）。

2010 年 4—6 月，江西省连续发生暴雨、大暴雨，局地特大暴雨，成为全国暴雨中心区，降雨量 1 020 mm，比 1998 年同期增加 175 mm，为有记录以来最高。暴雨范围覆盖赣江、抚河、信江、修水以及鄱阳湖，共计 14 万 km^2，超过 1998 年（9 万 km^2）。全省五大河流、鄱阳湖及长江九江段均发生超警戒洪水，其中赣江、信江发生 50 年一遇特大洪水，抚河发生超 50 年一遇特大洪水。

（2）干旱灾害

江西虽然雨量充沛，但时空分布不均，夏秋季节在副热带高压影响下，盛夏晴热高温、秋季干燥，致使江西易发伏、秋干旱灾害。20 世纪 70 年代、90 年代初和 21 世纪初，中、重度干旱发生频率较高；20 世纪 60 年代初、80 年代初和 90 年代中后期情况相对较好，以轻度干旱为主（王燕，2005）。对比伏旱和秋旱情况，大多数年份中江西省秋旱比伏旱要重。伏旱强度以赣中最大，赣北其次，赣南最小；秋旱以赣北最大，赣中其次，赣南最小（王燕，2005）。

自 2000 年以来，江西省旱灾日趋严重。尤其 2011 年 1 月 1 日—4 月 25 日，全省降水异常偏少，平均降雨量仅 253 mm，为多年平均值（534 mm）的 47%，创历史同期新低，比特大干旱年 1963 年的同期降水还少 12 mm。大部分湖泊水库水位持续低水位，出现严重干涸。鄱阳湖水域面积仅为 2010 年同期的 1/10。

9.3.3.2 冰川的退缩（D19）

江西省处于北回归线附近，全省气候温暖，年平均气温 18℃左右，日照充足，雨量充沛，无霜期长，为亚热带湿润气候，没有冰川分布，故无需进行本指标的评价。

9.3.4 土地退化

9.3.4.1 水土流失面积（D20）

江西省是我国南方水土严重的省份之一。根据1988年与1996年2次水土流失的遥感调查资料，1988年江西全省水土流失面积为4.62万km^2，约占国土面积的27.65%，水土流失总量15 407.70万t；1996年全省水土流失面积为3.52万km^2，约占国土面积的21.10%，水土总流失量为15 033.39万t。对比两次调查结果，从1988—1996年江西省水土流失面积减少1.10万km^2，减幅为23.69%；水土流失总量减少374.31万t，减幅为2.43%。但在水土流失强度的空间分布上看，部分水土流失区的流失强度出现了增加，“强度流失”区域的面积从1988年的85.48万hm^2增加到1996年的114.96万hm^2，增幅为34.48%。

利用RUSLE模型模拟得到的水土流失空间分布显示：江西省中部鄱阳湖盆地区域土壤侵蚀强度总体较低，以微度侵蚀与轻度侵蚀为主；而江西东北部、西北部以及中南部土壤侵蚀较为严重。

水土流失治理方面，据统计数据，从1991年到2007年江西省累计治理水土流失面积4 830万亩，修筑各类水土保持防护工程约24万座（处）。总体而言，江西省水土流失范围迅速扩大的趋势得到有效遏制，但在水土流失总量控制方面防治效果还有待进一步提高。

9.3.4.2 荒漠化与沙化面积（D21）

根据2004年调查数据，沙化土地总面积75 938.7 hm^2，占国土总面积的0.45%，主要分布在长江南岸、鄱阳湖周边和赣、抚、饶、信、修五大河流沿岸，涉及南昌、九江、鹰潭、赣州、宜春、上饶、抚州7个设区市的30个县（市、区）227个乡（镇、场）。按沙化土地类型分类：流动沙地（丘）面积768.4 hm^2，半固定沙地（丘）5 213.3 hm^2，固定沙地（丘）27 217.1 hm^2，沙化耕地面积42 739.9 hm^2。按土地沙化程度分类：轻度沙化土地面积58 187.1 hm^2，中度沙化土地面积11 769.9 hm^2，重度沙化土地面积5 213.3 hm^2，极重度沙化土地面积768.4 hm^2。

江西省沙地（丘）形成原因主要包括3类：①分布在鄱阳湖流域周围的沙化土地主要是长江改道和江河故道泥沙堆积及地质变化引起；②分布在五大河两岸的沙化土地主要是泥沙淤积、河床抬高，以及溃堤后泥沙冲积形成；③分布在赣江源地区的沙化土地主要是植被破坏严重造成水土流失，泥沙堆积（刘晓勇等，2010）。

1999—2004年，江西省沙化土地面积减少了13 954.3 hm^2，其中流动沙地（丘）面积减少635.0 hm^2；半固定沙地（丘）减少3 838.3 hm^2；固定沙地（丘）增加4 162.9 hm^2；沙化耕地面积减少13 643.9 hm^2。通过综合治理，有1个县级监测单位、29个乡级监测单位所有沙化土地均转为非沙化土地单位，23个县级监测单位沙化土地面积有减少，1个县级单位沙化土地面积不变，7个县级单位沙化土地面积稍有增加（刘晓勇等，2010）。

9.3.4.3 石漠化面积（D22）

根据2004年调查数据，石漠化土地总面积194 000 hm^2，占国土总面积的1.15%，主要分布在九江、萍乡、新余、宜春、上饶和吉安6个设区市。

9.3.5 污染

9.3.5.1 重要水体水质（D23）

根据《江西省水资源公报 2009》，2009 年江西省全年Ⅰ类水占 5.3%，Ⅱ类水占61.0%，Ⅲ类水占21.2%，Ⅳ类水占5.3%、Ⅴ类水占2.2%、劣Ⅴ类水占5.0%（图9.4）。全年、汛期、非汛期平均Ⅰ～Ⅲ类水河长比例分别为87.5%、88.4%和84.4%，汛期水质好于非汛期。与2008年相比，水质基本持平。污染河段主要分布于渌水萍乡段、绵江瑞金糖厂段、贡水会昌西河大桥段、贡水赣县梅林渡口段、赣江滨江宾馆段、赣江大桥段、平江兴国红军桥段、平江兴国潋江大桥段、桃江龙南南海塘段、桃江龙南峡江口段、桃江信丰段、敖溪水乐安红卫桥段、东乡水东乡公路桥段、东乡水东乡铁路桥段、信江鹰潭化工厂段、昌江景德镇吕蒙桥段、乐安河石镇街段、寻乌水寻乌医院段、寻乌水斗晏段及定南水定南变电所段20个河段；主要污染物为氨氮和总磷。江西省地表水往年（2005—2008 年）的水质情况见表 9.7。总体而言，江西省地表水水质较稳定，情况良好。

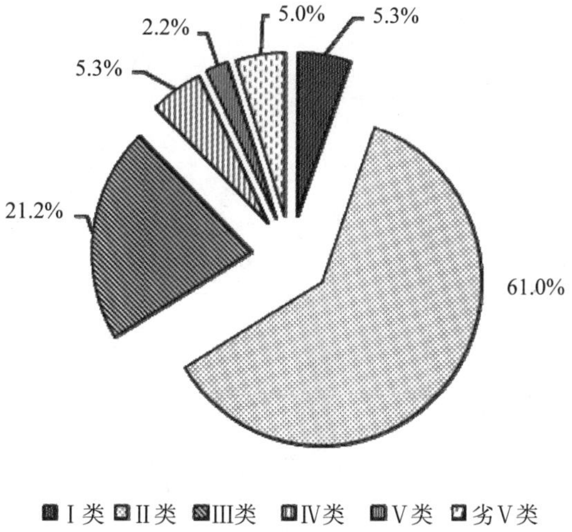

图9.4　2009年江西省主要河流水质状况

数据来源：《江西省水资源公报2009》。

表 9.7 2005—2009 年江西省主要河流水质情况

年份	河流水质总体情况	主要污染物	备注
2009	地表水水质总体良好。全年平均Ⅰ～Ⅲ类水河长比例分别为 87.5%	氨氮、总磷	与 2008 年相比，评价河长增加 38 km，水质基本持平
2008	地表水水质总体良好。9 条主要河流Ⅰ～Ⅲ类水质断面比例为 78.5%。其中：长江九江段、抚河、赣江、修河、袁水水质整体评价为优；萍水河水质整体评价为良好	氨氮、粪大肠菌群	
2007	全省地表水总体水质良好。8 条主要河流Ⅰ～Ⅲ类水质断面比例 77.2%，其中：长江九江段、抚河、信江、修河、饶河水质整体评价为优；赣江、袁水、萍水河水水质整体评价为良好	氨氮、粪大肠菌群	全省 8 条主要河流和湖泊监测断面 113 个
2006	全省地表水总体水质良好。8 条主要河流Ⅰ～Ⅲ类水质断面比例为 76.8%。全省 8 条主要河流中，长江九江段、信江、修水断面水质为优，达标率 100%；抚河、饶河水质为良好；袁河、渌水、赣江水质为轻度污染	氨氮、石油类、总磷、粪大肠菌群	水质与 2005 年相比基本持平
2005	全省地表水总体水质良好。Ⅰ～Ⅲ类水质断面比例为 76.5%，与上年相比基本持平。全省 8 条主要河流中，渌水、袁河、抚河、赣江，水质为轻度污染；长江九江段断面达标率（Ⅰ～Ⅲ类水质）80%，水质良好；信江、修水断面达标率 100%，饶河断面达标率 92.3%，3 条河流水质优	石油类、氨氮、总磷、粪大肠菌群	全省 8 条主要河流共有监测断面 111 个

数据来源：《江西省环境状况公报》（2005 年、2006 年、2007 年、2008 年、2009 年）、《江西省水资源公报》（2005 年、2006 年、2007 年、2008 年、2009 年）。

9.3.5.2 湖泊/水库富营养化（D24）

根据 2005—2009 年鄱阳湖水质监测结果，其中：2005 年鄱阳湖 4 个监测点位（康山、莲湖、都昌和蛤蟆石）的报告为，4 个监测点位的富营养化程度均为中营养，康山、莲湖和都昌水质为Ⅳ类，蛤蟆石断面水质为Ⅴ类，主要污染物为总磷；2007 年，鄱阳湖主要污染物为总磷和总氮，富营养化程度为中营养；2009 年，鄱阳湖水体主要污染物为总磷、氨氮，4—9 月富营养化指标值（*TLI*）为 46，属中营养状态。

江西省 9 个城市湖泊（包括甘棠湖、南昌市象湖、梅湖、青山湖、艾溪湖和九江市赛城湖、八里湖、白水湖、南门湖等）2009 年全年、汛期、非汛期水质情况为：九江市赛城湖水质符合Ⅲ类水，其他 8 座湖泊水质均劣于Ⅲ类水，主要污染物为总磷、氨氮，4—9 月富营养化指标值范围 47～70，属于富营养状态（根据《江西省水资源公报 2009》）。

江西省 3 个大型水库（包括柘林、万安和江口），年末蓄水量为 71.57 亿 m^3，全年、汛期、非汛期水质均优于Ⅲ类水，4—9 月富营养化指标值（*TLI*）为 41～43，属中营养状态（根据《江西省水资源公报 2009》）。

9.3.5.3 单位 GDP 污染物排放（D25）

（1）SO_2 排放

SO_2 排放量数据来源为江西省统计年鉴、江西省环境状况公报等。全年 SO_2 排放量总量计为工业废气 SO_2 排放量与生活及其他 SO_2 排放量之和。单位 GDP 的 SO_2 排放量为全年 SO_2 排放总量除以江西省全年生产总值。

江西省逐年每亿元 GDP 的 SO_2 排放情况如图 9.5 所示。从排放来源上看，工业排放是 SO_2 的主要来源。排放总量方面，2006 年之前排放总量不断增加，并在 2006 年达到最大值，之后排放量逐年下降。出现这种情况的驱动因素主要是：2000—2006 年间江西省工业化进程加快，高污染、高排放的第二产业迅速发展，而第三产业比重下降；但在 2006 年之后，江西省高新技术产业不断成长，环保力度加强，污染物排放在很大程度上得到控制（吴昌南与刘俊仁，2010）。单位 GDP 污染物排放情况方面，江西省自 2003 年以来每亿元 GDP 产生的 SO_2 排放量呈逐渐降低的趋势。

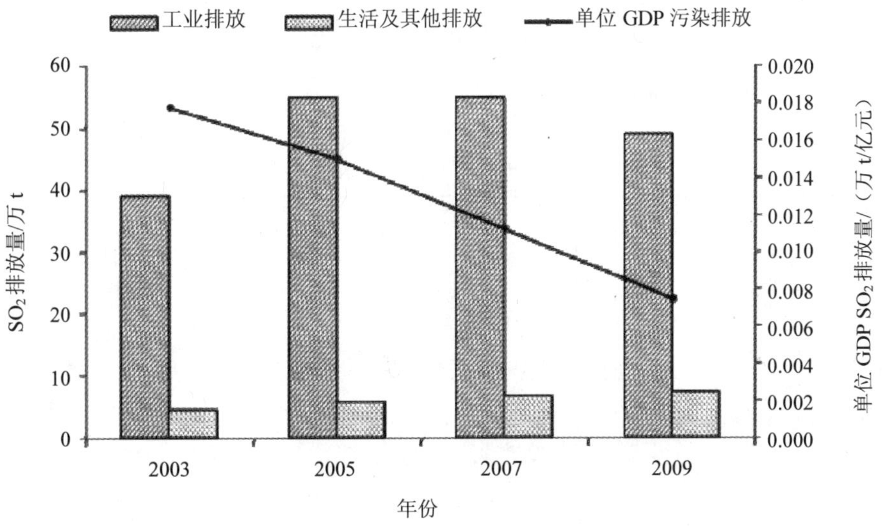

图 9.5　江西省 SO_2 排放情况

（2）COD 排放

COD 排放数据基于江西省统计年鉴、江西省环境状况公报，以及江西省环境监测中心站每季度发布《江西省环境统计季报》。单位 GDP 的 COD 排放量为全年 COD 排放总量除以江西省全年生产总值。

江西省每亿元 GDP COD 排放情况如图 9.6 所示。城镇生活污水是 COD 的最大来源。从单位 GDP 污染物排放情况看，近年来江西省每亿元 GDP 产生的 COD 排放量呈逐渐降低的趋势。

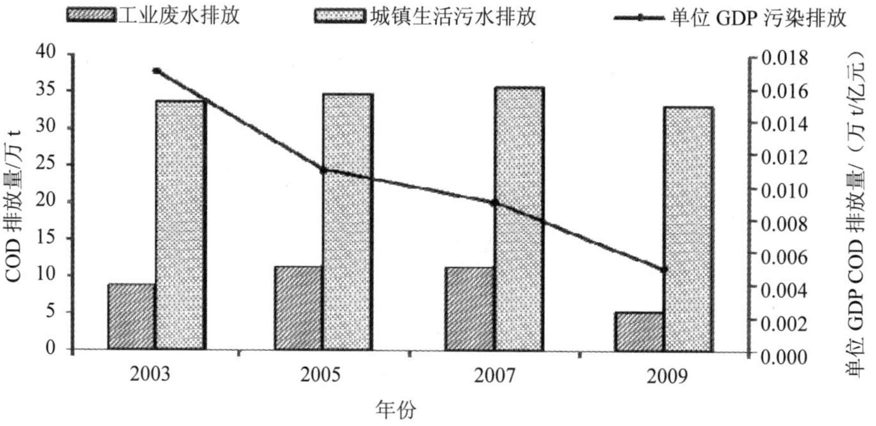

图 9.6 江西省 COD 排放情况

9.3.5.4 酸雨的发生频率（D26）

江西省是我国酸雨污染较严重的区域。南昌市、萍乡市、九江市、鹰潭市、抚州地区、吉安市、赣州市 7 个地市属于国家酸雨控制区范围。

表 9.8 2005—2009 年江西省酸雨发生情况

年份	降水 pH 值	酸雨频率	备注
2009	全省城市降水 pH 年均值为 4.69，11 个设区市降水 pH 年均值都低于 5.6	全省城市酸雨频率为 76.3%，酸雨频率大于 80%的城市有南昌、景德镇、萍乡、鹰潭和抚州，酸雨频率最大的是鹰潭为 93.2%，酸雨发生频率 60%～80%的城市有新余、赣州、宜春、上饶和吉安	
2008	酸雨污染仍较严重。全省城市降水 pH 为 4.73，11 个设区市降水 pH 值均低于 5.6	全省城市酸雨频率为 71.9%	与 2007 年相比，降水酸度和酸雨频率，均略有减弱和下降
2007	酸雨污染较严重。全省城市降水 pH 年均值 4.63。除九江市外，其他 10 个城市降水 pH 年均值均低于 5.6	全省城市酸雨频率为 75.8%，酸雨频率大于 80%的城市有南昌、景德镇、鹰潭、赣州、上饶、吉安，频率最大的城市是上饶，为 96.7%。酸雨频率 60%～80%的城市有萍乡、抚州	相比 2006 年，降雨酸度略有增强，酸雨频率略有下降
2006	酸雨污染较严重。全省城市降水 pH 年均值为 4.73。除九江市外，其他 10 个城市降水 pH 年均值低于 5.6	全省城市酸雨频率为 77.6%，酸雨频率大于 80%的城市有南昌、景德镇、鹰潭、赣州、上饶、吉安和抚州，酸雨频率最大的城市是上饶，为 95.1%；酸雨频率在 60%～80%的城市是萍乡	与 2005 年相比，全省降水酸性强度和酸雨频率略有下降
2005	酸雨污染较严重。全省城市降水 pH 年均值 4.20～5.66。除九江市外，其余 10 个城市降水 pH 年均值都低于 5.6	全省城市酸雨频率在 21.7%～95.2%，酸雨频率大于 80%的城市有南昌、鹰潭、赣州、宜春、上饶、吉安和抚州，酸雨频率最大的是吉安，为 95.2%；酸雨频率在 60%～80%的城市有景德镇和萍乡	与 2004 年相比，全省降水酸性强度和酸雨频率有所上升

数据来源：《江西省环境状况公报》（2005 年、2006 年、2007 年、2008 年、2009 年）。

2002 年 3 月 1 日—2003 年 2 月 28 日的全国酸雨普查中，江西省共进行了 32 个监测点位的监测。其中，南昌市和九江市各设 3 个监测点位，其他设区城市市区及郊区各设 1 个监测点，县级市在城区设 1 个监测点。调查结果显示：江西省 32 个监测点位上都不同程度的出现酸雨现象，全省酸雨主要为煤烟型污染的硫酸性酸雨；全省酸雨频率 58.77%，其中城市城区酸雨频率 59.15%，设区市的郊区酸雨频率 60.39%（王琳、吉蔚群，2004）。江西省 11 个设区市 2005—2009 年的酸雨发生情况见表 9.8，酸雨污染较严重，酸雨发生频率普遍高于 2002—2003 年酸雨普查时的情况。

9.3.6 人口、经济与建设

9.3.6.1 人口密度（D27）

根据江西省人口统计数据，新中国成立初期全省人口约 1 314 万，人口密度仅为 79 人/km^2；至 1978 年为 3 183 万，人口密度 191 人/km^2；2008 年江西省人口总数已达到为 4 400 万，人口密度 263 人/km^2（图 9.7）。1990 年以前的平均人口增长率约 14.8‰，1990—1999 年约为 12.2‰，2001—2008 年约为 7.4‰。总体上，江西省人口总量持续增长，但人口增长速度渐缓。

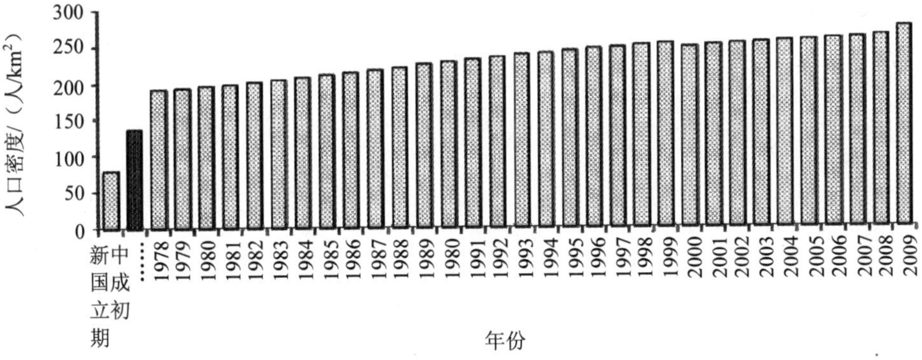

图 9.7 江西省人口密度情况

数据来源：《江西省统计年鉴》（2004 年、2005 年、2006 年、2007 年、2008 年、2009 年、2010 年）。

9.3.6.2 区域 GDP（D28）

江西省经济发展周期约为 10 年，自 1980 年以来江西省共经历 3 个发展周期。第一个周期（1981—1990 年）江西 GDP 从第一个周期开始之前的低谷 111 亿元（1980 年）增加到 429 亿元（1990 年）；第二个周期（1991—2000 年）江西省经济增长加速，到 2000 年 GDP 达到 2 003 亿元，人均 GDP 约 4 828 元/人；第三个周期（2001 年以来）江西省金融调控能力增强，经济发展稳定性提高，经济增长速度进一步加快，在 2006 年江西省人均 GDP 首次超过万元，为 10 764 元/人。至 2009 年江西省 GDP 达到 7 589 亿元，人均 GDP 约 16 523 元（图 9.8）。

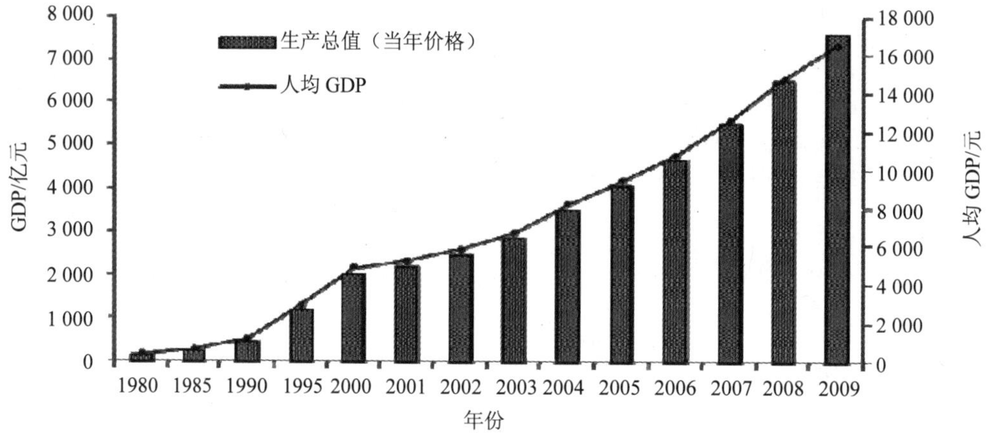

图 9.8 历年江西省 GDP 情况

数据来源：《江西省统计年鉴》。

9.3.6.3 道路密度（D29）

近 10 年来，江西省公路建设发展迅速。2008 年公路通车里程达到 133 847 km，道路网格密度达到 0.80 km/km^2，比 1978 年（30 245 km 里程）增长约 4.4 倍，比 2000 年（60 292 km 里程）增长约 2.2 倍（图 9.9）。

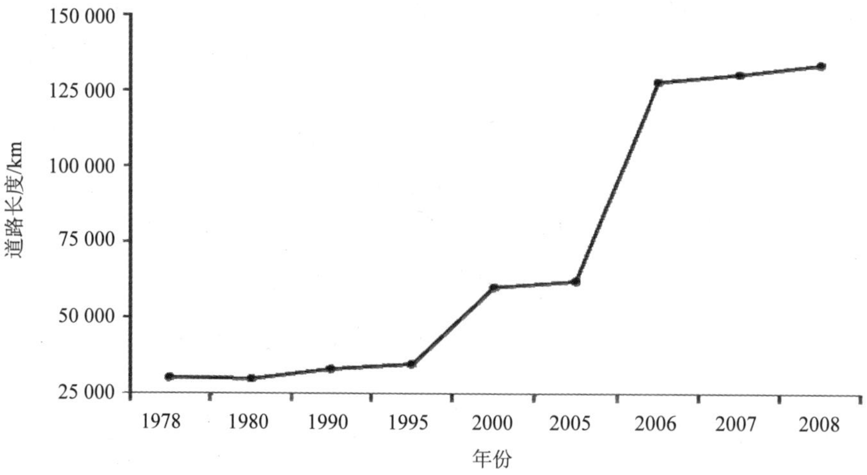

图 9.9 历年江西省公路通车里程数

数据来源：《江西省统计年鉴》（2007 年、2008 年、2009 年）。

9.3.6.4 城市发展规模（D30）

从城市发展的面积规模上看，2008 年江西省城市总面积约 1602.9 km^2，其中：新余市城市面积比例最高，为 5.03%；其次为鹰潭市，为 4.15%；江西省会南昌市的城市面积比例约 2.88%，居于第 4 位（表 9.9）。

从城市人口情况上看，20 世纪 80 年代，江西省城市化较缓慢，到 80 年代末期城市化率仅 20%左右；20 世纪 90 年代，城市化率显著提高，1996 年市镇人口数量首次突破 1 000 万，至 1999 年城市化率增加到 26.79%；2000 年以后，城市化水平继续加快发展，由不到 30%增加到 2008 年的 41.36%（图 9.10）。

表 9.9 江西省 2008 年城市面积占国土面积比例

	城市面积占国土面积比例/%		城市面积占国土面积比例/%
南昌市	2.88	赣州市	0.43
景德镇市	3.98	吉安市	0.86
萍乡市	1.08	宜春市	0.92
九江市	0.67	抚州市	0.43
新余市	5.03	上饶市	0.29
鹰潭市	4.15		

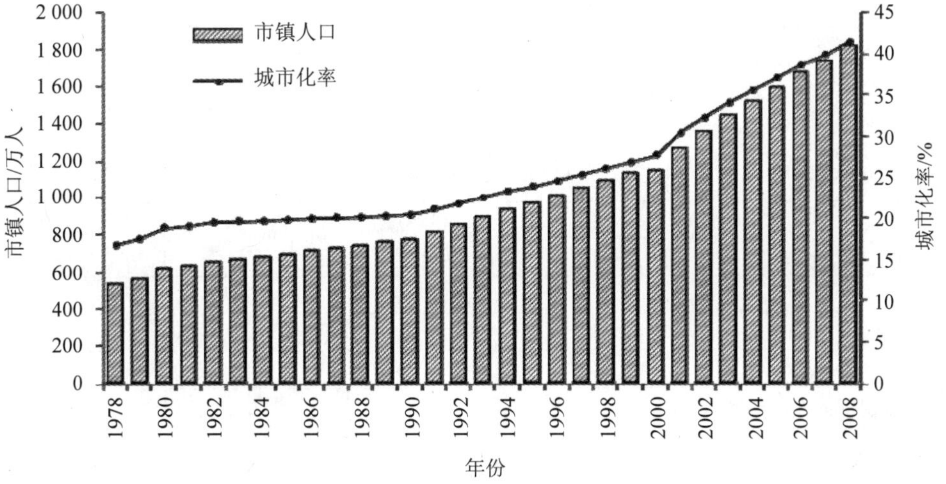

图 9.10 1978—2008 年江西省城市化情况

数据来源：《江西省统计年鉴》(2006 年、2007 年、2008 年、2009 年)。

9.3.7 生物多样性威胁因素变化趋势

生物多样性面临的威胁评价包括长期变化评价与近期变化评价。近期变化是指 10 年内的变化情况，长期变化为更长时间段内发生的变化。

指标评价中，各指标的评价参考设置如表 9.10 所示。以历史值作为评价参考的指标，通过参数值与数据集中最早年份的数据进行比较以判断指标的变化情况。包含多个参数的指标，其评价方法按照第 7.2 节中的规定。

表 9.10 江西生物多样性面临的威胁评价指标的评价参考

指标	评价参考
氮肥施用情况（D16）	国际上公认的施氮上限，225 kg/hm^2
外来入侵物种的发展趋势（D17）	历史值
极端气候事件的发生（D18）	历史值
冰川的退缩（D19）	江西省无需进行本指标的评价
水土流失面积（D20）	历史值
荒漠化与沙化面积（D21）	历史值
石漠化面积（D22）	历史值
重要水体水质（D23）	水质达标情况，根据《地表水环境质量标准》（GB 3838—2002）
湖泊/水库富营养化（D24）	*TLI* 值大于 50 表现为富营养
单位 GDP 污染物排放（D25）	历史值
酸雨的发生频率（D26）	历史值
人口密度（D27）	历史值
区域 GDP（D28）	历史值
道路密度（D29）	历史值
城市发展规模（D30）	历史值

江西省生物多样性面临的威胁评价结果如表 9.11 所示。

表 9.11 江西省生物多样性面临的威胁“分指标层（D）”指标评价结果表

指标	长期变化	近期变化（10 年内）
氮沉降（C7）		
氮肥施用情况（D16）	↘	↘
外来入侵物种（C8）		
外来入侵物种的发展趋势（D17）	↗	↗
气候变化（C9）		
极端气候事件的发生（D18）	↗	↗
冰川的退缩（D19）	无需评价	无需评价
土地退化（C10）		
水土流失面积（D20）	↘	—
荒漠化与沙化面积（D21）	—	↘
石漠化面积（D22）	—	—
污染（C11）		
重要水体水质（D23）	—	→
湖泊/水库富营养化（D24）	—	→
单位 GDP 污染物排放（D25）	—	↘

指标	长期变化	近期变化（10 年内）
酸雨的发生频率（D26）	—	↗
人口、经济与建设（C12）		
人口密度（D27）	↗	↗
区域 GDP（D28）	↗	↗
道路密度（D29）	↗	↗
城市发展规模（D30）	↗	↗

注：表中图标含义同表 9.5。

9.4 江西省生物多样性的保护与响应评价

9.4.1 自然保护区的建设

自然保护区面积占国土面积的比例（D31）

20 世纪 70 年代江西省成立了第一个保护区“东乡野生稻自然保护区”。截至 2009 年底，全省已建立各级自然保护区 178 处，总计保护面积 11 134 km^2。主要包括森林生态、内陆湿地、野生动物和野生植物四种类型自然保护区。森林生态类型数量最多，为 135 处，保护面积 7 414 km^2；内陆湿地类型 13 处，保护面积 845 km^2；野生动物类型 27 处，保护面积 2 848 km^2；野生植物类型 3 处，保护面积 27 km^2。目前全省从事自然保护事业的工作人员约有 600 人。

鄱阳湖和武夷山 2 个保护区被列为“全球环境基金——中国自然保护区管理项目”示范保护区；鄱阳湖保护区同时被列入拉姆萨尔国际重要湿地名录；九连山入选“中国人与生物圈自然保护网”。

表 9.12　江西省自然保护区建设情况

截至年份	保护区总数	保护区总面积	各级保护区建设情况
1990	17	1 830 km^2	
1995	32	2 495 km^2	
2000	118	6 948 km^2	
2005	128	9 020 km^2	国家级 5 处；省级 25 处；市级 1 处；县级 97 处
2006	134	9 260 km^2	国家级 5 处；省级 25 处；市级 1 处；县级 103 处
2007	137	9 850 km^2	国家级 6 处；省级 24 处；市级 2 处；县级 105 处
2008	174	11 010 km^2	国家级 8 处；省级 22 处；市级 2 处；县级 142 处
2009	178	11 134 km^2	国家级 8 处；省级 22 处；市级 2 处；县级 146 处

9.4.2 环保资金投入

环保专项资金的投入（D32）

江西作为森林资源大省，从2001年起被列为全国11个森林生态效益补助资金试点省份，生态公益林建设快速发展。2006年起，江西正式建立省级生态公益林补偿机制，当年补偿资金便达1 000万元，2007年跃增到17 800万元，2008年达到28 038万元，2009年更是达到了38 238万元。按每亩公益林的补偿标准换算：2001—2006年江西省生态公益林补偿标准为每年5元/亩；2007年提高到每年6.5元/亩；2008年为8.5元/亩；2009年为10.5元/亩。对比全国其他省市水平，江西省生态公益林的补偿标准并不算高，仅为广东的1/3，北京、上海的1/5。

为加快生态建设步伐、保护和培育森林资源、保护水源地，江西省实施了“长江暨鄱阳湖流域水资源保护工程”。项目实施范围包括赣江、抚河、信江、饶河、修河源头的瑞金、石城、大余、崇义、广昌、玉山、婺源、浮梁、修水、铜鼓10个县（市）及濒临长江的瑞昌、湖口和彭泽3个县（市）。“十一五”期间，工程累积投入建设资金6.7亿元，其中，自然保护区1 000万元，公益林补偿资金5.7亿元，长江防护林建设0.9亿元。“十二五”规划中，工程列为江西省重大课题进行研究，将涉及县级以上自然保护区44个，省级以上森林公园23个，省级以上风景名胜区7个，县级以上集中式饮用水水源地15个，天然林、生态林和长江防护林3 319.4万亩，累计工程投资预计达57亿元。

根据统计数据，2003—2008年工业污染治理项目投资额累计3.43×10^5万元，其中2004年投资额度比2003年增加超过5倍（图9.11）。

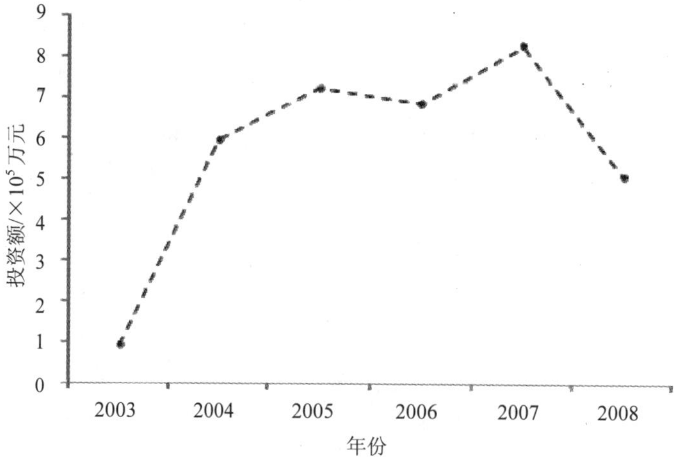

图9.11 2003—2008年江西省工业污染治理项目投资情况

数据来源：2004—2009年《江西省统计年鉴》。

9.4.3 可持续利用

9.4.3.1 退耕还林（草）/退田还湖的面积（D33）

（1）退耕还林

江西省 2001 年被列为国家退耕还林试点省份之一，实施退耕还林。按照江西省制定的退耕还林工程建设目标：至 2010 年，江西省将江河源头及其两侧、湖库周围的陡坡耕地、水土流失和风沙危害严重等生态地位重要区域的坡耕地以及粮食产量低而不稳的坡耕地有计划逐步实行退耕还林，工程建设总规模 1 000 万亩，规划退耕地还林 500 万亩，宜林荒山荒地造林 500 万亩。其中营造生态公益林 800 万亩，占任务量的 80%；经济林 200 万亩，占 20%。建设范围主要布局在水土流失严重、坡耕地较多的低山丘陵区的宁都、永丰、高安、波阳、乐安、修水等 57 个县（市、区）。

2001 年江西省试点建设任务 20 万亩。经县级自查，实际共完成造林面积 20.1 万亩，其中退耕地还林 10.2 万亩，宜林荒山荒地 9.9 万亩，分别占计划任务的 100.4%、101.6% 和 99.2%。2002 年全省退耕还林建设任务为 200 万亩，实际完成合格造林面积 199.5 万亩，基本完成任务。其中退耕地还林 99.7 万亩，含生态林面积 88.4 万亩，占 88.7%，经济林面积 11.3 万亩，占 11.3%；宜林荒山荒地造林 99.8 万亩，含生态林面积 90.8 万亩，占 91.0%，经济林面积 9.0 万亩，占 9.0%。2001—2005 年全省累计完成 290 万亩退耕还林以及 111 万亩宜林荒山荒地造林。

（2）退田还湖

江西省自 1998 年冬开始实施“平圩行洪、退田还湖、移民建镇”工程，对长江、鄱阳湖及其入湖支流河道区域内影响江河湖泊行蓄洪或防洪标准低的圩垸实施“平退”。工程的主要原则：双退圩堤（圩堤内退人又退田，圩垸还原为水域），相应湖口水位 22 m 以下或同河段 20 年一遇洪水位以下的土地退还为水域或滩涂，圩内居住在相应高程以下的居民迁至圩外移民建镇；单退圩堤（圩内土地低水种养、高水还湖蓄洪），圩内居住在相应湖口水位 22 m 以下或者同河段 20 年一遇洪水位以下的居民迁出原居住地移民建镇，为确保平退工程能真正达到提高江河行洪能力和增大鄱阳湖水面和蓄洪量的目的，对已实施移民搬迁的圩垸采取一定的工程措施，以确保双退圩堤得以平毁、单退圩垸在达到进洪水位时能进水分洪。

2002 年 5 月，水利部长江水利委员会审查通过了《江西省平垸行洪、退田还湖工程措施总体实施方案》。实际实施平退圩堤 417 座，其中双退圩堤 180 座、单退圩堤 237 座。通过实施平圩行洪，可恢复长江和鄱阳湖及其支流天然河道面积共 1 181.6 km^2（长江 95 km^2、鄱阳湖 830.3 km^2、鄱阳湖支流 256.3 km^2）。河道面积恢复后，过水断面扩大，洪水下泄通畅，不但可降低本河段的洪水位，还可减小洪水对上游河段的顶托作用。鄱阳湖面积恢复后，高水位时相应增加鄱阳湖蓄洪容积约 45.7 亿 m^3，可降低赣、抚、信、饶、修五河中下游洪水位，减轻沿江沿河及鄱阳湖区的防洪负担及压力。

9.4.3.2 生态公益林面积（D34）

江西省 1999 年进行了第一次森林分类经营区划，并在 2001—2004 年进行了进一步的调整与完善。2001 年全省有 69 个县被列为森林生态效益补助资金试点地区，试点面积 126.6 万 hm^2。根据江西省林业厅公布数据，至 2007 年全省已区划公益林经营区面积 478 万 hm^2，占林业用地面积的 44.98%。其中，已纳入国家重点公益林补偿面积 204.2 万 hm^2，占区划面积的 39.72%，已纳入地方公益林补偿面积 133.3 万 hm^2（2006 年实施 66.67 万 hm^2，2007 年实施 66.67 万 hm^2），占区划面积的 25.94%。

为进一步加强对生态公益林的保护与管理，江西省于 2009 年审议通过了《江西省生态公益林管理办法》，确定了“政府主导、社会参与、统一规划、分步实施、依法保护、严格管理、分类补偿和分级负责”的管理原则。提出将①赣江、抚河、信江、饶河、修河源头和上游沿岸；②东江源头和上游沿岸；③长江九江段沿岸；④鄱阳湖、仙女湖、柘林湖等重要湖泊和中型以上水库周围；⑤自然保护区、世界自然遗产地、名胜古迹和革命纪念地、国家级和省级风景名胜区、国家级和省级森林公园；⑥水土流失严重地区；⑦其他应当优先列入省级生态公益林的防护林和特种用途林的森林、林地优先列入省级生态公益林。

9.4.3.3 基本农田面积（D35）

根据《江西省基本农田保护办法》（1996）规定，全省基本农田保护区总面积不得少于经核定的全省耕地总面积的 80%。如：①国务院有关主管部门、省人民政府农业主管部门和县级以上人民政府批准确定的粮、棉、油和名、特、优、新农产品生产基地；②高产、稳产农田；③县级以上人民政府所在地城镇和大型工矿区所在地的蔬菜生产基地；④农业科研、教学试验田；⑤其他有良好水利设施和水土保持设施的耕地；⑥经过治理、改造或者可以治理、改造的中、低产田等耕地应划入基本农田保护区。且基本农田保护最小单元应为 10 亩以上并集中连片。

《江西省土地利用总体规划（1997—2010 年）》确定全省规划期内基本农田保护面积为 2 546 542 hm^2，保护率为 85.07%。至 2005 年末，全省实际保有基本农田 2 554 158 hm^2，比规划确定的面积多 7 616 hm^2，保护率达到 85.32%。为协调新的发展阶段土地利用关系，依据《全国土地利用总体规划纲要（2006—2020 年）》，江西省新近制定了《江西省土地利用总体规划（2006—2020 年）》，提出要严格落实基本农田保护制度，加大基本农田建设力度，强化对基本农田建设占用的监督管理，在规划期内确保 2 427 333 hm^2 基本农田保护面积不减少、质量不降低。

9.4.4 生物多样性保护与响应发展趋势

生物多样性保护与响应评价包括长期变化评价与近期变化评价。近期变化是指 10 年内的变化情况，长期变化为更长时间段内发生的变化。

指标评价中：①指标“基本农田面积（D35）”的评价参考根据《江西省土地利用总

体规划（2006—2020 年）》设定的目标，设定为 2 427 333 hm^2。基本农田面积若低于该设定值，则指标状态为“红灯”。②其他 4 项指标以历史值作为评价参考，通过参数值与其所能获得的最早年份的数值进行比较，判断指标的状态变化。

江西省生物多样性保护与响应评价的结果如表 9.13 所示。

表 9.13　江西省生物多样性保护与响应“分指标层（D）”指标评价结果表

指标	长期变化	近期变化（10 年内）
自然保护区的建设（C13）		
自然保护区面积占国土面积的比例（D31）	↗	↗
环保资金投入（C14）		
环保专项资金的投入（D32）	—	↗
可持续利用（C15）		
退耕还林（草）/退田还湖的面积（D33）	—	↗
生态公益林面积（D34）	—	↗
基本农田面积（D35）	—	↗

注：表中图标含义同表 9.5。

9.5 综合评价

9.5.1 评价结果图

江西省生物多样性综合评价结果如图 9.12 所示。

长期变化情况：受数据可获得性的限制，大部分指标的长期变化趋势未能评估。江西省生物多样性现状与响应方面的长期趋势尚不明了。而在威胁方面，不利因素有加强趋势。

近期（10 年内）变化情况：总体上，江西省保护力度与响应能力有所提高，生物多样性现状出现良性发展，但威胁仍然存在且有恶化，一些不利因素尚未得到有效控制。

9.5.2 结果分析

江西省陆地生态系统类型丰富，代表性的植被类型为亚热带常绿阔叶林、常绿与落叶阔叶混合林、针叶林、针阔叶混合林和落叶阔叶林。全省植被覆盖率较高，森林、灌丛、草地、湿地等生态系统分布面积约占全省总面积的 68.2%。植被生长情况良好，生产力近年来呈上升趋势。物种多样，种子植物约有 4 666 种，脊椎动物 600 余种。其中具有经济价值的种质资源也十分丰富，尤其是水稻、中药材等品种丰富。

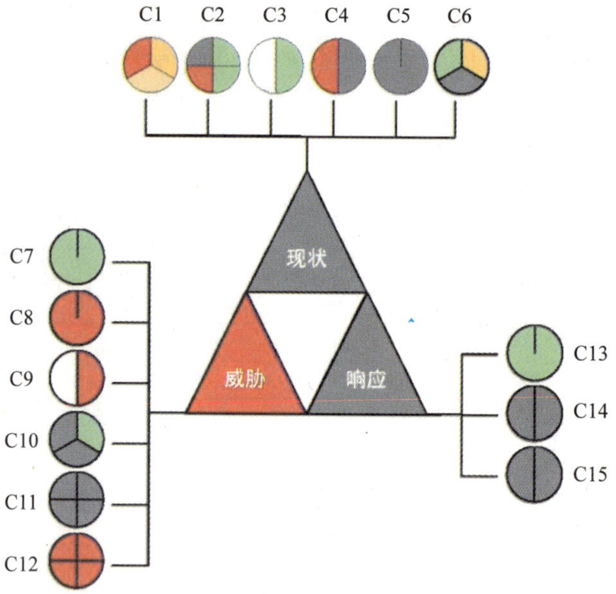

（a）长期变化情况

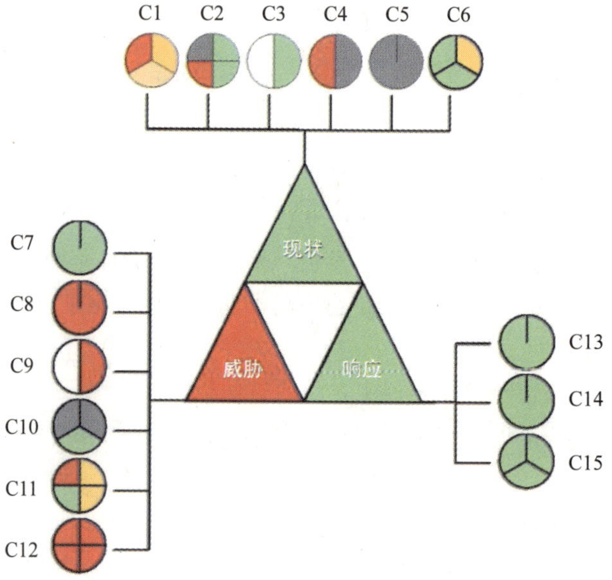

（b）近期变化情况

注："指标层（C）"指标分别为，C1：景观格局；C2：生态系统状况；C3：生态系统的产品与服务；C4：物种的组成与动态；C5：遗传资源状况；C6：传统知识与特有文化；C7：氮沉降；C8：外来入侵物种；C9：气候变化；C10：土地退化；C11：污染；C12：人口、经济与建设；C13：自然保护区的建设；C14：环保资金投入；C15：可持续利用。

图 9.12 江西省生物多样性综合评价结果图

全省森林覆盖率高，超过 60%，居全国第 2 位。但在历史上，江西省的天然植被曾因为砍伐而大量减少，1974—1975 年森林覆盖率仅为 36.6%。此后，经过三四十年的保护与抚育，江西省森林植被不断恢复。从 2001 年起，江西省实施了退耕还林工程，退耕还林目标 1 000 万亩，其中规划退耕还林 500 万亩，宜林荒山荒地造林 500 万亩。建设范围主要布局在水土流失严重、坡耕地较多的低山丘陵区，如宁都、永丰、高安、波阳、乐安、修水等 57 个县（市、区）。2001—2005 年实际完成 290 万亩退耕还林以及 111 万亩宜林荒山荒地造林。目前，全省森林恢复良好，覆盖面积逐年增加。但由于针叶林面积比例大，以马尾松林、杉木林为主，群落结构较简单。

江西省境内水系发达、水资源丰富，但由于人类的开发利用，内陆淡水生态系统受到强烈干扰。江西流域面积在 10 km^2 以上的河流约 3 745 条，全省河流总程度 2.04 万 km，多年平均水资源总量约 1 422 亿 m^3。全省水电开发强度大，截至 2008 年全省共建各类水库 9 800 座，每百千米河流上水库大坝数量约 48 座，分布十分密集。其中部分建于 20 世纪 50～70 年代的水库，由于年久失修，灌溉防洪能力下降，不仅影响了河道的通畅，还产生了严重的安全隐患。而筹建中的鄱阳湖水利枢纽工程是否会对江豚的栖息地造成破坏，引起其种群进一步衰减，还尚无定论。

江西湖泊数量多、分布面积广，但由于 20 世纪 50 年代后期经历大面积围垦湖泊、与河争地，加快了湖泊沼泽化的进程，湖泊面积不断缩小，甚至消失，水体功能受到极大破坏，水生动植物资源衰退，生态恶化。为缓和与湖争地导致的水患问题，江西省自 1998 年冬开始实施“平圩行洪、退田还湖、移民建镇”工程，对长江、鄱阳湖及其入湖支流河道区域内影响江河湖泊行蓄洪或防洪标准低的圩垸实施“平退”。通过实施平圩行洪，可恢复长江和鄱阳湖及其支流天然河道面积共 1 181.6 km^2，其中长江 95 km^2、鄱阳湖 830.3 km^2、鄱阳湖支流 256.3 km^2。然而在气候变化与人类干扰的双重影响下，湖泊的存在状况仍不容乐观。以鄱阳湖为例，2000 年以来，该湖低水位持续时间长、干涸严重、湿地面积锐减，造成湿地生态功能下降，栖息的鱼类、鸟类受到严重影响。另外由于环湖地区经济加速发展，工业与生活污染物排放增加、人居建设和道路交通发展，对湖区环境质量和生境完整性形成较大压力。

近年来江西省工业化进程加快、农产品产量提高、城市人口增加、经济不断发展，但伴随而来的环境污染问题不容忽视。江西属于我国酸雨污染较严重的省份之一，全省城市酸雨发生频率高，2009 年酸雨频率为 76.3%。全省农业氮肥施用普遍、施用量大，长期以来氮肥使用量超过国际上公认的施氮上限。水土流失情况较为严重，流失总量控制的效果还有待提高。外来入侵物种约 97 种，且近年来入侵物种的种类数量和危害程度都呈上升趋势。因此，采取控制措施减少生物多样性受到的压力与威胁，将是江西省改善生态环境、保护生物多样性的重要工作方面。

9.5.3 优缺点总结

9.5.3.1 现状方面

（1）优点

- 生态系统类型丰富，景观格局总体较为稳定，自然植被覆盖情况较好；
- 森林覆盖率高，居全国第 2 位；
- 水系发达，水资源丰富；
- 鸟类种类丰富，尤其是水禽、涉禽；
- 水稻种植历史悠久，品种类型多，是野生稻的分布区之一。

（2）存在的问题

- 水库大坝数量多，分布密集，对河流的生态功能以及库区环境造成影响；
- 鄱阳湖低水位严重，水质恶化，水体生态综合功能减退；
- 部分珍稀濒危物种种群数量减少的趋势仍未得到有效控制，如长江江豚、华南虎等；
- 物种种群及遗传资源开发利用的长期监测缺乏，生物资源变化情况不明了。从 2008 年起江西省组织队伍对省内的极小种群野生植物（12 种）以及极度濒危野生动物（14 种）野外分布情况进行实地调查，调查数据有待获取。

9.5.3.2 威胁方面

（1）优点

- 沙化土地面积减少；
- 地表水水质较稳定，总体情况良好；
- 污染物排放在一定程度上得到控制，单位 GDP 污染物（SO_2 与 COD）排放量近年来持续降低；

（2）存在的问题

- 氮肥施用量较高，长期以来超过国际上公认的施氮上限；
- 外来入侵物种数量与危害程度均呈上升趋势；
- 近年来极端气候事件引发的自然灾害发生频繁、影响严重；
- 水土流失范围迅速扩大的趋势得到遏制，但水土流失总量控制方面还有待改善；
- 酸雨污染严重，全省酸雨主要为煤烟型污染的硫酸性酸雨；
- 人口增长、经济发展与建设用地扩增等因素带来的压力增大。

9.5.3.3 响应方面

（1）优点

- 自然保护区数量与面积持续增加；
- 退耕还林以及生态公益林建设有效开展，森林覆盖率得到提高；

- 实施退田还湖，有利于恢复长江和鄱阳湖及其支流的天然河道；
- 生态建设力度加大，实施长江暨鄱阳湖流域水资源保护工程，提高全省生态保护水平。

（2）存在的问题

- 自然保护区的保护能力需要进一步提高，国家级、省级自然保护区的数量比例较低。

第 10 章　滇西北生物多样性示范评价

10.1 滇西北概况

（1）地理位置

滇西北位于云南省西北部，北纬 24°38′～29°15′，东经 98°05′～101°16′，地处青藏高原至云贵高原的过渡地带。面积 79 764 km^2，占云南省国土面积的 20.2%。区域北面与西藏、四川相连，西面与缅甸接壤，国境线长 601 km。

（2）地质地貌

云南省处于欧亚板块和印度板块的接合部，地质构造复杂，褶皱断裂密布、强烈。新构造运动活跃，地震频繁，地层破碎，滑坡、泥石流易发。区域地层从元古界到第四纪均有出露。下元古界的变质岩系呈巨大的变质岩带分布于高黎贡山、苍山和哀牢山等地。上元古界的变质岩系，古生界以海相地层为主，层序完整，中生界以陆相碎屑岩为主。新生界也以陆相碎屑岩为主，分布零散，其中新第三纪沉积仅限于山间盆地，第四纪沉积成因多变，有冲积、洪积、湖积、冰碛、残坡积和泥石流堆积物等，均为松散堆积体。

云南省是高原山地省区，全省山地面积占总面积的 94%，河谷盆地仅占 6%。地势西北高，东南低。滇西北区域属于喜马拉雅山系东部的横断山脉纵向岭谷区，地处青藏高原至云贵高原的过渡地带，北接青藏高原，东南与云贵高原相连，境内高山耸立，峡谷纵横，自西向东排列着担当力卡山、独龙江、高黎贡山、怒江、怒山、澜沧江、云岭、金沙江，高山大河平行排列。从怒江、澜沧江至金沙江，东西排列的最近距离约 66 km。区内海拔 4 000 m 以上的山峰 100 余座。冰川和冰蚀湖广泛发育。受青藏高原抬升和众多河流切割影响，纵向岭谷相间分布，山高谷深，海拔最高为梅里雪山的卡瓦格博峰（6 740 m），最低为隆阳区境内怒江河谷（648 m），高差将近 6 100 m，形成气势极为险峻的山川并列、高山峡谷相间的地貌类型。

（3）气候

滇西北地区处于青藏高原、东亚季风区与南亚-中南半岛热带季风区的接合部，每年西风环流和西南季风进退和更替。年均温 10～15℃，最高温 30～37℃，最低温－4～－12℃，年平均降雨量 1 185～1 439 mm，年均相对湿度 76%～82%。

滇西北的北部和西北部属于温带和寒温带季风气候区。由于地形垂直高差巨大，立体气候十分明显。雨季主要发生在 5—10 月，降雨量能达到全年降雨总量的 62%～94%。降雨北多南少，且由于地形引起的焚风效应，自西向东降雨逐渐减少。滇西北中南部属于典型高原气候季风区。四季温差小，干湿季分明，水热条件垂直差异明显，小区气候复杂。降雨从西南向东北逐渐减少，在较高山地迎风坡形成多雨区，在河谷、坝子形成少雨区，6—10 月降雨量占全年降雨总量的 95%左右。

（4）土壤

云南省土壤类型丰富多样，地带性土壤以砖红壤、红壤系列的土类为主，占全省土壤面积的 56.4%，故云南有“红土高原”之称。土壤垂直分布明显，水平地带与垂直地带交错分布的现象突出。大部分土壤的光、热、水条件配合较好。在干热河谷和高寒山区，由于光、热、水等因子配合不协调，常成为发挥土壤潜力的制约因素。滇西北则以淋溶土为主，主要包括棕色针叶林土、棕壤、黄棕壤和黄褐土等，其次是铁铝土，主要以砖红壤为主，另外，初育土和高山土也占有一定比例。

（5）生物多样性

①自然植被

滇西北是北半球生态系统最具代表性的地区之一，有 10 个植被型，23 个植被亚型，90 余个群系（杨家伟，2002）。植被从河谷到山顶依次为：干热河谷稀树灌草丛、河谷山地亚热带常绿阔叶林、山地暖温带和温带针阔叶混交林、亚高山寒带暗针叶林、高山寒带灌丛草甸、高山流石滩和冰缘植物。

河谷山地亚热带常绿阔叶林带分布在海拔 2 500 m 以下的河谷和半山地带，植被类型以山地亚热带常绿阔叶林壳斗科、樟科、木兰科、五加科等林木为主。

山地暖温带和温带针阔叶混交林带分布在海拔 2 500～3 500 m，植物以云南松（*Pinus yunnanensis*）、高山松（*P. densata*）、铁杉（*Tsuga chinensis*）、云杉（*Picea asperata*）、高山栎（*Quercus semecarpifolia*）等为主。

亚高山寒带暗针叶林带分布于海拔约 3 500～4 200 m，植被类型以冷杉（*Abies*）、云杉（*Picea*）、红杉（*Larix*）等暗针叶林为主，林下分布有毛萼杜鹃（*Rhododendron bainbridgeanum*）、杂色杜鹃（*R. eclecteum*）和次生林桦（*Betula*）、杨（*Populus*）等。

高山寒带灌丛草甸带分布于海拔约 4 200～4 700 m，常见木本植物种类有雪层杜鹃（*R. nivale*）、高山小叶杜鹃（*R. lapponicum*）、圆柏（*Sabina chinensis*）、金露梅（*Potentilla fruticosa*）等匍匐状灌丛，优势种为珠芽蓼（*Polygonum viviparum*）、圆穗蓼（*P. macrophyllum*）、小大黄（*Rheum pumilum*）、雪山黄芪（*Astragalus balfourianus*）、蒿草（*Kobresia myosuroides*）、报春花（*Primula malacoides*）、虎耳草（*Saxifraga stolonifera*）、委陵菜（*Potentilla chinensis*）等草本植物。

高山寒漠风化带位于海拔 4 700 m 以上。带内部分地段土壤瘠薄，乱石分布，大部分地段终年积雪。植物种类少，仅零散地生长绿绒蒿（*Meconopsis*）、云南长茎黄芪（*Astragalus yunnanensis*）、毛头雪莲花（*Saussurea involucrata*）等。

②植物资源

滇西北植物物种极其丰富，记录有高等植物（苔藓、蕨类和种子植物）10 198 种（含种下等级），其种类占云南高等植物种总数（18 322 种，含种下等级）的 55.7%。滇西北是世界著名的模式标本产地，植物模式标本产于本区的逾 1 000 种，如秃杉（*Taiwania flousians*）、云南黄果冷杉（*Abies ernestii* var. *salouenensis*）、怒江冷杉（*A. nukiangensis*）、贡山三尖杉（*Cephalotaxus lanceolata*）、贡山木莲（*Manglietia kungshanensis*）、长叶柄当归（*Angelica longipedicellata*）、丽江槭（*Acer forrestii*）、丽江凤毛蕨（*Saussara likiangensis*）等。

滇西北植物物种特有现象十分明显。记录有中国特有种 5 007 种、横断山区特有种 2 988 种、云南特有种 1 933 种、滇西北区域狭域特有种 910 种（含种下等级）。包含中国特有属 72 个，如翅茎草属（*Pterygiella*）、伞花树属（*Eurycorymbus*）、台湾杉属（*Taiwania*）、香果树属（*Emmenopterys*）、通脱木属（*Tetrapanax*）等，约占中国特有属总数的 28.0%。其中地区狭域特有属 12 个，占中国特有属总数的 16.2%。

滇西北分布有 51 种国家珍稀濒危保护植物，如国家一级保护植物桫椤（*Alsophila spinulosa*）和秃杉，国家二级保护植物金铁锁（*Psammosilene tunicoides*）、澜沧黄杉（*Pseudotsuga forrestii*）、贡山三尖杉、长蕊木兰（*lcimandra cathcartii*）、水青树（*Tetracentron sinense*）等 21 种；国家三级保护植物短柄乌头（*Aconitum brachypodum*）、丽江铁杉（*Tsuga forrestii*）、贡山厚朴（*Magnolia rostrata*）、领春木（*Euptelea pleiosperma*）等 28 种。另外还分布有省一级保护植物 1 种，云南素心兰（*Lymbidium lianpan* var. *susin*）；省二级保护植物 10 种，如云南红豆杉（*Taxus yunnanensis*）、高河菜（*Megarpaea delavayi*）等；省三级保护植物 28 种，如贡山木莲等。

③动物资源

滇西北动物物种非常丰富。记录有脊椎动物 1 017 种，占云南种数的 52.1%、中国物种数的 24.3%。包括 184 种哺乳动物、580 种鸟类、65 种爬行动物、49 种两栖动物和 139 种鱼类，分别占云南省相应类群的 60.3%、68.4%、40.1%、42.6%和 26.6%。滇西北是全球众多动物种和亚种的唯一分布区或模式标本产地，如贡山麂（*Muntiacus gongshanensis*）、灰头斑翅鹛（*Actinodura souliei*）和中甸叶须鱼（*Ptychobarbus chungtienensis*）等。

滇西北是物种起源中心和孑遗物种的集中分布地，分布有中国特有动物 187 种、云南特有动物 81 种，特有种数占滇西北脊椎动物种数的 18.9%。特有种中具有代表性的如滇金丝猴（*Rhinopithecus bieti*）、小熊猫（*Ailurus fulgens*）、斑尾榛鸡（*Tetrastes sewerzowi*）、绿尾虹雉（*Lophophorus ihuysii*）等。分布有国家一级重点保护野生动物 32 种、国家二级保护动物 84 种，国家级重点保护野生动物种数约占全国的 31%；另外有《濒危野生动植物种国际贸易公约》（CITES）附录Ⅰ物种 29 种、附录Ⅱ物种 65 种。

滇西北地区的昆虫种类也十分丰富，约有 20 目 182 科 2 841 种（杨大荣，1992）。昆虫区系成分具有显著的热带北缘及亚热带色彩，以东洋区、古北区为主。代表种类有：土垅大白蚁（*Macrotermes annandalei*）、黑额叶白蚁（*Lobitermes nigrifrons*）、云南古蚖（*Eosentomon yunnanicum*）、格彩臂金龟（*Cheirotonus gestroi*）、六星虎甲（*Cicindela sexpunctata*）、肾心夜蛾（*Perigea leucospila*）、双尾褐凤蝶（*Bhutanitis mansfieldi*）、褐凤蝶（*B. lidnerdalei*）、红蜻蜓（*Crocothemis servilia*）等。特有代表种有：蔡氏树白蚁（*Glyptotermes tsaii*）、拟宽额贡寄蝇（*Goniophthalmus frontinoides*）、拟熊蜂茸毛寄蝇（*Servillia bombidiforma*）、福贡食植瓢虫（*Epilachna fugongensis*）、云南异溪蛉（*Heterosmylus yunnanus*）、云南皱皮叶甲（*Dermorhytis yunnanensis*）、云龙蝠蛾（*Hepialus yunlongensis*）、德钦蝠蛾（*H. deqinensis*）、多斑长颈蜂（*Xiphydria plurimaculata*）等。

（6）社会经济

滇西北地区包括云南省迪庆州的德钦、香格里拉、维西县，怒江州的贡山、福贡、泸水、兰坪县，大理州的大理市、宾川、剑川、鹤庆、洱源和云龙县，丽江市的古城区、宁蒗和玉龙县，保山市的隆阳区和腾冲县，共 5 州（市）18 县（市、区）。

表 10.1 滇西北行政区划

地级市名	序号	县（区）名	地级市名	序号	县（区）名
保山市	1	隆阳区	迪庆州	10	香格里拉
	2	腾冲		11	德钦
丽江市	3	古城区		12	维西
	4	宁蒗	大理州	13	大理市
	5	玉龙		14	宾川
怒江州	6	贡山		15	剑川
	7	福贡		16	鹤庆
	8	泸水		17	洱源
	9	兰坪		18	云龙

滇西北经济社会发展总体上较为滞后，生产力水平较低，生产生活方式比较落后，是云南最贫困的少数民族聚集地区之一。18 个县（市、区）中有 12 个贫困县。区域内经济社会发展不平衡，少数坝区、河谷地带较高的农业生产水平与广大山区普遍落后的生产方式并存，规模有限的现代工业与大量初级经济活动并存，少数相对发达的城镇与广大落后的乡村并存。该区域的贫困不仅表现在经济收入低下和粮食自给不足，同时还表现在社会发展方面严重滞后。

滇西北处于中原文化、藏文化与南亚-东南亚文化交汇的边缘地区和过渡地带。不同民族文化之间的交流与融合，造就了交融互动的多文化格局。滇西北区域各民族之间经济、社会及文化发展的差异较大，宗教信仰各异，是中国乃至世界民族文化多样性最为富集、历史文化遗产极为丰厚的地区之一。

10.2 滇西北生物多样性的现状评价

10.2.1 景观格局

10.2.1.1 景观要素的多样性（D1）

基于 1995 年和 2000 年 2 个时段的遥感影像解译结果，滇西北地区景观斑块类型主要划分为针叶林、阔叶林、灌木林、草地、水体、裸岩石砾地、城乡居民用地、水田和旱地共九类。分析结果显示，1995—2000 年的 5 年间，滇西北景观多样性指数、景观均匀度指数没有明显变化，景观格局较为稳定。

表 10.2 滇西北生态系统类型斑块所占面积比例

生态系统类型	斑块所占比例（P_i，100%）	
	1995 年	2000 年
针叶林	33.77	33.30
阔叶林	14.76	14.74
灌木林	13.43	12.99
草地	24.50	25.37
水体	0.82	0.86
裸岩石砾地	2.55	2.11
城乡居民用地	0.38	0.41
水田	3.13	3.42
旱地	6.66	6.81
景观多样性指数（H'）	1.706	1.705
景观均匀度指数（E'）	0.877	0.876

10.2.1.2 斑块破碎度指数（D2）

基于 1995 年和 2000 年 2 个时段的遥感影像解译结果，滇西北地区区域斑块破碎情况见表 10.3。

表 10.3 滇西北斑块破碎度情况

	1995 年	2000 年
分析面积/km^2	77 010	77 010
最小斑块面积/km^2	0.01	0.01
N_C	7 701 000	7 701 000
N_P	25 323	26 220
F	0.003 29	0.003 40

10.2.1.3 自然要素斑块之间的连通性（D3）

滇西北高山峡谷众多，水量丰富，集中了长江、澜沧江、怒江、伊洛瓦底江 4 个水系，河流窄深、落差大、水流湍急，是我国河流湿地分布最集中的地区。滇西北各区县河网密度情况如表 10.4 所示，全区平均河网密度为 505.69 m/km^2，其中福贡县河网密度最高，达 631.59 m/km^2。

表 10.4 滇西北各区县河网密度

地级市名	县（区）名	河网密度/（m/km²）	地级市名	县（区）名	河网密度/（m/km²）
保山市	隆阳区	555.60	迪庆州	香格里拉	392.90
	腾冲	593.61		德钦	406.05
丽江市	古城区	434.23		维西	577.53
	宁蒗	458.94	大理州	大理市	504.81
	玉龙	402.08		宾川	583.68
怒江州	贡山	546.16		剑川	498.51
	福贡	631.59		鹤庆	457.36
	泸水	564.37		洱源	430.18
	兰坪	516.88		云龙	547.88

10.2.2 生态系统状况

10.2.2.1 自然生态系统覆盖情况（D4）

滇西北的草地主要分布在丽江、香格里拉、德钦海拔 3 000～4 500 m 的亚高山和高山地段，为云南省的主要牧区。近年来，滇西北地区的草场出现了严重退化，产草量逐年下降，尤其是高山草甸和灌丛草甸生物量衰退明显（史鸿飞，2004）。

滇西北境内湖泊、湿地也较多，是云南省湖泊的主要分布区，主要湖泊有洱海、程海、泸沽湖、碧塔海、纳帕海、拉市海等。其中，碧塔海、纳帕海和拉市海被列入《国际重要湿地名录》。

滇西北地区的森林覆盖情况较好。1998 年，滇西北林地面积 4.28 万 km²，其中有林地面积 2.52 万 km²，疏林地 1 066 km²，灌木林 1.01 万 km²，森林覆盖率 54.34%，比 1992 年同比增加 1.8 个百分点（王卫斌，2003a & 2003b）。林地资源的空间分布上，有林地主要分布在迪庆州、怒江州和丽江地区，其中香格里拉县人均有林地面积最高（王卫斌，2003a）。自 1998—1999 年天然林保护工程试点并于 2000 年正式实施以来，滇西北保护天然林 5.01 万 km²，其中，重点生态公益林保护面积约 3.97 km²。2008 年云南省提出将进一步加强滇西北的生物多样性保护能力，到 2012 年使森林覆盖率达到 60%。

10.2.2.2 天然林分布情况（D5）

滇西北是云南省主要的天然林区，森林资源十分丰富。但由于本次调查过程中对地区林业数据的收集不尽完善，因此滇西北地区天然林分布情况未能进行详细评估。但从云南省全省情况看，1998 年云南省有林地面积 12.87 万 km²，其中天然林面积 11.05 万 km²，占全省有林地面积的 85.9%，人工林 1.82 万 km²，占全省有林地面积的 14.1%（《云南省 1998 年环境状况公报》），天然林与人工林面积比例为 6.08；到 2002 年，全省天然林面积 12.50 万 km²，居全国第 3 位，人工林面积 2.51 万 km²（肖兴威，2005），天然林与人工林面积比例为 4.79。4 年中，云南省天然林覆盖面积扩大，同时人工林种植也发展迅速。

10.2.2.3 重要生态系统/栖息地范围的变化趋势（D6）

滇西北地区的重要生态系统类型主要有：高山复合体生态系统、亚高山寒温性针叶林生态系统、山地针阔混交林生态系统、中山常绿阔叶林生态系统、高原湿地生态系统。

高山复合体生态系统。包括高山、亚高山灌丛和草甸、高山流石滩植被，是滇西北最为特殊的植被生态系统，主要分布在海拔 3 600 m 以上的山地，特有性极高，其中分布的国家重点保护物种和稀有物种较多，生态环境极其脆弱，保护价值突出。

亚高山寒温性针叶林生态系统。分布在滇西北的亚高山寒温性针叶林，如云杉林、冷杉林、铁杉林和大果红杉林，在 20 世纪 60—80 年代曾是主要的商品材采伐对象，被大规模采伐，破坏较严重。

常绿阔叶林生态系统。中山湿性常绿阔叶林，如薄片青冈林、贡山栎-多变石栎林；寒温山地硬叶常绿阔叶林，如黄背林、帽斗栎林、刺叶高山栎林、川滇高山栎林。滇西北常绿阔叶林的分布面积相对狭小，主要分布在滇西北高山亚高山地带，林内分布的国家重点保护、珍稀濒危植物种类及数量十分丰富，对维护高山带生态系统的平衡、稳定和保持水土有着重要的生态功能。但目前尚未得到足够的重视，在不少地区还是当地居民主要的薪柴来源。

山地针阔混交林生态系统。包括天然秃杉-常绿阔叶混交林、澜沧黄杉-常绿阔叶混交林等，是滇西北特有的植被类型。主要分布在险峻的峡谷陡坡，是珍稀保护植物分布较多的类型。不论从群落的特有性、珍稀性和群落中物种的丰富度，还是群落所发挥的生态服务功能，都具有十分重要的保护价值。

高原湿地生态系统。滇西北的高原湿地类型丰富，数量众多，其中高原湖泊湿地和峡谷河流湿地最具典型性和代表性。高原湖泊多为闭合、半闭合的断层陷落构造湖，生态系统和物种多样性的特有化程度很高，生物多样性地位十分显著，生态功能极为重要，如洱海、碧塔海、剑湖、泸沽湖、茈碧湖、北海等高原湖泊湿地，这些湖泊湿地中分布有海菜花、此碧莲和泽泻等高原湖泊湿地特有的水生植物群落，但生态系统脆弱，抗干扰能力低，保护的紧迫性十分突出。

根据研究调查的分析结果，滇西北重要生态系统的保护状况不容乐观。高山复合体生态系统受人类活动的影响较为严重，生态破坏后不易恢复；森林生态系统由于历史上经历严重的砍伐，资源遭受了较大破坏；而高原湿地生态系统面临水资源短缺的压力，生境面积出现缩减。

（1）高山复合体生态系统

a. 高山、亚高山地段的草甸（海拔 3 000～4 500 m）是滇西北畜牧业的主要牧场。但近年来该区域的草地资源不断减少。一方面，由于过度放牧，草地生产力逐渐下降。另一方面，因为最近 20 余年来出于森林防火和自然保护等需求，当地传统的牧场改良做法——火烧，受到严格限制，并基本上停止使用。火烧的作用主要是控制牧场杂草、提高牧草质量，并扩大放牧可利用的草本植被面积。但如今由于缺乏“火烧”的管理，区域内灌木盖度逐渐增加，禾本科植物比例下降，植被类型发生了改变，草场发生了退化。

b. 高山流石滩（海拔 4 000 m 以上）的植被具有明显的高寒荒漠特征，植被稀少，多呈块状、簇状分布。滇西北高山流石滩上的种子植物约有 519 种，其中双子叶植物 23 科 94 属 487 种，单子叶植物 4 科 7 属 28 种，裸子植物 2 科 2 属 4 种（邓敏、周浙昆，2004）。其中包括丰富的花卉植物种类与珍贵药用植物种类。为获得经济利益，人们对高山流石滩的花卉与药用植物的采集与挖掘已造成了许多物种数量大量减少。由于高山流石滩十分脆弱，人类活动对生态系统状况将产生深远的影响，在破坏后很难恢复。

（2）森林生态系统

滇西北地区曾经是云南省的主要木材生产基地，在人口增长和经济活动加剧的影响下，滇西北地区的森林资源承受巨大压力，尤其是云杉、冷杉、大果红杉、云南松、高山松等遭受严重砍伐。森林生态环境的恶化造成大量生物物种资源流失，如天麻、贝母、秦艽、黄连、林麝、高山麝等物种都已濒临灭绝。据初步统计，仅苍山种子植物名录中记载的 2 100 种野生植物物种，已有 200 余种消失，消亡速率每年至少 5 种（史鸿飞，2004）。

自 1998—1999 年天然林保护工程试点并于 2000 年正式实施以来，滇西北地区已经全面停止对境内的天然林采伐作业，森林保护与造林工作广泛开展，森林资源得到保护与恢复。

（3）高原湿地生态系统

以纳帕海而言，其为横断山脉石灰岩上发育形成的喀斯特型低纬度高海拔季节性高原沼泽湿地，不同于其他的湿地，为我国湿地的独特类型，具有重要保护价值。但近 20 年来，纳帕海湖水面积和沼泽、草甸面积不断减少，生境丧失十分严重。1981 年湖水面积约 600 km^2、沼泽面积 282 km^2，而到 2001 年，沼泽面积仅有 24 km^2，雨季时也仅 31.25 km^2，缩减了近 10 倍（田昆等，2004）。

10.2.2.4 河流生态系统健康（D7）

由于缺乏鱼类资源调查数据的收集，因此暂未进行评价。

10.2.3 生态系统的产品与服务

10.2.3.1 *NPP/NDVI*（D8）

滇西北生物量年际变化情况采用 *NPP* 分析方法进行评价。评价数据来源为 Montana 大学 NTSG 实验室提供的 2000—2006 年 *NPP* 估算数据。

从分布格局上看，滇西北的 *NPP* 由北到南逐渐升高。滇西北西南部水热条件好，植被以南亚热带季风常绿阔叶林、中亚热带常绿阔叶林为主，*NPP* 较高，部分区域的年 *NPP* 可以超过 1.4 kg C/（m^2 • a）；北部地区海拔较高，植被以亚热带山地寒温性针叶林为主，年 *NPP* 相对较低，一般不超过 0.7 kg C/（m^2 • a）；其余大部分地区为中亚热带常绿阔叶林，年 *NPP* 在 0.7～1.2 kg C/（m^2 • a）。

2000—2006 年滇西北地区年 *NPP* 平均值变化趋势如图 10.1 所示。2000 年该地区 *NPP* 平均值为 0.72 kg C/（m^2 • a），2002 年增加到 0.84 kg C/（m^2 • a），之后两年 *NPP* 出现下降，2004 年为 0.72 kg C/（m^2 • a），2005 年与 2006 年 *NPP* 再次升高，2006 年达到 0.92 kg C/（m^2 • a）。

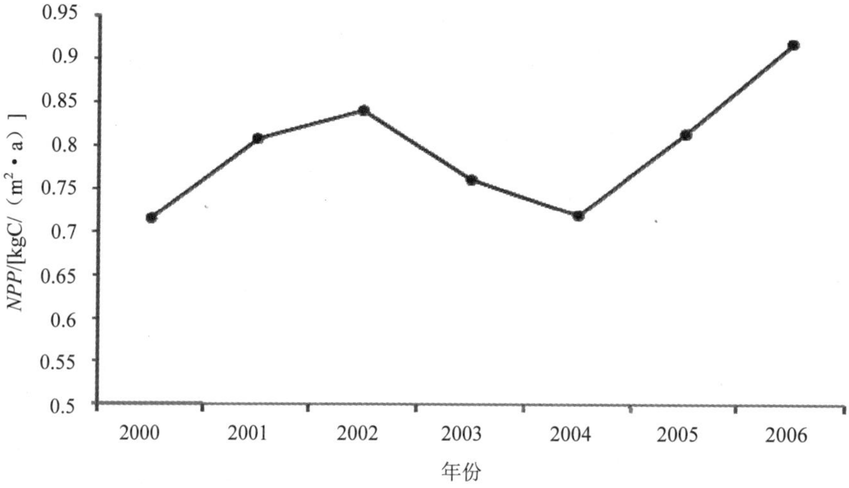

图 10.1 滇西北 2000—2006 年 *NPP* 变化趋势

10.2.3.2 地下水位（D9）

云南省地下水资源丰富，地下水资源量约 733.3 亿 m^3，占全国地下水资源总量的 8.9%，居全国第 3 位（唐一清，1996），全省可开采资源量 177.6 亿 m^3（李从仁、杨艳华，2005）。

滇西北的西部怒江州、保山市大部分地区为多水区（地下水产水量>25 万 m^3）；迪庆州北部、丽江东北部和大理州东北部的部分地区为少水区（地下水产水量 1 万～10 万 m^3）；其余地区为中水区（地下水产水量 10 万～25 万 m^3）（唐一清，1996）。5 个州（市）中，怒江州地下水量约 63.59 亿 m^3、保山市约 57.85 亿 m^3、迪庆州约 50.09 亿 m^3、丽江市约 30.58 亿 m^3、大理州约 26.55 亿 m^3（唐一清，1996）。滇西北主要坝区地下水可开采量为：大理 0.24 亿 m^3/a、宾川 0.03 亿 m^3/a、丽江 0.14 亿 m^3/a、保山 0.09 亿 m^3/a、剑川 0.03 亿 m^3/a。

云南省全省地下水开采利用程度较低，全省利用率最高的是昆明市，约 11.8%（李从仁、杨艳华，2005）。滇西北 5 个州（市）中，除大理州利用率约 6.5%，其余 4 州（市）均低于 5%（李从仁、杨艳华，2005）。根据云南省地下水位监测结果，云南省地下水位较为稳定。2008 年，孔隙水基本稳定区占监测控制面积的 69.75%，基岩水基本稳定区占监测控制面积的 63.64%；2009 年，孔隙水基本稳定区占监测控制面积的 80.35%，基岩水基本稳定区占监测控制面积的 74.61%（图 10.2）。

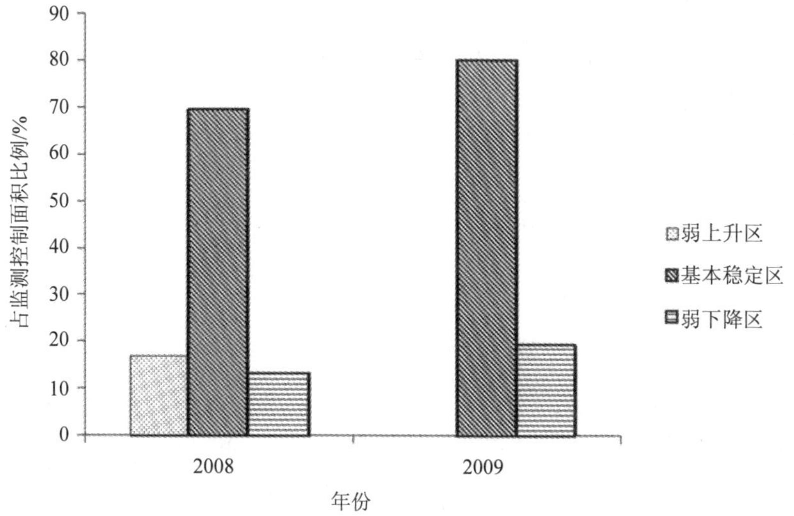

（a）孔隙水变化情况

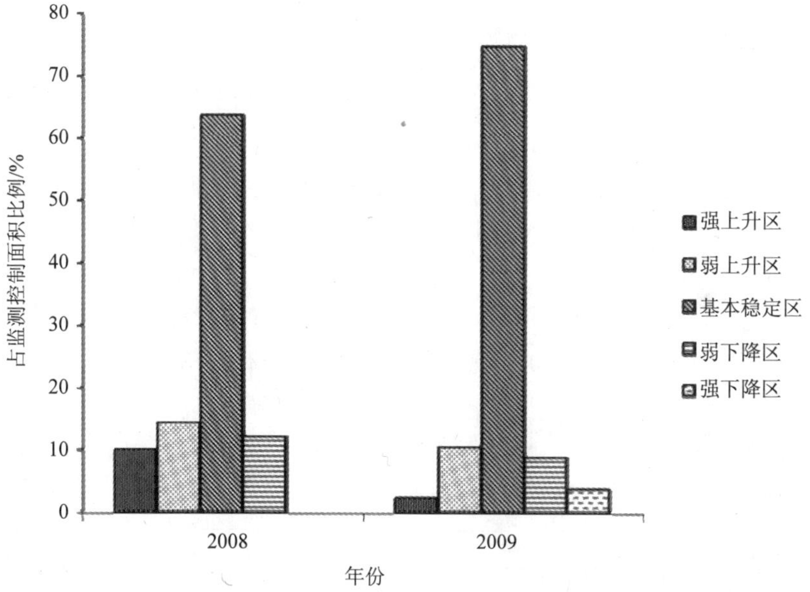

（b）基岩水变化情况

图 10.2　云南省 2008 年、2009 年地下水位监测结果

数据来源:《云南省环境状况公报》。

10.2.4 物种的组成与动态

10.2.4.1 区域物种的丰富度（D10）

滇西北动植物资源丰富，拥有中国近 1/3 的高等植物和动物种数，是我国 3 大特有

物种起源和分化中心区域之一。

滇西北有高等植物 10 198 种（含亚种、变种），占云南高等植物种数的 55.7%，其中，国家重点保护植物 51 种，云南省重点保护植物 39 种。滇西北高等植物中中国特有种约 50%，横断山区特有种约占 30%，滇西北地区狭域特有种 910 种。有中国特有属 72 个，占全国的 28%；滇西北地区狭域特有属就有 12 个。滇西北是世界著名的模式标本产地，植物模式标本产于本区的逾 1 000 种。

滇西北有脊椎动物 1 017 种，包括 184 种哺乳动物、580 种鸟、65 种爬行动物、49 种两栖动物和 139 种鱼类。脊椎动物种数占云南种数的 52.1%，占中国种数的 24.3%，其中国家一级重点保护动物 32 种，国家二级重点保护动物 84 种。200 种属于喜马拉雅-横断山区特有种，是全球海拔分布最高、最为珍稀的灵长类动物——滇金丝猴的主要分布区。

虽然滇西北地区物种丰富，但许多物种地理分布狭窄、种群数量少，适应能力很弱，对于外界干扰敏感，易陷入濒危状况甚至灭绝。

10.2.4.2 珍稀濒危物种的种群动态（D11）

滇西北动植物资源不仅丰富，并且独特，保存着大量古老的生物类群，具有重要的保护价值。根据 IUCN 红色名录，滇西北地区哺乳类受威胁（极危、濒危、易危）与接近受威胁（近危）的物种比例共计 25.5%。鸟类受威胁与接近受威胁的物种比例为 5.3%，两栖类受威胁与接近受威胁的物种比例为 34.7%。各区县受威胁与接近受威胁的哺乳类、鸟类、两栖类物种数量统计情况如表 10.5 所示。

表 10.5 滇西北各区县濒危动物物种数统计表

	鸟类	哺乳类	两栖类
保山市			
隆阳区	15	35	8
腾冲	19	34	8
丽江市			
古城区	6	25	7
宁蒗	8	22	9
玉龙	10	28	8
怒江州			
贡山	14	34	5
福贡	14	35	6
泸水	15	37	9
兰坪	14	32	3
迪庆州			
香格里拉	8	31	6
德钦	13	33	3
维西	15	34	1
大理州			

	鸟类	哺乳类	两栖类
大理市	11	25	4
宾川	11	22	5
剑川	10	28	4
鹤庆	10	26	6
洱源	10	27	4
云龙	13	35	6
滇西北全区	31	47	17

根据《滇西北生物多样性保护规划纲要》，滇西北地区计划重要保护物种有 51 种国家重点保护野生植物和 116 种国家重点保护野生动物，重点关注物种包括：滇金丝猴、白眉长臂猿（*Hylobates hoolock*）、羚牛（*Budorcas taxicolor*）、戴帽叶猴（*Trachypithecus pileatus*）、红豆杉（*Taxus*）、光叶珙桐（*Davidia involucrate* var. *vilmoriniana*）等旗舰物种。

滇西北红豆杉与滇金丝猴的种群变化情况如下：

（1）红豆杉

云南省是我国红豆杉资源蕴藏量最大的省份。根据 1996 年省林业调查规划院调查结果，云南省 12 个地（州）34 个县（市）有红豆杉分布，总面积约 22.2 万 hm^2，约 354 万株（表 10.6）。滇西北为其主要分布区，尤其以丽江地区分布数量最多，其次是怒江州、大理地区和迪庆州。

表 10.6 云南红豆杉资源统计表

树种	分布面积/hm^2	株树/万株
云南红豆杉（*T. yunnanensis*）	218 654	351
南方红豆杉（*T. chinensis* var. *mairei*）	2 381	2.4
中国红豆杉（*T. chinensis*）	884	0.9
合计	221 919	354

数据来源：东亚野生物贸易研究委员会报告（2007）。

红豆杉植物的树皮与根中含有紫杉醇，这种化合物在临床上被证明有抗癌疗效，具有极大经济价值。为获取紫杉醇，20 世纪 90 年代以来，滇西北的红豆杉大量砍伐，红豆杉资源在部分地区被过度利用。据估算，每生产 1 kg 紫杉醇，就需要砍伐大约 500 棵红豆杉树。2002 年在丽江和维西部分林区的实地调查发现，该区域直径 5 cm 以上的红豆杉植株约有 90%被剥皮并死亡，更新苗（直径 5 cm 以下）约有 3 成被剥皮死亡（东亚野生物贸易研究委员会，2007）。由于被调查区域是红豆杉树皮破坏的核心地区，所以情况特别严重，其他地区的破坏情况要轻一些。但根据推算，云南省红豆杉野生资源被破坏的总体程度为 20%～30%。

（2）滇金丝猴

滇金丝猴是我国特有灵长类，属于国家一级保护动物，是全球 25 种顶级濒危灵长类之一，具有重要保护价值。滇金丝猴在云南主要分布在德钦、维西、丽江、兰坪和云龙 5 个县，另外还分布在西藏的芒康。历史上滇金丝猴曾广泛分布，但 1994 年调查结果发现，滇金丝猴仅有 18 群，到 1996 年分为 13 群。而 2004 年以来的野外调查认为，现在野外存有滇金丝猴群 15 群，个体数总计约 1 700 只（李学友等，2008）。其中，滇西北白马雪山保护区内 6 群，约 1 000 只；云岭保护区内 3 群，约 150 只；玉龙、兰坪和剑川 3 县交界处 2 群，约 200 只；德钦与西藏芒康交界处 1 群，约 80 只（李学友等，2008）。

10.2.5 遗传资源状况

重要遗传资源（禽畜、鱼类、农作物、栽培植物等资源）的保存与丧失（D12）

滇西北大型真菌种类丰富，特有种多。云南 350 种食用菌中，有 180 种在滇西北有分布，占全省的 51.4%。经济价值高且分布普遍的食用菌近 80 种，如松茸（*Tricholoma matsutake*）、虫草（*Cordyceps sinensis*）、竹荪（*Dictyophora indusiata*）、美味牛肝菌（*Boletus edulis*）、木耳（*Auricularia auricula*）、鸡枞（*Termitomyces spl*）、羊肚菌（*Morchella conica*）、猴头菌（*Hericium erinaceus*）、干巴菌（*Thelephors gambajum*）等。其中，松茸、虫草在云南真菌贸易市场上占有主导地位，但也因此导致松茸与虫草过度采集，资源量日趋减少（王向华、刘培贵，2002；王岚等，2006）。

滇西北是云南省药材资源最集中的地区，分布有药用植物 2 000 余种，野生资源相当丰富，且质量上乘。如白芨（*Bletilla formosana*）、当归（*Angelia sinensis*）、云木香（*Saussurea costus*）、黄连（*Coptis chinensis*）、胡黄连（*Picrorhiza scrophulariiflora*）、茯苓（*Wolfiporia cocos*）、天麻（*Gastrodia elata*）、秦艽（*Gentiana macrophylla*）、猪苓（*Polyporus umbellatus*）、龙胆（*Gentiana scabra*）、贝母（*Fritillaria cirrhosa*）、滇重楼（*Paris yunnanensis*）、天麻（*Gastrodia elata*）、雪茶（*Thamnolia vermicularia*）、云南黄芪（*Astragalus yunnanensis*）、云黄连（*Coptis teeta*）、川续断（*Dipsacus speroides*）等。20 世纪 90 年代以前，地区内的野生药材还处于良性有序的采挖中。但 2000 年后，由于市场急需与药材价格猛涨，许多品种遭到掠夺式地采挖，资源量急剧下降。如老君山地区的滇重楼、白芨、天麻、川续断等 10 个著名品种产量下降了 80%左右，而猪苓、西南手参（*Gymnadenia orchidis*）等甚至濒临灭绝（袁理春等，2006）。为保护与发展滇西北中药材资源，云南省设立了滇西北高山药材区，涉及玉龙、维西、兰坪、福贡四县 60 万亩土地，重点发展云木香、云当归、秦艽、滇重楼、云黄连、薯蓣（*Dioscorea opposita*）的种植养殖。

滇西北还是世界野生花卉和观赏植物的分布中心，且特有濒危花卉种类多样性较高。野生花卉植物在低山区（海拔 2 400～3 000 m）和高山区（海拔 3 500 m 以上）较为丰富。共分布有 83 科 324 属 2 206 种野生花卉和观赏植物，其中草本花卉 1 463 种，木本花卉 743 种。滇西北地区杜鹃花科（*Ericaceae*）植物有 180 种；报春花科（*Primulaceae*）植物 143 种；兰科（*Orchidaceae*）植物 133 种；龙胆科（*Gentianaceae*）

分布有 129 种，约占全国的 1/3，全世界的 1/8；玄参科（*Scrophulariaceae*）植物 128 种；菊科（*Compositae*）植物 239 种；蔷薇科（*Rosaceae*）植物 189 种；同时还是马先蒿属（*Pedicularis*）、绿绒蒿属（*Meconopsis*）、风毛菊属（*Saussurea*）的分布中心。云南八大名花山茶（*Camellia*）、木兰（*Magnolia*）、兰花（*Orchid*）、杜鹃（*Rhododendro*）、报春（*Primula*）、龙胆（*Gentiana*）、绿绒蒿（*Meconopsis*）、百合（*Lilium*）在滇西北均有分布（李晓贤等，2003）。滇西特有野生花卉约有 751 种，分属 78 科 245 属。其中，菊科、毛茛科（*Ranunculaceae*）、玄参科、虎耳草科（*Saxifragaceae*）、唇形科（*Libiatae*）、杜鹃花科的特有花卉种类最多（李晓贤等，2003）。由于各地森林遭受不同程度的破坏与片段化，使得许多种类的生存受到威胁。滇西北珍稀濒危花卉 35 种，其中国家二级保护植物 6 种，国家三级保护植物 18 种，云南省二级保护植物 11 种。其中野生花卉保护植物最多的是贡山县（18 种），其次是丽江（14 种）、维西（13 种）、德钦（12 种）、大理（11 种）（李晓贤等，2003）。

滇西北竹类资源丰富，约有 10 属 50 余种。其中箭竹属（*Fargesia*）约 20 多种，经济价值较大的有云南箭竹（*F. yunnanensis*）、云龙箭竹（*F. papyrifera*）、矩鞘箭竹（*F. orbiculata*）、空心箭竹（*F. edulis*）、玉龙山箭竹（*F. yulongshanensis*）、尖削箭竹（*F. acuticontrata*）、扫把竹（*F. fractiflexa*）、黑穗箭竹（*F. melanostachys*）、马亨箭竹（*F. communis*）、带鞘箭竹（*F. contrata*）、仞箭竹（*F. sagittatinea*）、努刀箭竹（*F. praecipua*）等（董全忠、薛嘉榕，1997）。

10.2.6 传统知识与特有文化

10.2.6.1 方言的种类（D13）

滇西北的少数民族语言的使用情况包括 4 种类型：一是基本只使用本民族语言，如傣、景颇、佤、傈僳、拉祜等民族；二是除使用本民族语言外，同时也使用汉语，如白、壮、纳西等民族和部分彝族、哈尼族；三是除使用本民族语言外，也兼用本地另一种少数民族语言，如阿昌、德昂、布朗等民族；四是转用汉语或邻近的其他少数民族语言，如回族。

滇西北分布的少数民族数量众多，语言类型丰富，民族文化多彩。从滇西北 25 个主要少数民族使用的语言来看，主要包括 3 个语系 7 个语族（表 10.7）。另外，一些少数民族语言其内部还存在不同的方言，如彝族就有 6 种方言。

表 10.7　滇西北少数民族语言组成

民族语言	语族	语系
傣语	侗台语族	汉藏语系
壮语	侗台语族	汉藏语系
布依语	侗台语族	汉藏语系
水语	侗台语族	汉藏语系

民族语言	语族	语系
苗语	苗瑶语族	汉藏语系
瑶语	苗瑶语族	汉藏语系
回语	通用汉语	汉藏语系
白语	藏缅语族	汉藏语系
傈僳语	藏缅语族	汉藏语系
彝语	藏缅语族	汉藏语系
纳西语	藏缅语族	汉藏语系
藏语	藏缅语族	汉藏语系
普米语	藏缅语族	汉藏语系
怒语	藏缅语族	汉藏语系
独龙语	藏缅语族	汉藏语系
阿昌语	藏缅语族	汉藏语系
景颇语	藏缅语族	汉藏语系
哈尼语	藏缅语族	汉藏语系
拉祜语	藏缅语族	汉藏语系
基诺语	藏缅语族	汉藏语系
蒙古语	蒙古语族	阿尔泰语系
满语	满-通古斯语族	阿尔泰语系
佤语		南亚语系
德昂语		南亚语系
布朗语		南亚语系

10.2.6.2 少数民族数量与人口比例（D14）

云南省是少数民族散居省份，在滇西北地区居住有多于 25 个少数民族。其中，人口数超过 5 000 人的少数民族有白族、傈僳族、彝族、纳西族、藏族、回族、傣族、普米族、怒族、苗族、独龙族等。2001 年，滇西北少数民族人口约 249.8 万，占滇西北各区县总人口的 54.4%；2007 年少数民族人口约 277.5 万，占 55.9%，少数人口比例比 2001 年增加 1.5%（表 10.8）。

表 10.8　滇西北民族人口组成

	2001 年		2007 年	
	人口数	比例/%	人口数	比例/%
汉族	2 094 423	45.58	2 188 145	44.08
白族	1 253 485	27.28	1 347 148	27.14
傈僳族	412 852	8.99	471 332	9.50
彝族	274 273	5.97	309 839	6.24
纳西族	256 623	5.59	306 590	6.18
藏族	120 740	2.63	139 973	2.82

	2001 年		2007 年	
	人口数	比例/%	人口数	比例/%
回族	36 781	0.80	39 292	0.79
傣族	35 107	0.76	37 569	0.76
普米族	30 903	0.67	35 225	0.71
怒族	26 395	0.57	30 221	0.61
苗族	11 409	0.25	13 616	0.27
独龙族	5 635	0.12	6 104	0.12
阿昌族	4 005	0.09	4 720	0.10
壮族	3 056	0.07	3 512	0.07
佤族	2 794	0.06	3 111	0.06
景颇族	1 663	0.04	2 273	0.05
满族	1 380	0.03	1 675	0.03
德昂族	945	0.02	1 002	0.02
哈尼族	426	0.01	727	0.01
拉祜族	371	0.01	439	0.01
布依族	274	0.01	428	0.01
蒙古族	164	0.004	283	0.01
布朗族	179	0.004	234	0.005
瑶族	255	0.006	231	0.005
水族	50	0.001	78	0.002
基诺族	9	0.000 2	9	0.000 2
其他	18 268	0.40	19 407	0.39
总计	4 594 757	100.00	4 963 200	100.00

10.2.6.3 世界/国家自然遗产或文化遗产数量（D15）

滇西北地区有两处世界遗产：丽江古城于 1997 年 12 月获批为世界文化景观类遗产；位于迪庆州与怒江州的三江并流于 2003 年 7 月获批准为自然遗产，而且是中国境内面积最大的世界遗产地。另外，大理苍山与南诏历史文化遗存列入首批《中国国家自然遗产、国家自然与文化双遗产预备名录》。

10.2.7 生物多样性现状变化趋势

生物多样性现状评价包括长期变化评价与近期变化评价。近期变化是指 10 年内的变化情况，长期变化指更长时间段内发生的变化。

指标评价中，均选取历史值作为评价参考。通过参数值与其对应的最早年份的数值进行比较，判断指标的状态变化。包含多个参数的指标，其评价方法按照第 7.2 节中的规定。

滇西北生物多样性现状评价结果如表 10.9 所示。

表 10.9 江西省生物多样性现状“分指标层（D）”指标评价结果表

分指标（D）	长期变化	近期变化（10 年内）
景观格局（C1）		
景观要素的多样性（D1）	→	→
斑块破碎度指数（D2）	—	—
自然要素斑块之间的连通性（D3）	→	→
生态系统状况（C2）		
自然生态系统覆盖情况（D4）	↗	↗
天然林分布面积（D5）	—	—
重要生态系统/栖息地范围的变化趋势（D6）	↘	↘
河流生态系统健康（D7）	—	—
生态系统的产品与服务（C3）		
NPP/*NDVI*（D8）	↗	↗
地下水位（D9）	无需评价	无需评价
物种的组成与动态（C4）		
区域物种的丰富度（D10）	—	—
珍稀濒危物种的种群动态（D11）	↘	↘
遗传资源状况（C5）		
重要遗传资源的保存与丧失（D12）	↘	↘
传统知识与特有文化（C6）		
方言的种类（D13）	→	→
少数民族数量与人口比例（D14）	—	↗
世界/国家自然遗产或文化遗产数量（D15）	↗	↗

注：表中图标含义同表 9.5。

10.3 滇西北生物多样性面临的威胁评价

10.3.1 氮沉降

氮肥施用情况（D16）

滇西北 5 个市（州）2000 年、2004 年与 2008 年的氮肥使用（按折纯计算）情况如图 10.3 所示。其中，丽江市、保山市、大理州 3 个地区的氮肥施用量为市（州）全区的统计数据。总体而言，怒江州、迪庆州农业氮肥施用量较低，2008 年氮肥施用量比 2000 年增量均少 350 t；丽江市、保山市、大理州 3 个市（州）农业氮肥施用量较大，近年来这 3 个市（州）氮肥施用量不断增加，2008 年情况与 2000 年相比，丽江市氮肥施用量增加幅度约 44.5%、保山市约 42.1%、大理州增加约 42.0%。

从单位耕地面积的施氮量上看，怒江州与迪庆州的施氮水平低于国际上公认的施氮上限（225 kg/hm^2），但丽江市、保山市、大理州均超过上限水平（表 10.10）。且从 2000 年到 2008 年，大部分地区的单位耕地施氮量呈上升趋势，保山市、丽江市、大理州增幅较大（图 10.3）。

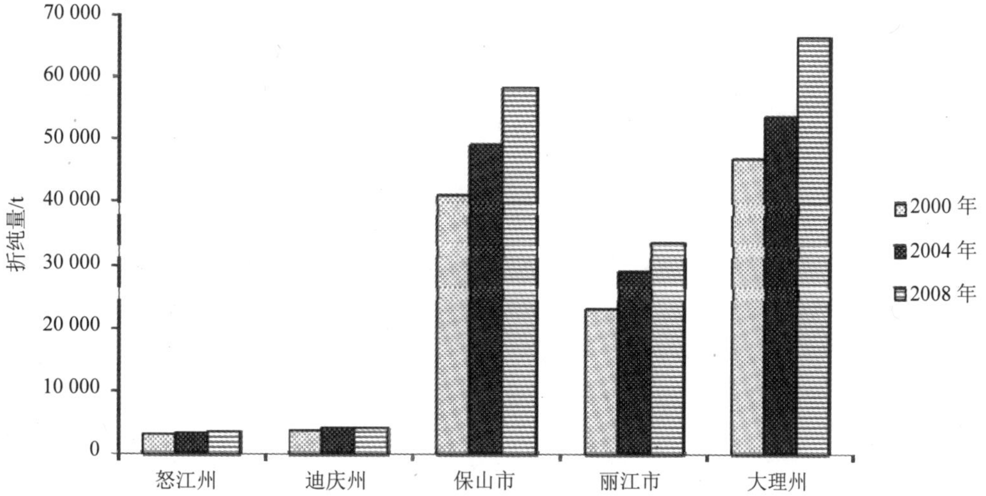

图 10.3 各市（州）农业氮肥施用量

数据来源：《云南统计年鉴》(2001 年、2005 年、2009 年)。

表 10.10 各市（州）耕地面积与单位面积耕地氮肥施用量

行政区	耕地面积/10^3 hm^2			氮肥施用量（折纯量）/t			单位面积耕地氮肥施用量/（kg/hm^2）		
	2000	2004	2008	2000	2004	2008	2000	2004	2008
怒江州	53.4	45.4	45.7	3 072	3 142	3 343	57.5	69.2	73.2
迪庆州	36.5	29.7	33.0	3 617	3 936	3 949	99.1	132.5	119.7
保山市	166.0	157.0	161.9	41 029	49 002	58 286	247.2	312.1	360.0
丽江市	100.8	93.2	94.2	23 180	29 074	33 506	230.0	312.0	355.7
大理州	197.3	181.4	183.2	46 748	53 642	66 376	236.9	295.7	362.3

数据来源：《云南统计年鉴》(2001 年，2005 年，2009 年)、《中国城市统计年鉴》(2001 年，2005 年，2009 年)、《中国区域经济统计年鉴》(2001 年，2005 年，2009 年)。

10.3.2 外来入侵物种

外来入侵物种的发展趋势（D17）

外来有害生物入侵已经对滇西北生物多样性造成了重大损害，如紫茎泽兰

（*Eupatorium Adenophorum*）、空心莲子草（*Alternanthera philoxeroides*）、凤眼莲（*Eichhornia crassipes*）、北美商陆（*Phytolacca americana*）、银鱼（*Hemisalanx prognathus*）等已在滇西北广泛分布，严重威胁着该区域的生态安全。

滇西北的洱海、程海、泸沽湖 3 个主要湖泊共有本地鱼类 34 种，但随着新的鱼类种类引进，本地鱼类的数量急剧下降。洱海原产鱼类 19 种，以大理裂腹鱼（*Schizothorax taliensis*）和特产鲤鱼为主。20 世纪 60 年代初，洱海引进“四大家鱼”时夹带引入了子陵栉鰕虎鱼（*Ctenogobius giurinus*）和麦穗鱼（*Pseudorasbora parva*）等非经济性外来鱼类，这两种外来鱼类嗜噬本地鱼类产于浅水区的受精卵，严重抑制了本地鱼类的繁殖，导致本地鱼类产量急剧下降，幅度为 50～1 000 倍；80 年代中期子陵栉鰕虎鱼和麦穗鱼等外来鱼类数量下降后，本地鱼类的产量有所回升。但在 80 年代末期又引入太湖新银鱼（*Neosalanx taihuensis*），与本地鱼类发生强烈的食物竞争，对本地鱼类形成第二次冲击，导致各种本地鱼类陷入濒危状态。与洱海相似，泸沽湖的泸沽湖裂腹鱼（*S. luguhuensis*）等 5 种本地鱼类也受鰕虎鱼和麦穗鱼等外来鱼类冲击；程海的 15 种本地鱼类受到太湖新银鱼的排挤，本地鱼类种群数量急剧下降或濒危（杨君兴，1996）。

而滇西北高山与亚高山牧场受土大黄（*Rumex nepalensis*）等外来植物物种的侵害较为严重。土大黄起源于喜马拉雅一带，属蓼科多年生草本植物，100 多年前传入云南，目前已成为很多高山牧场的优势物种之一（申时才等，2006）。

10.3.3 气候变化

10.3.3.1 极端气候事件的发生（D18）

云南省是我国气象灾害频繁的省份之一，全省每年受气象灾害面积约占全省种植面积的 23%（解明恩、程建刚，2004）。主要灾害类型有干旱、洪涝、低温冷害、风雹等（表 10.11）。云南省气象灾害发生具有明显的季节变化。干旱主要发生在冬春两季，洪涝为夏秋季（怒江州北部有春季洪涝发生），冷灾（包括霜冻、冻结、雪灾、倒春寒、8 月低温与烂土黄 6 种）发生在冬春季节及夏季 8 月，冰雹主要在春夏季节。云南省气象灾害还具有较强的地域性分布特征。滇西北地区春季雪灾和夏季冰雹较为突出；另外，保山西部等地易发生洪灾，宾川等地旱灾较为严重（解明恩等，2004）。

表 10.11 云南省 1950—1999 年主要气象灾害发生情况统计表（解明恩、程建刚，2004）

灾害类型	总次数/县	年均次数/县	占全省比例/%
干旱	2 872	57	44
洪涝	3 828	77	60
冬季低温	1 631	33	26
夏季低温*	538	27	21
风雹	4 754	95	74

注：* 为 1980—1999 年统计数据。

在全球气候异常的背景下，近年来云南省气象灾害发生也表现出加剧的趋势。2000年遭受了严重的低温霜冻灾害，全省大部地区降雪持续 10～20 h，有 38 个市、县降雪量接近或超过 20 mm，为 1983 年以来最大的一次。2001 年洪涝灾害较为严重，出现了时间较长的秋季连阴雨天气，整个汛期时间是 20 世纪 90 年代以来最长的一年。2008年出现冬季 50 年一遇的特大冰冻灾害，冰冻灾害强度指数值打破了有气象记录以来历史同期最大纪录。最近 10 年，云南旱灾连续发生，2001 年冬春季干旱、2003 年干旱、2005 年春末夏初干旱、2009—2010 年的秋冬春连旱，受灾严重程度不断被刷新，受灾人数与经济损失不断增加。

10.3.3.2 冰川的退缩（D19）

云南省的现代冰川主要都分布在滇西北海拔 3 200 m 以上的高山上，如梅里雪山、高黎贡山的嘎阿夏普山、沙鲁里山、角莫西山等冰川等，分布范围在北纬 27°04′～28°33′，东经 98°29′～100°13′（伍立群等，2004）。冰川约 57 条，总面积 84.88 km^2，冰储量 64.4 亿 m^3，冰川储水量 57.3 亿 m^3（伍立群等，2004）。

根据监测调查资料估算结果，明永冰川年消融水量约为 3 200 万 m^3，占其储水量的 3%左右；玉龙雪山冰川年消融水量约为 1 590 万 m^3，约占白水河年径流的 7.1%。云南冰川年均消融补给河川径流水量为 2.3 亿～4.0 亿 m^3（伍立群等，2004）。

云南冰川纬度低，面积小，生态环境脆弱，对气候变化极为敏感。随着全球气候变暖，气温上升，云南冰川退缩明显。如明永冰川从 1999 年下半年起，其前沿从海拔 2 660 m 的地方向上后退了约 200 m，冰舌目前正以每年 50 m 左右的速度后退；从 1982—2002 年，玉龙雪山最大的白水 1 号冰川的冰舌大约后退了 250 m，仅仅从 1998—2002 年的 5 年时间内，冰川就后退了约 100 m（伍立群等，2004）。

10.3.4 土地退化

10.3.4.1 水土流失面积（D20）

根据 1999 年云南省遥感调查结果，全省水土流失面积 14.1 万 km^2，占土地面积的 36.9%。到 2004 年第 3 次水土流失遥感调查显示，全省水土流失面积为 13.11 万 km^2，占全省国土总面积的 34.24%，水土流失面积有所减少，年土壤侵蚀总量 5.135 亿 t。6 大水系中，金沙江、红河、南盘江流域水土流失最为严重，伊洛瓦底江流域相对较轻。从地域上看，滇东北、滇中地区水土流失最为严重，滇西北、滇西南地区相对较轻。

滇西北地区新构造运动活跃，河流下切侵蚀作用强烈，地形破碎，山高坡陡，降雨集中，虽然水土流失情况不如滇东北、滇中地区严重，但也属于水土流失易发生区域。模型估算结果显示：区域平均土壤侵蚀敏感性指数约为 105.6 t/（hm^2 • a）；滇西北中度以上侵蚀范围占区域总面积的 42.69%，其中发生剧烈侵蚀（侵蚀模数 ＞150 t/（hm^2 •a））的范围占区域总面积的 14.9%，极强烈侵蚀（侵蚀模数 80～150 t/（hm^2 • a））发生面积占 10.8%，强烈侵蚀（侵蚀模数 50～80 t/（hm^2 • a））发生面积占 8.4%，中度侵蚀（侵蚀模数 50～80 t/（hm^2 • a））发生面积占 8.4%。

在水土流失治理方面，“十五”期间云南全省完成水土流失治理 1.21 万 km^2，占计划的 101.0%，新实施生态修复面积 2.46 万 km^2，占计划的 102.5%，征收水土流失防治费和水土保持设施补偿费 6 338.0 万元。

10.3.4.2 荒漠化与沙化面积（D21）

云南省 1994 年组织完成了省风沙化普查外业工作，历时 50 多天，完成了全省重点地区风沙化普查外业工作。并在 1995 年与 1999 年分别完成了 2 次全省荒漠化土地和沙化土地普查。根据两次普查资料，云南省有 100 个县（市）已出现荒漠化土地，集中分布在东川、元谋、元江、宾川等 31 个县市的 106 个乡镇，全省荒漠化土地总面积 7 万多 hm^2，2 次调查结果基本持平。滇西北保山、宾川、丽江等地区沙化情况较为严重。

10.3.4.3 石漠化面积（D22）

云南省是我国岩溶分布最广的省区之一，岩溶面积居全国第 2。由于长期以来对资源的不合理利用，致使岩溶地区石漠化问题日趋严重。从石漠化分布上，滇东较滇西严重。滇东石漠化广泛分布，集中连片分布于海拔 1 300～2 200 m 的峰丛洼（谷）地和广大岩溶丘峰、台地、盆地边缘。滇西北、滇西的局部地区有零星分布，且主要位于金沙江沿岸。20 世纪 80 年代末以来，云南省石漠化面积以较快的速度增长，至 2007 年全省石漠化总面积合计约 3.48 万 km^2（据《云南省环境状况公报 2007》）。

滇西北所涉 5 个市（州）的石漠化敏感性程度及分布面积见表 10.12。其中，怒江州对石漠化完全不敏感。

表 10.12 滇西北各市州石漠化敏感性程度及分布面积 单位：km^2

	不敏感	轻度敏感	中度敏感	高度敏感	极度敏感	敏感面积合计
保山市	13 536.51	1 817.47	936.62	2 728.71	0	5 482.8
丽江市	19 130.09	454.52	380.21	577.89	0	1 412.62
迪庆州	20 354.17	128.94	1 224.42	1 399.42	39.31	2 792.09
怒江州	14 540.02	0	0	0	0	0
大理州	27 066.30	453.40	359.45	406.00	1.58	1 220.43

数据来源：李东梅等（2008）。

云南发生石漠化地区的岩石裸露率一般在 50%～70%，个别地区为 30%～50%，岩石裸露率高。基于全国 1 km 土地利用数据的分析结果表明：滇西北 80 年代裸岩石砾地面积 1 664.88km^2，1995 年裸岩石砾地面积 1 992.97 km^2，2000 年裸岩石砾地面积 1 664.88 km^2（见图 10.4）。

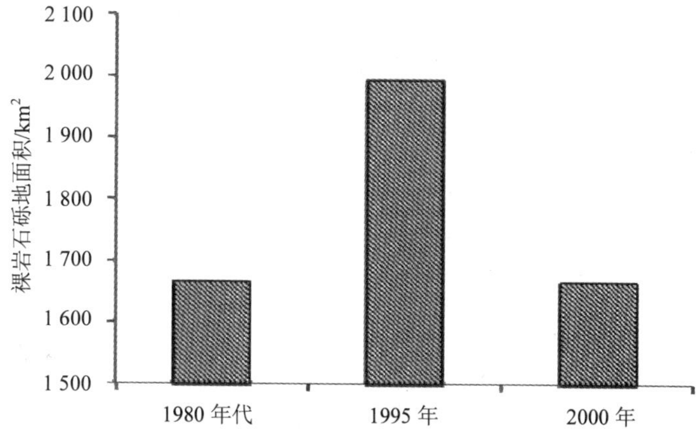

图 10.4　滇西北裸岩石砾地面积统计

10.3.5 污染

10.3.5.1 重要水体水质（D23）

云贵高原是我国淡水湖泊分布较多的地区之一，区内多构造湖，湖泊面积约 1 108 km^2，占全国湖泊面积的 1.5%。由于云贵高原气候温暖，降水量较大，湖泊水量丰富，湖水冬季不结冰。区内湖泊主要集中在滇中和滇西北地区。滇西北地区的湖泊除泸沽湖、程海等湖泊为湖盆坡度较大、湖岸线平直的深水湖外，其他各湖均系湖盆平缓、岸线弯曲，水深在 15 m 以内的浅水湖泊。不少湖泊除蕴藏丰富的水力资源外，还兼有灌溉、供水、航运和发展水产之利，洱海及泸沽湖等还是我国著名的旅游景区。

滇西北洱海、泸沽湖、海西海、云南西湖、茈碧湖、碧塔海 6 个主要湖泊近年来的水质情况见表 10.13。其中，泸沽湖水质最好，2006—2009 年都为 I 类水质；其他湖泊均有未达标的情况。

滇西北地区主要分布有金沙江水系、澜沧江水系、怒江水系和伊洛瓦底江水系 4 大水系。其中，伊洛瓦底江水系水质状况最好，达标率为 100%；其次为怒江水系、澜沧江水系，为轻度污染；金沙江水系水质状况最差，为重度/中度污染。但从 2006—2009 年的水质监测结果（表 10.14），断面水环境功能达标率逐年提高。

表 10.13　2006—2009 年滇西北主要湖泊水质情况

年份	2006	2007	2008	2009
洱海	水质类别III类，未达到水环境功能要求（II 类），主要超标污染指标为总氮	水质类别III类，未达到水环境功能要求（II 类），主要超标污染指标为总氮	水质类别 II 类，达到水环境功能要求（II 类）	水质类别III类，未达到水环境功能要求（II 类），主要超标污染指标为总氮

年份	2006	2007	2008	2009
泸沽湖	水质类别Ⅰ类，水质优，达到水环境功能要求（Ⅰ类）	水质类别Ⅰ类，水质优，达到水环境功能要求（Ⅰ类）	水质类别Ⅰ类，水质优，达到水环境功能要求（Ⅰ类）	水质类别Ⅰ类，水质优，达到水环境功能要求（Ⅰ类）
海西海	水质类别Ⅱ类，达到水环境功能要求（Ⅱ类）	水质类别Ⅲ类，未达到水环境功能要求（Ⅱ类）	水质类别Ⅱ类，达到水环境功能要求（Ⅱ类）	水质类别Ⅱ类，达到水环境功能要求（Ⅱ类）
云南西湖	水质类别Ⅳ类，未达到水环境功能要求（Ⅱ类）	水质类别Ⅳ类，未达到水环境功能要求（Ⅱ类）	水质类别Ⅲ类，未达到水环境功能要求（Ⅱ类）	水质类别Ⅳ类，未达到水环境功能要求（Ⅱ类）
茈碧湖	水质类别Ⅱ类，达到水环境功能要求（Ⅱ类）	水质类别Ⅲ类，未达到水环境功能要求（Ⅱ类）	水质类别Ⅱ类，达到水环境功能要求（Ⅱ类）	水质类别Ⅳ类，未达到水环境功能要求（Ⅱ类）
碧塔海	—	水质类别Ⅳ类，未达到水环境功能要求（Ⅰ类）	水质类别Ⅲ类，未达到水环境功能要求（Ⅰ类）	水质类别Ⅱ类，未达到水环境功能要求（Ⅰ类）

数据来源:《云南省环境状况公报》(2006 年、2007 年、2008 年、2009 年)。

表 10.14　2006—2009 年滇西北四大水系水质情况

年份	2006	2007	2008	2009
金沙江水系	水质重度污染，断面水环境功能达标率 44.7%，主要污染指标为总磷和氨氮	水质中度污染，断面水环境功能达标率 53.8%，主要污染指标为氨氮、总磷和生化需氧量	水质中度污染，断面水环境功能达标率 59.0%，主要污染指标为氨氮、总磷和生化需氧量	水质中度污染，断面水环境功能达标率 71.8%，主要污染指标为氨氮、总磷和生化需氧量
澜沧江水系	水质轻度污染，断面水功能达标率 61.1%，主要污染指标为生化需氧量、氨氮、挥发酚	水质轻度污染，断面水功能达标率 62.2%，主要污染指标为生化需氧量、氨氮、总磷	水质轻度污染，断面水功能达标率 77.8%，主要污染指标为镉、生化需氧量和高锰酸盐指数	水质轻度污染，断面水功能达标率 72.2%，主要污染指标为总磷、生化需氧量、高锰酸盐指数、氨氮和铅
怒江水系	水质轻度污染，断面水功能达标率 72.7%，主要污染指标总磷和挥发酚	水质轻度污染，断面水功能达标率 72.7%，主要污染指标总磷和生化需氧量	水质轻度污染，断面水功能达标率 81.8%，主要污染指标为总磷、高锰酸盐指数和生化需氧量	水质轻度污染，断面水功能达标率 81.8%，主要污染指标为氨氮、总磷和生化需氧量
伊洛瓦底江水系	水质优，断面水功能达标率 100%	水质优，断面水功能达标率 90%，主要污染指标为生化需氧量和高锰酸盐指数	水质优，断面水功能达标率 100%	水质优，断面水功能达标率 100%

数据来源:《云南省环境状况公报》(2006 年、2007 年、2008 年、2009 年)。

10.3.5.2 湖泊/水库富营养化（D24）

根据云南省高原湖泊水质监测数据，2006—2009 年洱海为中营养状态，泸沽湖为贫营养状态，均没有出现富营养化。

表 10.15　2006—2009 年滇西北主要高原湖泊富营养化情况

年份	2006	2007	2008	2009
洱海	中营养状态	中营养状态	中营养状态	中营养状态
泸沽湖	贫营养状态	贫营养状态	贫营养状态	贫营养状态

数据来源:《云南省环境状况公报》(2006 年、2007 年、2008 年、2009 年)。

10.3.5.3 单位 GDP 污染物排放（D25）

云南省 2006—2008 年全省 SO_2 排放情况如图 10.5 所示，全省 SO_2 排放量逐年降低，其中 2007 年比上年下降 3.14%，2008 年比上年下降 6.00%。工业 SO_2 排放量占总排放量的 82.8%～83.7%。2008 年，滇西北 5 个市（州）SO_2 排放总量约 3.5 万 t，占全省排放量的 6.9%，其中大理州 SO_2 污染排放最大（约 1.8 万 t）。

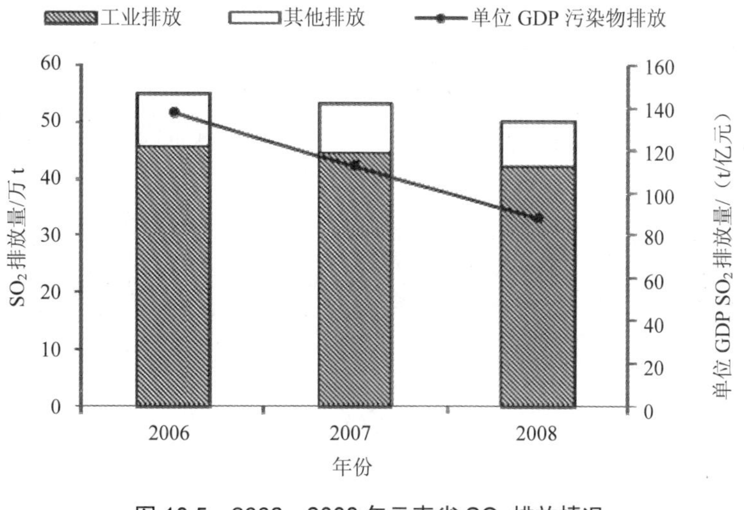

图 10.5　2006—2008 年云南省 SO_2 排放情况

数据来源:《云南省环境状况公报》(2006 年、2007 年、2008 年)。

云南省 COD 排放情况如图 10.6 所示。2006—2008 年全省 COD 排放量逐年降低，其中 2007 年比上年下降 1.36%，2008 年比上年下降 3.29%。工业废水中 COD 排放量占总量的 32.8%～36.0%。2008 年，滇西北 5 个市（州）COD 排放总量约 5.2 万 t，占全省排放量的 18.5%，其中保山市 COD 污染排放最大（约 2.7 万 t）。

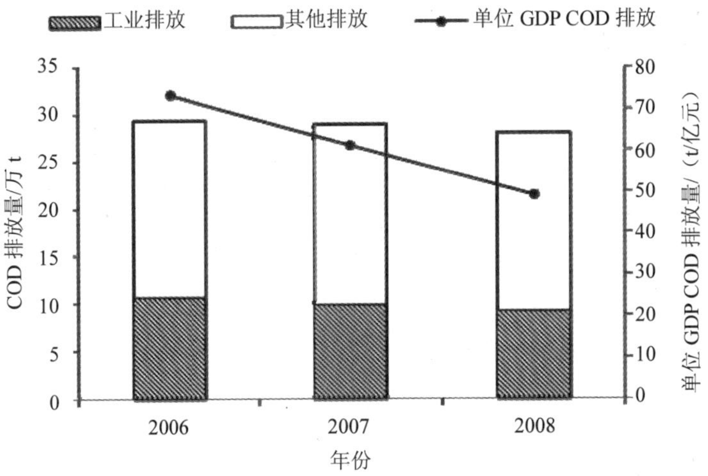

图 10.6 2006—2008 年云南省化学需氧量排放情况

数据来源：《云南省环境状况公报》（2006 年、2007 年、2008 年）。

10.3.5.4 酸雨的发生频率（D26）

云南省酸雨控制区包括 7 个城市：昆明、昭通、曲靖、楚雄、玉溪、个旧及开远，滇西北地区不在云南省酸雨控制区范围内。

云南省已经在 19 个城市开展降雨酸度监测，包括滇西北的保山、丽江、大理 3 市。根据 2006—2009 年保山、丽江、大理 3 个监测点酸雨监测结果：4 年中，保山和丽江有酸雨发生记录，大理酸雨频率为 0。其中，2006 年丽江酸雨 pH 5.0～5.6，强度为弱酸雨，年发生频率均小于 10%；2007 年保山、丽江酸雨 pH 5.0～5.6，强度为弱酸雨，年发生频率均小于 10%。2008 年与 2009 年，3 个监测点均未监测到酸雨。总体上，滇西北地区酸雨发生频率较低，且近年来情况进一步好转（数据来源：云南省环境状况公报）。

10.3.6 人口、经济与建设

10.3.6.1 人口密度（D27）

滇西北地区近年来人口总数不断上升，但人口增长速度放缓。逐年人口密度情况如图 10.7 所示。

10.3.6.2 区域 GDP（D28）

根据统计年鉴数据，2003—2007 年滇西北各区县生产总值情况见表 10.16。2003—2007 年的 5 年中，滇西北各区县的生产总值增长迅速，其中兰坪县、香格里拉县增长速度最快。2007 年滇西北地区生产总值达到 4.67×10^6 万元，比上年增长 18.6%。

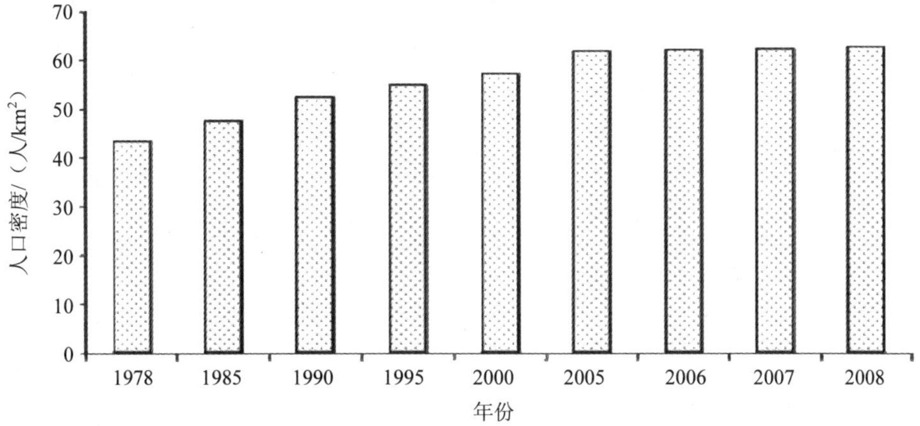

图 10.7　滇西北人口密度情况

表 10.16　2003—2007 年滇西北各区县生产总值情况

		各市、县生产总值/万元				
		2003 年	2004 年	2005 年	2006 年	2007 年
保山市	隆阳区	349 800	399 449	496 490	580 697	715 168
	腾冲	218 519	250 720	303 349	352 017	413 854
丽江市	古城区	132 482	170 423	210 522	243 744	292 506
	玉龙	62 625	72 651	88 799	102 558	124 899
	宁蒗	42 701	57 279	67 787	76 293	93 457
怒江州	贡山	10 129	12 958	16 182	19 867	23 520
	福贡	16 376	17 897	28 805	32 924	37 852
	泸水	53 298	62 202	90 304	103 800	118 783
	兰坪	60 618	69 574	107 659	270 765	293 977
迪庆州	香格里拉	55 125	70 708	172 876	215 231	279 685
	德钦	14 931	20 726	34 887	44 335	60 555
	维西	43 042	54 680	72 018	84 087	104 285
大理州	大理市	734 085	798 276	955 254	1 103 510	1 266 141
	宾川	182 883	205 300	231 250	263 745	307 693
	剑川	48 739	56 697	68 987	84 008	100 954
	鹤庆	76 119	89 661	103 600	120 000	142 562
	洱源	139 236	106 135	127 236	144 840	172 113
	云龙	60 800	69 582	79 903	92 685	118 588
滇西北全区		2 303 511	2 586 922	3 257 913	3 937 112	4 668 599

10.3.6.3 道路密度（D29）

滇西北所涉 5 个市（州）1990 年以来公路通车总里程变化情况如图 10.8 所示。1990 年保山市、丽江市、怒江州、迪庆州和大理州的公里里程共计 11 950 km，到 2008 年已达到 42 334 km，延长了约 2.5 倍。2006—2008 年区域内的公路建设放缓，3 年内仅新通车 1 082 km，增长 2.6%。各市（州）公路里程及公路密度情况见表 10.17。截至 2008 年，保山市的道路网格密度为滇西北地区最高，0.59 km/km^2；大理州居第 2 位，0.57 km/km^2；之后依次为丽江市（0.28 km/km^2）、怒江州（0.25 km/km^2）、迪庆州（0.18 km/km^2）。

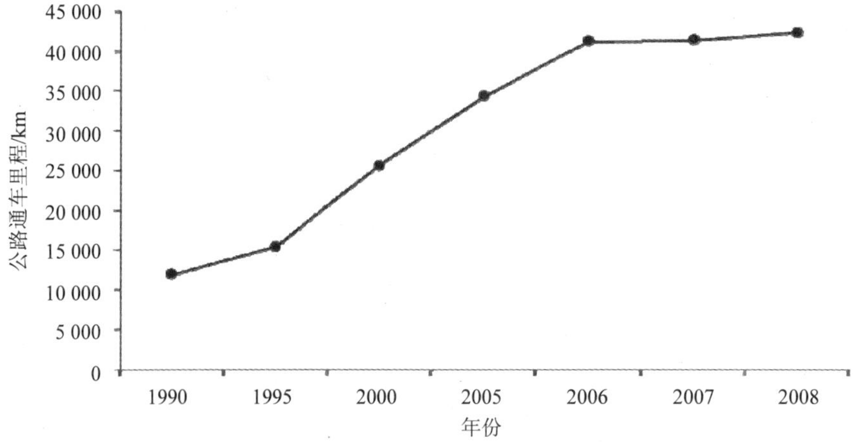

图 10.8 滇西北所涉各州（市）公路通车里程情况

数据来源:《云南统计年鉴》(1991 年、1996 年、2001 年、2006 年、2007 年、2008 年、2009 年)。

表 10.17 滇西北各市（州）公路通车里程及道路网格密度

		保山市	丽江市	怒江州	迪庆州	大理州
1990 年	里程/km	3 128	2 244	1 123	1 410	4 045
	密度/（km/km^2）	0.16	0.11	0.08	0.06	0.14
1995 年	里程/km	4 328	2 996	1 423	1 740	4 909
	密度/（km/km^2）	0.22	0.14	0.10	0.07	0.17
2000 年	里程/km	7 575	4 543	2 524	2 872	8 122
	密度/（km/km^2）	0.39	0.21	0.17	0.12	0.28
2005 年	里程/km	9 982	6 474	2 799	3 637	11 408
	密度/（km/km^2）	0.51	0.31	0.19	0.15	0.39
2006 年	里程/km	11 516	5 911	3 711	3 895	16 219
	密度/（km/km^2）	0.59	0.28	0.25	0.16	0.55
2007 年	里程/km	11 536	5 913	3 708	3 895	16 363
	密度/（km/km^2）	0.59	0.28	0.25	0.16	0.56
2008 年	里程/km	11 549	5 966	3 695	4 341	16 783
	密度/（km/km^2）	0.59	0.28	0.25	0.18	0.57

数据来源:《云南统计年鉴》(1991 年、1996 年、2001 年、2006 年、2007 年、2008 年、2009 年)。

10.3.6.4 城市发展规模（D30）

根据遥感影像解译结果，1995 年、2000 年及 2007 年滇西北各区县城市面积占区域国土面积比例情况见表 10.18。至 2007 年，滇西北地区大理市城市面积占区域国土面积比例最高，为 4.69%，丽江市古城区其次 2.24%，德钦县和维西县比例最低约 0.01%。

表 10.18 1995 年、2000 年及 2007 年滇西北各区县城市化面积比例

		城市面积占区域国土面积比例/%		
		1995 年	2000 年	2007 年
保山市	隆阳区	0.62	0.82	0.98
	腾冲	0.66	0.61	0.82
丽江市	古城区	1.9	1.92	2.24
	宁蒗	0.06	0.07	0.07
	玉龙	0.37	0.37	0.43
怒江州	贡山	0.02	0.02	0.02
	福贡	0	0	0.03
	泸水	0.03	0.03	0.04
	兰坪	0.04	0.04	0.06
迪庆州	香格里拉	0.12	0.13	0.25
	德钦	0	0	0.01
	维西	0	0	0.01
大理州	大理市	2.83	3.66	4.69
	宾川	1.1	1.11	2.86
	剑川	0.63	0.74	0.79
	鹤庆	1.24	1.26	3.37
	洱源	1.53	1.57	2.38
	云龙	0.06	0.03	0.06

滇西北地区的城市化水平较低，但近年以来城镇化进程不断加快，所涉 5 个州（市）城市化率变化情况如图 10.9 所示。其中：大理州是 5 个州（市）中人口最多的一个州，城市化率稳定增长，2008 年大理州城镇人口突破 100 万人，城市化率达到 29.1%；丽江市 2008 年城市化率为 26.9%，仅次于大理州；保山市 2008 年城镇人口达到 59.4 万人，比 2003 年增加约 12.5 万人，城市化率达到 24.1%；迪庆州城市化率稳定增长，到 2008 年为 23.1%。怒江州城市化率在 5 个州（市）中相比较低，到 2008 年为 20.1%。

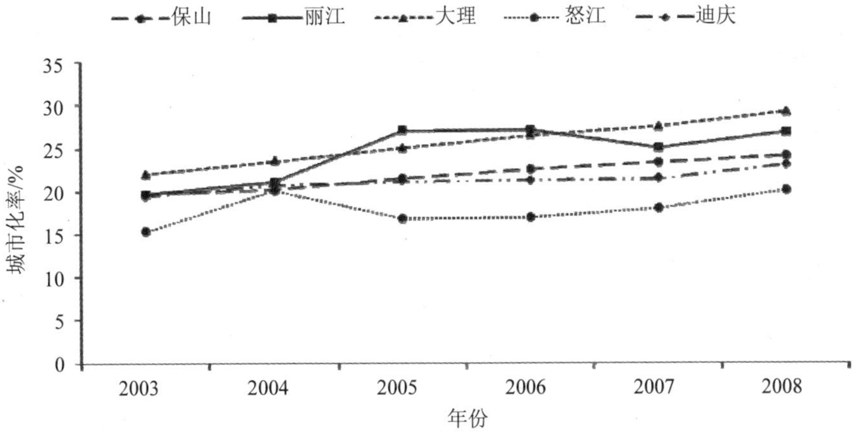

图 10.9 滇西北所涉各州（市）城市化率变化情况

10.3.7 生物多样性威胁因素变化趋势

生物多样性面临的威胁评价包括长期变化评价与近期变化评价。

指标评价中，各指标的评价参考设置如表 10.19 所示。以历史值作为评价参考的指标，通过参数值与其所能获得的最早年份的数值进行比较，判断指标的状态变化。包含多个参数的指标，其评价方法按照第 7.2 节中的规定。

表 10.19 滇西北生物多样性面临的威胁评价指标的评价参考

指标	评价参考
氮肥施用情况（D17）	国际上公认的施氮上限，225 kg/hm^2
外来入侵物种的发展趋势（D18）	历史值
极端气候事件的发生（D19）	历史值
冰川的退缩（D20）	历史值
水土流失面积（D21）	历史值
荒漠化/沙化/石漠化面积（D22）	历史值
重要水体水质（D23）	水质达标情况，根据《地表水环境质量标准》（GB 3838—2002）
湖泊水体的富营养化（D24）	*TLI* 值大于 50，即为富营养
单位 GDP 污染物排放（D25）	历史值
酸雨的发生频率（D26）	历史值
人口密度（D27）	历史值
区域 GDP（D28）	历史值
道路网格密度（D29）	历史值
城市发展规模（D30）	历史值

滇西北生物多样性面临的威胁评价结果如表 10.20 所示。

表 10.20 滇西北生物多样性面临的威胁“分指标层（D）”指标的评价结果表

指标	长期变化	近期变化（10 年内）
氮沉降（C6）		
氮肥施用情况（D16）	—	↗
外来入侵物种（C7）		
外来入侵物种的发展趋势（D17）	↗	—
气候变化（C8）		
极端气候事件的发生（D18）	↗	↗
冰川的退缩（D19）	↘	↘
土地退化（C9）		
水土流失面积（D20）	—	↘
荒漠化与沙化面积（D21）	—	—
石漠化面积（D22）	—	—
污染（C10）		
重要水体水质（D23）	—	↘
湖泊水体的富营养化（D24）	—	→
单位 GDP 污染物排放（D25）	—	↘

指标	长期变化	近期变化（10 年内）
酸雨的发生频率（D26）	—	↘
人口、经济与建设（C11）		
人口密度（D27）	↗	↗
区域 GDP（D28）	↗	↗
道路密度（D29）	↗	↗
城市发展规模（D30）	↗	↗

注：表中图标含义同表 9.5。

10.4 滇西北生物多样性的保护与响应评价

10.4.1 自然保护区的建设

自然保护区面积占国土面积的比例（D31）

到 2008 年年底，滇西北地区共建有自然保护区 27 个，其中国家级 3 个、省级 10 个、州(市)级 12 个、县级 2 个，保护区覆盖总面积 9 988 km^2，占滇西北全部区域面积的 12.5%。

另外，滇西北地区还建有 9 个风景名胜区，包括国家级 4 个、省级 5 个，总面积 11 104 km^2，占滇西北国土面积的 13.9%；3 处国际重要湿地，碧塔海、纳帕海和拉市海；3 个国家地质公园，总面积 2 519 km^2，占全省国家地质公园总面积的 78.8%，占滇西北国土总面积的 3.2%；4 个森林公园，包括国家级 3 个、省级 1 个，总面积 78 km^2；还拥有“三江并流”世界自然遗产，以及香格里拉普达措国家公园。

表 10.21 滇西北自然保护区建设情况

截至年份	保护区总数	保护区总面积/km^2	各级保护区建设情况
1980 年代	13	8 122	
1990 年代	14	8 881	
2000	15	8 967	国家级 3 处；省级 8 处；市级 6 处；县级 1 处
2008	27	9 988	国家级 3 处；省级 10 处；市级 12 处；县级 2 处

10.4.2 环保资金投入

环保专项资金的投入（D32）

自 1998 年全国启动天然林保护工程开始至 2008 年的 10 年间，云南省在滇西北开展森林保护工作累计投资 14.85 亿元，天然林保护专职管护人员 8 214 人，不仅使滇西北境内 397 万 hm^2 林地得到有效保护，还完成 54 万 hm^2 公益林的建设任务。

2004—2008 年，国土资源部、财政部共补助给滇西北 5 个州（市）内国家地质遗迹保护区和地质公园 1 280 万元，各地按照要求配套了资金，开展地质遗迹保护和地质公园建设。由于滇西北地质环境背景和条件复杂脆弱，各级共投入地质灾害治理资金 10 700 余万元，治理面积 10 300 多 hm^2。

薪材一直是滇西北最主要的森林资源消耗方式。滇西北地区经济社会发展较为滞后，粗放的资源利用方式和相对落后的生产方式仍在延续，滇西北烧柴草的农户和人口分别占其总数的 78%和 79%，每年因烧柴可造成至少 1 300 km^2 的森林消失。农村替代能源的建设工作受到云南省高度重视。据统计，2000—2007 年，滇西北地区共完成沼气池建设 18.7 万户，节柴改灶 12.4 万户，推广太阳能 16.4 万 m^2，开发微型水力发电 2 565.5 kW，省投资金达 6 449 万元。

10.4.3 可持续利用

10.4.3.1 退耕还林（草）/退田还湖的面积（D33）

（1）退耕还林（草）

1998 年开展天然林保护工程以来，云南省已经全面停止了对滇西北地区的天然林采伐作业，森林保护与造林工作广泛开展。云南省也在滇西北地区加强退耕还林和生态修复，安排滇西北退耕还林 14.37 万 hm^2，滇西北香格里拉、兰坪与丽江为全省最早进行退耕还林还草试点工作的县市。

2000 年云南全省完成退耕地还林还草 1.34 万 hm^2，荒山荒地还林还草 3.93 万 hm^2，退耕还林工程目前已覆盖云南全省范围。据云南省林业厅统计，截至 2007 年全省共完成退耕还林任务 1 417.1 万亩，增加林草面积 1 247.74 万亩，覆盖度增加 2.3%，130 万户退耕农户户均从退耕还林补助中直接获得收入 4 963 元。此后，2007 年、2008 年 2 年继续完成退耕还林工程建设任务 170 万亩，荒山荒地造林 135 万亩，封山育林 35 万亩。

滇西北地区目前已累计实施退耕还林工程 14 万 hm^2，累计完成长江防护林体系建设工程 5.7 万 hm^2，澜沧江防护林建设 2.4 万 hm^2。实施了以工代赈造林、农业综合开发造林、飞播造林、绿色扶贫造林以及小流域和石漠化综合治理等多种形式的生态建设工程。保护天然林 501 万 hm^2，占滇西北国土总面积的 56.2%，其中有 397 万 hm^2 的林地被纳入重点生态公益林进行保护。

（2）退田还湖

在退田还湖方面，大理州在洱海 1 965.69 m 范围内环湖退鱼塘还湖 4 324.94 亩，退房屋还湿地约 616.8 亩。此外，还在小关邑和洱海西区 10 km 湖滨带实施了生态恢复建设示范工程，洱海西区 48 km 湖滨带得到恢复。

10.4.3.2 生态公益林面积（D34）

滇西北有 60%以上的土地面积处于中、高山地区，由于山高坡陡、气温寒冷、土壤瘠薄，植被恢复和演替过程十分缓慢。在资源粗放式利用与不合理开发的影响下，将造成植被质量下降、生态功能退化。为保护滇西北森林资源，国家和云南省在滇西北实施了重点公益林补偿制度与天然林保护工程。滇西北公益林管护面积达到 397 万 hm^2，并完成了 54 万 hm^2 生态公益林的建设任务。但该地区生态补偿的范围和力度还需要进一步加强，还有待完善生态效益补偿机制，以有效地解决保护投入不足的问题，同时还应加强森林管护站建设，落实森林管护责任。

10.4.3.3 基本农田面积（D35）

滇西北地区的耕地面积仅为全区土地面积的 6.65%，是云南省耕地最少的区域。其中，一等宜耕地 10.50 万 hm^2，二等宜耕地 8.39 万 hm^2，三等宜耕地 20.69 万 hm^2，不宜耕地 6.27 万 hm^2（付保红、王庆庆，2003）。坡旱地是滇西北分布面积最广大的一类耕地类型，但由于坡度大、地表有机质含量少，这种耕地类型利用不持续、农作物产量难以提高。

目前滇西北的基本农田主要是中低产耕地，基础设施较差。如望天田受需要改善灌溉条件，根据实际情况采取修建坝塘与蓄水池、引排水沟渠等；坡旱地可采取修建梯田的方式，以减轻水土流失。

10.4.4 生物多样性保护与响应发展趋势

生物多样性保护与响应评价包括长期变化评价与近期变化评价。近期变化是指 10 年内的变化情况。

指标评价中，主要以历史值作为评价参考，通过参数值与其所能获得的最早年份的数值进行比较，判断指标的状态变化。

滇西北生物多样性保护与响应评价的结果如表 10.22 所示。

表 10.22 滇西北生物多样性保护与响应“分指标层（D）”指标的评价结果表

指标	长期变化	近期变化（10 年内）
自然保护区的建设（C13）		
自然保护区占区域国土面积的比例（D31）	↗	↗
环保资金投入（C14）		
环保专项资金的投入（D32）	—	↗
可持续利用（C15）		
退耕还林（草）/退田还湖的面积（D33）	—	↗
生态公益林面积（D34）	—	↗
基本农田面积（D35）	—	—

注：表中图标含义同表 9.5。

10.5 综合评价

10.5.1 评价结果图

滇西北生物多样性综合评价结果如图 10.10 所示。数据可获得性仍是制约评价工作的瓶颈，由于不能获得时间序列上的可比数据，部分指标的变化趋势未能评估。

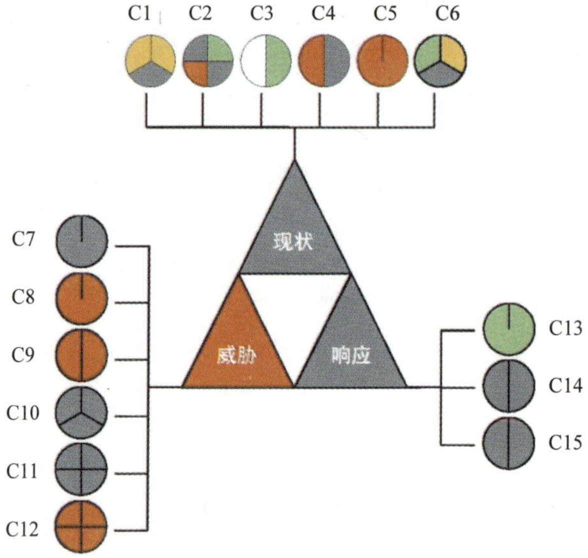

（a）长期变化

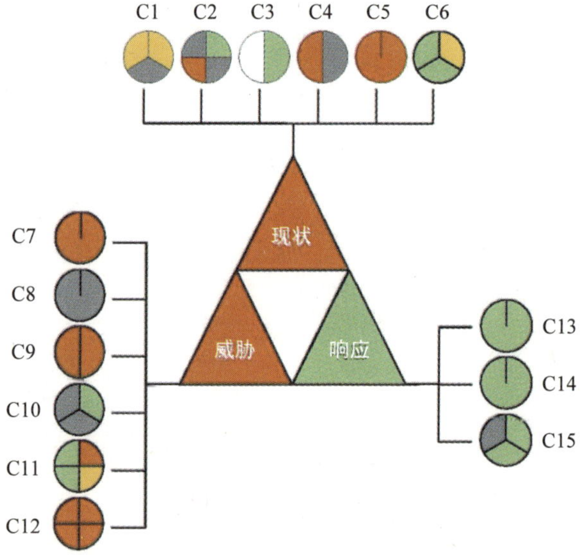

（b）近期（10年内）变化

注：“指标层（C）”指标分别为：C1：景观格局；C2：生态系统状况；C3：生态系统的产品与服务；C4：物种的组成与动态；C5：遗传资源状况；C6：传统知识与特有文化；C7：氮沉降；C8：外来入侵物种；C9：气候变化；C10：土地退化；C11：污染；C12：人口、经济与建设；C13：自然保护区的建设；C14：环保资金投入；C15：可持续利用。

图 10.10　滇西北生物多样性综合评价结果图

长期变化情况：滇西北生物多样性现状与响应方面的长期趋势尚不明了。威胁因素主要表现为增强。

近期（10 年内）变化情况：滇西北地区生物多样性的保护与响应能力有所提高；威胁仍然存在，一些不利因素仍未得到有效控制；生物多样性的现状有恶化趋势。

10.5.2 结果分析

滇西北是全球景观类型和生物多样性最为丰富的地区之一。从亚热带河谷到高山发育了各种森林、灌丛、亚高山草甸、湿地、高山流石滩和冰川雪山，植被垂直带谱完整。有高等植物 10 198 种（含亚种、变种），脊椎动物 1 017 种，珍稀、特有种类多，是世界著名的模式标本产地。滇西北拥有丰富的、高经济价值的种质资源，出产的中药材与花卉品种尤为著名。

滇西北森林资源丰富，曾是云南省的主要木材生产基地。生长于亚高山寒温性针叶林中的云杉、冷杉、铁杉、大果红杉等作为主要的采伐对象，被大规模采伐。森林的破坏与片段化使许多种类的生存受到威胁，造成了大量生物物种资源的流失，如天麻、贝母、秦艽、林麝等。从 2000 年开始，滇西北开展了天然林保护工程，并启动退耕还林工程，全面停止了对境内天然林的采伐作业，通过以工代赈造林、农业综合开发造林、飞播造林、绿色扶贫造林以及小流域和石漠化综合治理等多种形式开展生态建设。10 年间，云南省在滇西北开展森林保护工作累计投资了 14.85 亿元，公益林管护面积 397 万 hm^2，天然林得到恢复、面积扩大，人工林种植也迅速发展，森林覆盖率提高，目前已超过 50%。

滇西北位于长江、湄公河、萨尔温江、伊洛瓦底江 4 条亚洲著名大江的上游地区，内陆水系发达，湖泊分布较多，有许多典型的、具有重要保护价值的高原湖泊湿地，如洱海湿地、泸沽湖湿地、碧塔海湿地、纳帕海湿地等。这些高原湖泊中生长着特有水生植物（如海菜花、茈碧莲、泽泻等）以及特有鱼类（如裂腹鱼、重唇鱼等），但生态系统较脆弱，抗干扰能力差。受污染物排放、外来物种入侵、围湖造田等因素影响，滇西北地区高原湖泊湿地的面积缩减、水质污染，本地物种数量急剧下降或濒危，生态状况受到威胁。

滇西北人口密度较低，不到全国平均人口密度的一半。少数民族众多，少数民族人口占全区人口总数的一半以上，拥有丰富的地方特色文化与传统知识。各民族之间经济、社会发展具有差异，但总体上较为滞后。生产以农业为主，现代工业规模有限。但耕地面积少，基本农田主要为中低产耕地，基础设施较差。近年来为提高作物产量，农业化肥用量增加，部分地区氮肥施用水平超过国际公认的施氮上限。保护民族文化、促进环境友好的区域经济发展，将是该地区社会经济发展中面临的重要问题。

滇西北地区工业不发达，总体上环境污染问题不突出。2008 年，滇西北 SO_2 排放总量 3.5 万 t，其中大理地区排放约 1.8 万 t；COD 排放总量 5.2 万 t，保山市排放约 2.7 万 t，占总量的一半以上，污染物排放地区差异明显。环境空气受到轻微酸雨污染（pH 5.0～5.6），但近年来酸雨发生频率降低。4 大水系中，伊洛瓦底江将水质达标率为 100%，怒江、澜沧江水系受到轻度污染，而金沙江水系水质状况较差，为中度污染，但断面水环境功能达标率逐年有所提高。

滇西北地区是现代冰川的主要分布区，有冰川约 57 条，分布面积 84.88 km^2。但由于中低纬度冰川对气候变化尤其敏感，受气温上升影响，滇西北地区的冰川退缩明显，且近年来有加快的趋势。随着冰川持续消融，将影响区域内的水源补给能力，并可能导致地质灾害，威胁生态安全。

10.5.3 优缺点总结

10.5.3.1 现状方面

（1）优点

- 物种组成十分丰富，拥有中国近 1/3 的高等植物和动物种类，具有经济开发价值的种类也十分丰富；
- 特有种比例高，是中国 3 大特有物种起源和分化的中心之一；
- 森林覆盖情况较好，天然林分布面积广；
- 河网水系发达，水资源丰富；
- 少数民族数量众多，拥有丰富的特色文化。

（2）存在的问题

- 部分生态系统的存在情况不容乐观。草场存在严重退化，高原湿地面积缩减，亚高山寒温性针叶林面积减少，高山流石滩受到人为挖掘破坏；
- 缺乏对物种与遗传资源的长期监测，本地情况及变化动态不明；
- 一些重要生物资源（如红豆杉、滇重楼、白芨、西南手参等）遭受掠夺式开发，破坏严重；
- 珍稀濒危物种数量多、比例高，保护压力大。

10.5.3.2 威胁方面

（1）优点

- 地表水质较好；
- 污染排放量较低，单位 GDP 污染物排放量呈下降趋势；
- 酸雨发生频率较低。

（2）存在的问题

- 近年来农业氮肥施用量不断增加，部分地区施氮水平超过国际公认的施氮上限；
- 外来入侵物种影响较大，尤其威胁了当地特有种的生存状况；
- 由极端气候引起的自然灾害增加，危害加剧；
- 低纬度冰川不断退缩，冰储量降低；
- 地形陡峭、地质活动活跃、降雨集中，为水土流失易发区域；

- 人口增长、经济发展与建设用地扩增等因素带来的压力增大。

10.5.3.3 响应方面

（1）优点

- 自然保护区数量与保护面积增加，其他类型保护地（如森林公园、重要湿地等）也不断发展；
- 天然林保护工作开展较早，开展了退耕还林、长江防护林体系建设、澜沧江防护林建设等工程，提高了森林覆盖率，有利于水土保持；
- 开展农村替代能源的建设，淘汰落后的能源利用方式，减少了薪材对森林资源的消耗。

（2）存在的问题

- 基本农田主要是中低产耕地，基础设施较差。

附　录

附录 A　陆地生态系统生物多样性评价指标

目标层（A）	准则层（B）	指标层（C）	分指标（D）	参数
陆地生态系统的生物多样性（A1）	现状（B1）	景观格局（C1）	景观要素的多样性（D1）	景观多样性指数 景观均匀度指数
			斑块破碎度指数（D2）	斑块破碎度指数
			自然要素斑块之间的连通性（D3）	河网密度 河流每百千米闸坝数量
		生态系统状况（C2）	自然生态系统覆盖情况（D4）	自然生态系统面积比例 森林覆盖率
			天然林分布情况（D5）	天然林面积 天然林与人工林面积比例
			重要生态系统/栖息地范围的变化趋势（D6）	分布面积 生境质量
			河流生态系统健康（D7）	鱼类生物完整性指数（F-IBI）
		生态系统的产品与服务（C3）	*NPP/NDVI*（D8）	*NDVI/NPP*
			地下水位（D9）	地下水位变化区域的面积比例
		物种的组成与动态（C4）	区域物种的丰富度（D10）	物种丰富度
			珍稀濒危物种的种群动态（D11）	珍稀濒危物种种群数量
		遗传资源状况（C5）	重要遗传资源（畜禽、鱼类、农作物、栽培植物等资源）的保存与丧失（D12）	（有待完善）
		传统知识与特有文化（C6）	方言的种类（D13）	语言/方言种类
			少数民族数量与人口比例（D14）	少数民族数量 少数民族人口比例
			世界/国家自然遗产或文化遗产数量（D15）	各类遗产总数

目标层（A）	准则层（B）	指标层（C）	分指标（D）	参数
陆地生态系统的生物多样性（A1）	威胁（B2）	氮沉降（C7）	氮肥施用情况（D16）	施氮水平
		外来入侵物种（C8）	外来入侵物种的发展趋势（D17）	外来入侵物种的种数 危害程度
		气候变化（C9）	极端气候事件的发生（D18）	发生频率 发生规模
			冰川的退缩（D19）	冰川的退缩
		土地退化（C10）	水土流失面积（D20）	水土流失面积
			荒漠化与沙化面积（D21）	荒漠化面积 沙化面积
			石漠化面积（D22）	石漠化面积
		污染（C11）	重要水体水质（D23）	地表水水质达标率
			湖泊/水库富营养化（D24）	综合营养状态指数（*TLI*）
			单位 GDP 污染物排放（D25）	单位 GDP 的 SO_2 排放量 单位 GDP 的 COD 排放量
			酸雨的发生频率（D26）	酸雨发生频率
		人口、经济与建设（C12）	人口密度（D27）	人口密度
			区域 GDP（D28）	GDP
			道路密度（D29）	道路密度
			城市发展规模（D30）	城市面积占国土面积的比例 城市化率
	生物多样性的保护与响应（B3）	自然保护区的建设（C13）	自然保护区面积占国土面积的比例（D31）	自然保护区面积比例
		环保资金投入（C14）	环保专项资金的投入（D32）	环保专项资金投入总额
		可持续利用（C15）	退耕还林（草）/退田还湖的面积（D33）	退耕还林（草）的面积 退田还湖的面积
			生态公益林面积（D34）	生态公益林面积
			基本农田面积（D35）	基本农田面积

附录 B　世界遗产名录（中国部分）

（统计截至 2011 年 6 月）

编号	遗产名称	批准时间	类型
1	长城	1987.12	文化遗产
2	北京故宫、沈阳故宫	1987.12	文化遗产
3	陕西秦始皇陵及兵马俑	1987.12	文化遗产
4	甘肃敦煌莫高窟	1987.12	文化遗产
5	北京周口店北京猿人遗址	1987.12	文化遗产
6	山东泰山	1987.12	文化与自然双重遗产
7	安徽黄山	1990.12	文化与自然双重遗产
8	湖南武陵源国家级名胜区	1992.12	自然遗产
9	四川九寨沟国家级名胜区	1992.12	自然遗产
10	四川黄龙国家级名胜区	1992.12	自然遗产
11	西藏布达拉宫	1994.12	文化遗产
12	河北承德避暑山庄及周围寺庙	1994.12	文化遗产
13	山东曲阜的孔庙、孔府及孔林	1994.12	文化遗产
14	湖北武当山古建筑群	1994.12	文化遗产
15	江西庐山风景名胜区	1996.12	文化遗产
16	四川峨眉山—乐山风景名胜区	1996.12	文化与自然双重遗产
17	云南丽江古城	1997.12	文化遗产
18	山西平遥古城	1997.12	文化遗产
19	江苏苏州古典园林	1997.12	文化遗产
20	北京颐和园	1998.11	文化遗产
21	北京天坛	1998.11	文化遗产
22	重庆大足石刻	1999.12	文化遗产
23	福建武夷山	1999.12	文化与自然双重遗产
24	四川青城山和都江堰	2000.11	文化遗产
25	河南洛阳龙门石窟	2000.11	文化遗产
26	明清皇家陵寝：明显陵（湖北钟祥市）、清东陵（河北遵化市）、清西陵（河北易县）、盛京三陵	2000.11	文化遗产
27	安徽古村落：西递、宏村	2000.11	文化遗产
28	山西大同云冈石窟	2001.12	文化遗产
29	云南三江并流	2003.7	自然遗产
30	高句丽王城、王陵及贵族墓葬	2004.7	文化遗产
31	澳门历史城区	2005.7	文化遗产
32	四川大熊猫栖息地	2006.7	自然遗产
33	安阳殷墟	2006.7	文化遗产
34	中国南方喀斯特	2007.6	自然遗产
35	开平碉楼与村落	2007.6	文化遗产

编号	遗产名称	批准时间	类型
36	福建土楼	2008.7	文化遗产
37	江西三清山	2008.7	自然遗产
38	山西五台山	2009.6	文化遗产
39	登封“天地之中”历史建筑群	2010.7	文化遗产
40	中国丹霞	2010.8	自然遗产
41	杭州西湖	2011.6	文化遗产

附录 C　中国国家自然遗产/自然与文化双遗产预备名录

C1 中国国家自然遗产预备名录名单

编号	遗产名称	批次	备注
1	黑龙江省五大连池风景名胜区	首批	火山地貌
2	吉林省长白山植被垂直景观及火山地貌景观	首批	火山地质地貌，从温带到极地的垂直分布森林植被景观
3	福建省海坛风景名胜区	首批	海滨沙滩和海蚀地貌
4	江西省三清山风景名胜区	首批	花岗岩地貌，自然景观
5	江西省武功山风景名胜区	首批	自然景观
6	河南省云台山风景名胜区	首批	自然景观
7	湖南省崀山风景名胜区	首批	丹霞地貌
8	重庆市天坑地缝风景名胜区	首批	喀斯特地貌
9	重庆市金佛山风景名胜区	首批	自然景观
10	四川省贡嘎山风景名胜区	首批	自然景观，冰川
11	四川省若尔盖湿地	首批	高寒沼泽湿地生态系统
12	贵州省织金洞风景名胜区	首批	岩溶地貌
13	贵州省马岭河峡谷风景名胜区	首批	峡谷景观
14	贵州平塘省级风景名胜区	首批	喀斯特地貌
15	云南省澄江动物化石群保护地	首批	动物化石
16	青海省青海湖风景名胜区	首批	内陆咸水湖，鸟类
17	新疆喀纳斯自治区级风景名胜区	首批	自然景观
18	北京市房山岩溶洞穴及峰丛地貌	第二批	岩溶洞穴与峰丛地貌
19	河北省承德丹霞地貌	第二批	丹霞地貌
20	黑龙江省扎龙自然保护区	第二批	湿地，鸟类
21	辽宁省本溪水洞风景名胜区	第二批	石灰岩充水溶洞
22	浙江省方岩风景名胜区	第二批	自然景观
23	福建省冠豸山风景名胜区	第二批	自然景观
24	福建省太姥山风景名胜区	第二批	自然景观
25	江西省鄱阳湖湿地	第二批	湿地，鸟类
26	湖南省万佛山—侗寨省级风景名胜区	第二批	自然景观
27	四川省佛宝—蜀南竹海风景名胜区	第二批	原始竹林
28	四川省光雾山—诺水河风景名胜区	第二批	自然景观
29	贵州省兴义锥状喀斯特	第二批	喀斯特地貌
30	西藏纳木错	第二批	内陆咸水湖
31	西藏格拉丹东—长江源	第二批	雪山冰川，长江源头
32	西藏土林—古格	第二批	土林
33	新疆天山天池风景名胜区	第二批	高山湖泊
34	新疆赛里木湖风景名胜区	第二批	高山湖泊

C2 中国国家自然与文化双遗产预备名录名单

编号	遗产名称	批次	备注
1	山西省五台山风景名胜区	首批	佛教圣地，自然景观
2	安徽省九华山风景名胜区	首批	佛教名山，自然景观
3	福建省清源山风景名胜区	首批	佛教文化，道教文化，自然景观
4	江西省龙虎山风景名胜区	首批	道教圣地，丹霞地貌
5	江西省高岭—瑶里风景名胜区	首批	制瓷业最主要的原料产地，古代窑址
6	河南省嵩山风景名胜区	首批	佛教文化，道教文化，古代书院，自然景观
7	湖南省南岳衡山风景名胜区	首批	佛教文化，道教文化，自然景观
8	湖南省紫鹊界—梅山龙宫风景名胜区	首批	稻作文化、梯耕文化
9	贵州省黄果树风景名胜区及屯堡文化	首批	瀑布群，屯堡文化
10	云南省大理苍山与南诏历史文化遗存	首批	自然景观，古滇文化
11	陕西省华山风景名胜区	首批	自然景观，道教文化
12	甘肃省麦积山风景名胜区	首批	自然景观，石窟艺术
13	宁夏贺兰山—西夏王陵风景名胜区	首批	自然景观，西夏王陵遗址
14	山西省恒山风景名胜区	第二批	道教发祥地
15	山西省芦芽山省级风景名胜区	第二批	自然景观，汾河源头，民间文化遗产
16	黑龙江省兴凯湖省级风景名胜区	第二批	湿地，新开流文化
17	江苏省南京中山陵	第二批	孙中山先生陵墓及其附属纪念建筑群
18	安徽省天柱山风景名胜区	第二批	自然景观，禅宗和道教养生文化
19	江西省井冈山风景名胜区	第二批	红军革命旧址遗迹，自然景观
20	山东省济南名泉	第二批	泉水
21	四川省剑门蜀道风景名胜区	第二批	古蜀道

附录 D 我国主要外来入侵物种名单

D1 主要外来入侵病害

编号	中文名	病原拉丁名	原产地
1	甘薯黑斑病	*Ceratocystis fimbriata*	日本
2	棉花枯萎病	*Fusarium vasifectum*	美国
3	棉花黄萎病	*Verticillium dahliae*	美国
4	马铃薯环腐病	*Corynebacterium sepedomcum*	美国
5	桃缩叶病毒	*Taphrina deformans*	美国
6	苹果白粉病	*Podosphaera leucotricha*	不详
7	苹果黑星病	*Venturia inaequalis*	不详
8	苹果盘二孢菌	*Marssonia mali*	不详
9	甘蔗霜霉病	*Sclerospora sacchari*	澳大利亚
10	水稻白叶枯病	*Xanthomonas oryzae*	日本
11	稻粒黑粉病	*Neovossia horrida*	日本
12	水稻亚苗病	*Gibberella fujikuroi*	日本
13	红麻炭疽病	*Colletotrichum hibisci*	印度
14	玉米细菌性萎蔫病	*Xanthomonas stewarti*	美国
15	油橄榄肿瘤病	*Pseudomonas savastanoi*	伊朗
16	甘薯长喙壳菌	*Ceratocystis fimbriata*	不详

D2 主要外来入侵植物

编号	中文名	拉丁名	原产地
1	刺苞果	*Acanthospermum anthemifolia*	南美洲
2	节节麦	*Aegilops squarrosa*	亚洲西部
3	藿香蓟	*Ageratum conyzoides*	墨西哥
4	熊耳草	*Ageratum houstonianum*	墨西哥及邻近地区
5	空心莲子草*	*Alternanthera philoxeroides*	南美洲
6	刺花莲子草	*Alternanthera pungens*	南美洲
7	赛葵	*Alvastrum coromandelianum*	美洲
8	白苋	*Amaranthus albus*	北美
9	北美苋	*Amaranthus blitoides*	北美
10	尾穗苋	*Amaranthus caudatus*	热带
11	反枝苋	*Amaranthus retroflexus*	非洲热带
12	刺苋*	*Amaranthus spinosus*	美洲热带
13	苋	*Amaranthus tricolor*	印度
14	皱果苋	*Amaranthus viridis*	非洲热带
15	豚草*	*Ambrosia artemisiifolia*	北美洲

编号	中文名	拉丁名	原产地
16	三裂叶豚草*	*Ambrosia trifida*	北美洲
17	落葵薯*	*Anredera cordifolia*	南美热带和亚热带地区
18	田春黄菊	*Anthemis arvensis*	欧洲
19	细叶芹	*Apium leptophyllum*	加勒比海地区
20	钻形紫菀	*Aster subulatus*	北美
21	地毯草	*Axonopus compressus*	美洲热带
22	大狼把草	*Bidens frondosa*	北美洲
23	臂形草	*Brachiaria eruciformis*	亚洲热带
24	大麻	*Cannabis sativa*	亚洲西部
25	蒺藜草*	*Cenchrus echinatus*	美洲的热带和亚热带地区
26	土荆芥*	*Chenopodium ambrosioides*	中、南美洲
27	小茼蒿	*Chrysanthemum carinatum*	地中海
28	茼蒿	*Chrysanthemum coronarium*	地中海
29	菊苣	*Cichorium intybus*	欧洲
30	红瓜	*Coccinia cordifolia*	东南亚、印度
31	野塘蒿	*Conyza bonariensis*	美洲
32	小白酒草	*Conyza canadensis*	北美
33	大花金鸡菊	*Coreopsis grandiflora*	美洲
34	线叶金鸡菊	*Coreopsis lanceolata*	北美洲
35	蛇目菊	*Coreopsis tinctoria*	北美洲
36	芫荽	*Coriandrum sativum*	地中海
37	秋英	*Cosmos bipinnata*	墨西哥
38	硫黄菊	*Cosmos sulphurens*	墨西哥
39	洋金花	*Datura metal*	印度
40	凤眼莲*	*Eichhornia crassipes*	巴西
41	一年蓬	*Erigeron annuus*	北美洲
42	春飞蓬	*Erigeron philadelphicus*	北美
43	紫茎泽兰*	*Eupatorium adenophorum*	中美洲
44	飞机草*	*Eupatorium odoratum*	中美洲
45	苇状羊茅	*Festuca arundinacea*	欧洲
46	黄顶菊*	*Flaveria bidentis*	南美洲
47	辣子草	*Galinsoga parviflora*	南美洲
48	银花苋	*Gomphrena celosioides*	美洲热带
49	菊芋	*Halianthus tuberosus*	北美洲
50	堆心菊	*Helenium autumnale*	北美洲
51	天芥菜	*Heliotropium europaeum*	欧洲
52	五爪金龙	*Ipomoea cairica*	热带非洲和亚洲
53	马缨丹*	*Lantana camara*	美洲热带
54	绿独行菜	*Lepidium campestre*	欧洲、亚洲西部
55	密花独行菜	*Lepidium densiflorum*	北美
56	北美独行菜	*Lepidium virginicum*	北美洲
57	滨菊	*Leucanthemum vulgare*	欧洲

编号	中文名	拉丁名	原产地
58	毒麦*	*Lolium temulentum*	地中海地区
59	猫爪藤	*Macfadyena unguis-cati*	热带美洲
60	白香草木樨	*Melilotus albus*	亚洲西部
61	薇甘菊*	*Mikaina micrantha*	中美洲
62	仙人掌	*Opuntia stricta*	美洲
63	银胶菊*	*Parthenium hysterophorus*	美国热带
64	裂叶牵牛	*Pharbitis nil*	热带美洲
65	圆叶牵牛	*Pharbitis purpurea*	热带美洲
66	梯牧草	*Phleum pratense*	欧洲、亚洲西部
67	毛酸浆	*Physalis pubescens*	美洲
68	大薸*	*Pistia stratiotes*	巴西
69	北美车前	*Plantago virginica*	北美
70	假地胆草	*Pseudelephantopus spicatus*	美洲热带、非洲
71	伞房匹菊	*Pyrethrum parthenifolium*	亚洲中部
72	田野毛茛	*Ranunculus arvensis*	欧洲、亚洲西部
73	黄木犀草	*Reseda lutea*	欧洲、亚洲、非洲北部
74	野甘草	*Scoparia dulcis*	美洲热带
75	欧洲千里光	*Senecio vulgaris*	欧洲
76	水飞蓟	*Silybum marianum*	欧洲、亚洲中部、非洲
77	水茄	*Solanum torvum*	热带美洲
78	北美一枝黄	*Solidago altissma*	墨西哥、美国
79	加拿大一枝黄花*	*Solidago Canadensis*	北美
80	裸柱菊	*Soliva anthemifolia*	大洋洲
81	假高粱*	*Sorghum halepense*	地中海地区
82	互花米草*	*Spartina alterniflora*	美国
83	大米草	*Spartina anglica*	英国
84	小繁缕	*Stellaria apetala*	欧洲
85	金腰箭	*Synedrella nodiflora*	美洲热带
86	万寿菊	*Tagetes erecta*	墨西哥
87	孔雀草（孔雀菊）	*Tagetes patula*	墨西哥
88	土人参	*Talinum paniculatum*	美洲热带
89	大花老鸦嘴	*Thunbergia graniflora*	印度、孟加拉国
90	肿柄菊	*Tithonia diversifolia*	墨西哥
91	羽芒菊	*Tridax procumbens*	美洲热带
92	异檐花	*Triodanis perfoliata*	北美洲、中美洲
93	直立婆婆纳	*Veronica arvensis*	欧洲
94	睫毛婆婆纳	*Veronica hederifolia*	欧洲
95	阿拉伯婆婆纳	*Veronica persica*	欧洲、亚洲西部
96	三裂蟛蜞菊	*Wedelia trilobata*	热带美洲
97	刺苍耳	*Xanthium spinosum*	南美洲
98	多花百日菊	*Zinnia peruviana*	墨西哥

注：带*号物种被纳入中国环保部公布的第一批、第二批外来物种名单。

D3 主要外来入侵动物

编号	中文名	拉丁名	原产地
1	长角捷蚁	*Anoplolepis gracilipes*	热带亚洲、热带非洲
2	德国小蠊	*Blattella germanica*	非洲
3	椰心叶甲*	*Brontispa longissima*	印度尼西亚、巴布亚新几内亚
4	豌豆象	*Bruchus pisorum*	地中海沿岸
5	蚕豆象	*Bruchus rufumanus*	欧洲
6	松材线虫*	*Bursaphelenchus xylophilus*	北美洲
7	四纹豆象	*Callosobruchus maculatus*	美洲
8	苹果蠹蛾*	*Cydia pomonella*	欧洲
9	强大小蠹*	*Dendroctonus valens*	北美洲、中美洲
10	红脂大小蠹	*Dendroctonus valens*	北美洲、中美洲
11	苹果绵蚜	*Eriosoma lanigerum*	美国
12	松突圆蚧*	*Hemiberlesia pitysophila*	日本、中国台湾
13	美国白蛾*	*Hyphantria cunea*	北美洲
14	小楹白蚁	*Incisitermes minor*	美国
15	马铃薯甲虫	*Leptinotarsa decemlineata*	美国、墨西哥
16	桉树枝瘿姬小蜂*	*Leptocybe invasa*	澳大利亚
17	美洲斑潜蝇	*Liriomyza sativae*	南美洲
18	三叶草斑潜蝇*	*Liriomyza trifolii*	北美洲
19	稻水象甲*	*Lissorhoptrus oryzophilus*	美国、古巴
20	蔗扁蛾*	*Opogona sacchari*	非洲
21	湿地松粉蚧*	*Oracella acuta*	美国
22	美洲大蠊	*Periplaneta americana*	南美洲
23	大头蚁	*Pheidole megacephala*	非洲南部
24	红火蚁*	*Solenopsis invicta*	南美洲
25	谷斑皮蠹	*Trogoderma granarium*	印度、缅甸、斯里兰卡、马来西亚
26	葡萄根瘤蚜	*Viteus vitifoliae*	美国
27	巴西豆象	*Zabrotes subfasciatus*	巴西
28	克氏原螯虾*	*Procambarus clarkii*	北美洲
29	非洲大蜗牛*	*Achating fulica*	非洲
30	指甲履螺	*Crepidula onyx*	中美洲、北美洲
31	福寿螺*	*Pomacea canaliculata*	亚马孙河流域
32	瓦伦西亚列蛞蝓	*Lehmannia valentiana*	伊比利亚半岛、非洲西北部
33	沙筛贝	*Mytilopsis sallei*	中美洲热带
34	食蚊鱼	*Gambusia affinis*	美国、墨西哥
35	胎鳉	*Poeciliidae*	美洲

编号	中文名	拉丁名	原产地
36	奥利亚口孵非鲫	*Oreochromis aureus*	非洲
37	莫桑比克口孵非鲫	*Oreochromis mossambicus*	非洲
38	尼罗口孵非鲫	*Oreochromis niloticus*	非洲
39	牛蛙*	*Rana catesbeiana*	北美洲
40	獭狸	*Myocastor coypus*	南美洲
41	麝鼠	*Ondatra zibethicus*	北美洲

注：带*号物种被纳入中国环保部公布的第一批、第二批外来物种名单。

参考文献

[1] 曹志平，钟晓东. 全球生物多样性监测及其进展[J]. 生物多样性，1997，5（2）：157-159.

[2] 常呈，廉振民. 生物多样性研究进展[J]. 陕西师范大学学报（自然科学版），2004，32：152-157.

[3] 陈君颖，田庆久. 高分辨率遥感植被分类研究[J]. 遥感学报，2007，11（2）：221-227.

[4] 陈丽晖，丁丽勋. 区域条件对土地制度的约束——以滇西北地区为例[J]. 云南地理环境研究，2001，13（2）：60-68.

[5] 陈圣宾，蒋高明，高吉喜，等. 生物多样性监测指标体系构建研究进展[J]. 生态学报，2008，28（10）：5123-5132.

[6] 陈述彭，赵英时. 遥感地学分析[M]. 北京：测绘出版社，1990.

[7] 陈薇，杨宇明，王娟，等. 环境影响评价中生物多样性的影响评价探析[J]. 资源开发与市场，2007，23（3）：224-226.

[8] 陈文波，肖笃宁，等. 景观指数分类、应用及构建研究[J]. 应用生态学报，2001，13（1）：121-125.

[9] 崔国发，王献溥. 世界自然保护区发展现状和面临的任务[J]. 北京林业大学学报，2000，22（4）：123-125.

[10] 崔国发. 自然保护区学当前应该解决的几个科学问题[J]. 北京林业大学学报，2004，24（6）：102-105.

[11] 邓敏，周浙昆. 滇西北高山流石滩植物多样性[J]. 云南植物研究，2004，26（1）：23-34.

[12] 丁晖，秦卫华. 生物多样性评估指标及其案例研究[M]. 北京：中国环境科学出版社，2009.

[13] 董鸣. 陆地生物群落调查观测与分析[M]. 北京：中国标准出版社，1996.

[14] 董永平，吴新宏，戎郁萍，等. 草原遥感监测技术[M]. 北京：化学工业出版社，2005.

[15] 董全忠，薛嘉榕. 滇西北高山林区箭竹资源开发[J]. 中国野生植物资源，1997，16（2）：30-32.

[16] 东亚野生物贸易研究委员会. 中国紫杉醇贸易与西南地区红豆杉资源的关系及其保护对策的研究，2007.

[17] 樊宝敏，董源. 中国历代森林覆盖率的探讨[J]. 北京林业大学学报，2001，23（4）：60-65.

[18] 方彬，陈波，张元. 生物多样性遥感监测尺度选择及制图研究[J]. 地理与地理信息科学，2007，23（6）：78-81.

[19] 方精云，赵淑清，唐志尧，等. 长江中游湿地生物多样性保护的生态学基础[M]. 北京：高等教育出版社，2006.

[20] 冯利民，张立. 云南西双版纳尚勇保护区亚洲象对栖息地的选择[J]. 兽类学报，2005，25（3）：229-236.

[21] 冯宗炜，王效科. 中国森林生态系统的生物量和生产力[M]. 北京：科学出版社，1999.

[22] 焦立新，杨靖东. 评价指标标准化处理方法的探讨[J].中文科技期刊数据库，1997.
[23] 付保红，王庆庆. 滇西北耕地利用存在的问题及对策[J]. 国土与自然资源研究，2003，2：30-31.
[24] 傅伯杰，陈利顶，马克明，等. 景观生态学原理及应用[M]. 北京：科学出版社，2001a.
[25] 傅伯杰，陈利顶，马克明，等. 中国生态区划方案[J]. 生态学报，2001b，21（1）：1-6.
[26] 傅伯杰，陈利顶，刘国华. 中国生态区划的目的、任务及特点[J]. 生态学报，1999，19（5）：591-595.
[27] 傅立国. 中国植物红皮书——稀有濒危植物（第一册）[M]. 北京：科学出版社，1992.
[28] 高江波，黄娇，李双成，等. 中国自然地理区划研究的新进展与发展趋势[J]. 地理科学进展，2010，29（11）：1400-1407.
[29] 高立志，张寿洲，周毅，等. 中国野生稻的现状调查[J]. 生物多样性，1996，4（3）：160-166.
[30] 高瑞莲，吴建平. 3S 技术在生物多样性研究中的应用[J]. 遥感技术与应用，2000，15（3）：205-209.
[31] 高志海，魏怀东，丁峰. TM 影像荒漠化解译与成图技术研究[J]. 遥感技术与应用，2002，17（6）：293-298.
[32] 郭旭东，陈利顶，傅伯杰. 土地利用/土地覆被变化对区域生态环境的影响[J]. 环境科学进展，1999，7（6）：66-75.
[33] 郭中伟，李典谟，甘雅玲. 森林生态系统生物多样性的遥感评估[J]. 生态学报，2001，21（8）：1379-1384.
[34] 国家环境保护总局自然生态保护司，国家环境保护总局南京环境科学研究所. 中国国家级自然保护区[M]. 北京：中国环境科学出版社，2006.
[35] 国家统计局农村社会经济调查司. 中国农村统计年鉴[M]. 北京：中国统计出版社，2010.
[36] 何芬奇，林剑声，杨斌，等. 中华秋沙鸭在中国的近期越冬分布与数量[J]. 动物学杂志，2006，41（5）：52-56.
[37] 贺红仕，刘振国，许骏，等. 大尺度景观监测信息系统的研究与建立[J]. 应用生态学报，1991，2（2）：153-158.
[38] 黄秉维. 中国综合自然区划的初步草案[J]. 地理学报，1958，24（4）：348-363.
[39] 黄国勤. 江西生态安全研究[J]. 北京：中国环境科学出版社，2006.
[40] 黄娟. 滇西北植物多样性特征[J]. 云南林业科技，2000，93（4）：41-45.
[41] 黄青，王让会. 景观生态学在植被监测中的应用[J]. 干旱区资源与环境，2006，20（5）：163-166.
[42] 黄铁青，牛栋. 中国生态系统研究网络（CERN）：概况、成就和展望[J]. 地球科学进展，2005，20（8）：895-902.
[43] 纪力强. 生物多样性信息系统建设的现状及 CBIS 简介[J]. 生物多样性，2000，8（1）：41-49.
[44] 江辉，周文斌，刘瑶. 鄱阳湖湿地遥感分类研究及应用[J]. 遥感技术与应用，2008，23（6）：648-652.
[45] 蒋志刚. 论中国自然保护区的面积上限[J]. 生态学报，2005，25（5）：1205-1212.
[46] 焦立新，杨靖东. 评价指标标准化处理方法的探讨[J]. 电子科技大学学报，1997，26（增刊）：740-744.
[47] 解明恩，程建刚，范菠. 云南气象灾害的时空分布规律[J]. 自然灾害学报，2004，13（5）：40-47.
[48] 解明恩，程建刚. 云南气象灾害特征及成因分析[J]. 地理科学，2004，24（6）：721-726.
[49] 金相灿. 中国湖泊环境（第一册）[M]. 北京：海洋出版社，1995.
[50] 鞠建文，王宁，郭永久，等. 江西省外来入侵植物现状分析[J]. 井冈山大学学报（自然科学版），

2011，32（1）：126-130.
[51] 孔繁德. 生态保护概论[M]. 北京：中国环境科学出版社，2001.
[52] 黎斌，陈建平，陈彦生,等. 生物多样性信息系统的研究进展[J]. 计算机与农业，2003，10：35-38.
[53] 李从仁，杨艳华. 云南省地下水资源分布特征及地下水环境问题[J]. 资源·环境·循环经济——中国地质矿产经济学会 2005 年学术年会论文集，2005，512-516.
[54] 李迪强，宋延龄，欧阳志云，等. 全国林业系统自然保护区体系规划研究[M]. 北京：中国大地出版社，2003.
[55] 李东梅，吴晓青，于德永，等.云南省生态环境敏感性评价[J]. 生态学报，2008，28（11）：5270-5278.
[56] 李国保，单兴虎，李长宇. 林区森林灾害监测与防治[J]. 中国林业，2009，1A.
[57] 李美娟，陈国宏，陈衍泰. 综合评价中指标标准化方法研究[J]. 中国管理科学，2004，12（专辑）：45-48.
[58] 李团胜，肖笃宁. 国外景观生态学研究的最新动向及进展[J]. 资源生态环境网络研究动态，1997，8（2）：20-26.
[59] 李晓文，胡远满，肖笃宁. 景观生态学与生物多样性保护[J]. 生态学报，1999，19（3）：399-407.
[60] 李晓贤，陈文允，管开云，等. 滇西北野生观赏花卉调查[J]. 云南植物研究，2003，25（4）：435-446.
[61] 李秀娟，周涛，何学兆. NPP 增长驱动下的中国森林生态系统碳汇[J]. 自然资源学报，2009，24（3）：491-497.
[62] 李秀珍，布仁仓，常禹，等. 景观格局指标对不同景观格局的反应[J]. 生态学报，2004，24（1）：420-431.
[63] 李学友，杨士剑，杨洋. 滇金丝猴现状及研究进展[J]. 生物学通报，2008，43（4）：5-7.
[64] 李祖章，刘光荣，袁福生. 江西省农业生产中化肥农药污染的状况及防治策略[J]. 江西农业学报，2004，16（1）：49-54.
[65] 林孟龙，曹宇，王鑫. 基于景观指数的景观格局分析方法的局限性[J]. 应用生态学报，2008，19（1）：139-143.
[66] 刘明典，陈大庆，段辛斌，等. 应用鱼类生物完整性指数评价长江中上游健康状况[J]. 长江科学院院报，2010，27（2）：1-6.
[67] 刘萍，彭贤文. 江西宜黄华南虎及栖息地调查[J]. 江西林业科技，2005，5：32-33.
[68] 刘普幸，李筱琳. 层次分析法在生态预警中的应用[J]. 干旱区资源与环境，2004，18（5）：15-18.
[69] 刘谦，朱鑫泉. 生物安全[M]. 北京：科学出版社，2001.
[70] 刘思慧，刘季科. 中国的生物多样性保护与自然保护区[J]. 世界林业研究，2002，15（4）：47-54.
[71] 刘晓勇，钟瑞华，王伟. 江西省沙化土地防治对策[J]. 江西林业科技，2010，4：54-56.
[72] 刘旭升，张晓丽. 森林植被遥感分类研究进展与对策[J]. 林业资源管理，2004，2（1）：61-64.
[73] 刘宇，杨志杰，左斌，等. 中华秋沙鸭在江西省的越冬分布及种群数量调查[J]. 东北师范大学学报（自然科学版），2008，40（1）：111-115.
[74] 刘玉洁，杨忠东，等. MODIS 遥感信息处理原理与算法[M]. 北京：科学出版社，2001.
[75] 吕一河，傅伯杰. 生态学中的尺度及尺度转换方法[J]. 生态学报，2001，21（12）：2096-2105.
[76] 马建章，邹红菲，郑国光. 中国野生动物与栖息地保护现状及发展趋势[J]. 中国农业科技导报，2003，5（4）：3-6.

[77] 马克平，钱迎倩，王晨. 生物多样性研究的现状与发展趋势[J]. 科技导报，1995，1：27-30.
[78] 梅安新，彭望琭，等. 遥感导论[M]. 北京：高等教育出版社，2001.
[79] 孟宪明. 湿地与全球环境变化[J]. 地理科学，1999，19（5）：385-390.
[80] Mueller-Dombosis，Ellenberg. 种的定量测定[M]. 张绅译. //Mueller-Dombosis & Ellenberg. 植被生态学的目的和方法. 鲍显诚，等译. 北京：科学出版社，1986，43-46.
[81] 倪健，陈仲新，董鸣，等. 中国生物多样性的生态地理区划[J]. 植物学报，1998，40（4）：370-382.
[82] 朴世龙，方精云，郭庆华. 利用CASA模型估算我国植被净第一性生产力[J]. 植物生态学报，2001，25（5）：603-608.
[83] 乔慧捷，韩艳，李诺，等. 生物多样性数据集成模式初探[J]. 生物多样性，2004，12（5）：553-561.
[84] 任海，彭少麟. 恢复生态深层论[M]. 北京：科学出版社，2001.
[85] 尚占环，姚爱兴，郭旭生. 国内外生物多样性测度方法的评价与综述[J]. 宁夏农学院学报，2002，23（3）：68-73.
[86] 沈兵. 大理苍洱自然保护区生物多样性保护及其开发利用[J]. 生物多样性，1998，6（2）：151-156.
[87] 沈泽昊，张新时. 地形对亚热带山地景观尺度植被格局影响的梯度分析[J]. 植物生态学报，2000，24（4）：430-435.
[88] 申时才，Andrew Willson，David Melick. 滇西北高山牧场入侵物种土大黄生态学调查[J]. 西南林学院学报，2006，36（3）：11-14.
[89] 史作民，程瑞梅，陈力，等. 区域生态系统多样性评估方法[J]. 农村生态环境，1996，12（2）：1-5.
[90] 史鸿飞. 滇西北地区生态退化成因及其保护与建设对策[J]. 西部林业科学，2004，33（4）：80-84.
[91] 石瑞花，许士国. 河流生物栖息地调查及评估方法[J]. 应用生态学报，2008，19（9）：2081-2086.
[92] 宋永昌. 中国东部森林植被带划分之我见[J]. 植物学报，1999，41（5）：541-552.
[93] 宋永昌. 植被生态学[M]. 上海：华东师范大学出版社，2001.
[94] 孙儒泳，李庆芬，牛翠娟，等. 基础生态学[M]. 北京：高等教育出版社，2002.
[95] 唐小平. 中国自然保护区网络现状分析与优化设想[J]. 生物多样性，2005，13（1）：81-88.
[96] 唐一清. 云南地下水资源特征[J]. 水资源研究，1996，17（3）：28-32.
[97] 唐志尧，方精云. 植物物种多样性的垂直分布格局[J]. 生物多样性，2004，12（1）：20-28.
[98] 田昆，陆梅，常凤来，等. 云南纳帕海岩溶湿地生态环境变化及驱动机制[J]. 湖泊科学，2004，16（1）：35-42.
[99] 万本太，徐海根，丁晖，等. 生物多样性综合评价方法研究[J]. 生物多样性，2007，15（1）：97-106.
[100] 万方浩，郭建英，张峰. 中国生物入侵研究[M]. 北京：科学出版社，2009.
[101] 王棒，关文彬，吴建安. 生物多样性保护的区域生态安全格局评价手段——GAP分析[J]. 水土保持研究，2006，13（1）：192-196.
[102] 王本洋，罗富和，甄学宁，等. 中国森林生物多样性动态的灰色预测[J]. 生物多样性，2007，15（4）：393-399.
[103] 王成. 从自然干扰看人类干扰的合理性[J]. 吉林林学院学报，1998，14（4）：223-227.
[104] 王岚，宋鼎珊，梁俊峰，等. 滇西北香格里拉县大型真菌资源及其利用现状[J]. 植物资源与环境学报，2006，15（3）：79-80.

[105] 王利民，寸玉康，陈奇伯. 滇西北高原水土保持生态修复措施的群落结构研究[J]. 水土保持研究，2006，13（3）：85-87.
[106] 王礼先. 水土保持学[M]. 北京：中国林业出版社，2005.
[107] 王琳，吉蔚群. 江西省酸雨现状调查[J]. 江西科学，2004，22（5）：382-385.
[108] 王寿兵. 对传统生物多样性指数的质疑[J]. 复旦大学学报（自然科学版），2003，42（6）：867-868.
[109] 王韬，苏勤亮，唐松. 自然保护区监测系统研究[J]. 计算机应用，2007，27（6）：400-402.
[110] 王卫斌. 滇西北林地资源及其保护与发展对策[J]. 林业调查规划，2003a，28（1）：75-77.
[111] 王卫斌. 滇西北地区的森林资源及其保护与发展对策[J]. 云南林业科技，2003b，102（1）：18-21.
[112] 王向华，刘培贵. 云南野生贸易真菌资源调查及研究[J]. 生物多样性，2002，10（3）：318-325.
[113] 王燕. 江西干旱特点、成因及防旱抗旱对策[J]. 江西农业大学学报，2005，27（6）：964-967.
[114] 王照利，黄生，张敏中. 森林资源调查中 SPOT5 遥感图像处理方法探讨[J]. 陕西林业科技，2005，（1）：27-29.
[115] 王智，蒋明康，秦卫华. 中国生物多样性重点保护区评价标准探讨[J]. 生态与农村环境学报，2007，23（3）：93-96.
[116] 魏绍成，周嘉友. 草原分类与植被分类关系的分析[J]. 草业科学，1991，8（2）.
[117] 魏彦昌，吴炳方，张喜旺，等. 生物多样性遥感研究进展[J]. 地球科学进展，2008，23（9）：924-931.
[118] 温战强，任毅，金学林，等. 全国大熊猫及其栖息地监测技术探讨[J]. 北京师范大学学报（自然科学版），2009，45（1）：70-74.
[119] Whittaker RH，Marks PL.评价陆地生产力的方法. //里思 H，惠特克. 生物圈的第一性生产力[M]. 王业蘧，等译. 北京：科学出版社，1985：50-111.
[120] World Resources Institute（WRI），等. 中国科学院生物多样性委员会译. 生物多样性策略[M]. 北京：中国标准出版社，1993.
[121] 邬建国. 景观生态学——格局、过程、尺度与等级[M]. 北京：高等教育出版社，2007.
[122] 吴殿廷，李东方. 层次分析法的不足及其改进的途径[J]. 北京师范大学学报（自然科学版），2004，40：264-268.
[123] 吴昌南，刘俊仁. 江西省经济增长与工业“三废”排放水平关系的实证研究[C]. 2010 年工业经济年会学术论文集，2010：640-648.
[124] 吴征镒. 中国植被[M]. 北京：科学出版社，1980.
[125] 伍立群，郭有安，付保红. 云南冰川资源价值及合理开发研究[J]. 人民长江，2004，35（10）：35-37.
[126] 肖笃宁，李秀珍，高峻，等. 景观生态学[M]. 北京：科学出版社，2003.
[127] 肖笃宁，钟林生. 景观分类与评价的生态原则[J]. 应用生态学报，1998，9（2）：217-221.
[128] 肖金学，王文强，廉振民. 中国生物多样性研究现状分析[J]. 安徽农业科学，2007，35（34）：11172-11174.
[129] 肖兴威. 中国森林资源图集[M]. 北京：中国林业出版社，2005.
[130] 谢春华，王秀珍. 北京密云水库集水区森林景观生态分类研究[J]. 林业资源管理，2006，8（4）：85-88.
[131] 解焱，李典谟. 中国生物地理区划研究[J]. 生态学报，2002，22（10）：1599-1615.
[132] 徐霭婷. 德尔菲法的应用及其难点[J]. 中国统计，2006，9：57-59.

[133] 徐海根. 中国生物多样性元数据库的研究与开发[J]. 兰州大学学报（自然科学版），1999，35（4）：103-108.
[134] 徐卫华，欧阳志云，黄璜，等. 中国陆地优先保护生态系统分析[J]. 生态学报，2006，26（1）：271-280.
[135] 薛达元.《名古屋议定书》的主要内容及其潜在影响[J]. 生物多样性，2011，19（1）：113-119.
[136] 薛达元. 中国生物遗传资源现状与保护[M]. 北京：中国环境科学出版社，2005.
[137] 薛达元，蒋明康. 中国自然保护区对生物多样性保护的贡献[J]. 自然资源学报，1995，10（3）：286-292.
[138] 薛达元，郑允文. 我国自然保护区有效管理评价指标研究[J]. 农村生态学报，1994，10（2）：6-9.
[139] 燕乃玲，吕恒，虞孝感，等. 世界保护区研究的新进展[J]. 农村生态环境，2003，19（3）：49-52.
[140] 杨大荣. 滇西北昆虫区系特点[J]. 动物学研究，1992，13（4）：333-341.
[141] 杨家伟. 滇西北地区生物多样性保护现状与对策[J]. 林业资源管理，2002，3：61-65.
[142] 杨君兴. 云南的外来鱼类和土著鱼类：影响的方式和程度及相关问题研究[G]//保护中国的生物多样性（二）. 北京：中国环境科学出版社，1996：129-138.
[143] 杨荣清，胡立平，史良云. 江西河流概述[J]. 江西水利科技，2003，29（1）：27-30.
[144] 杨树平. 高原湖泊流域生态系统评价指标体系研究[J]. 云南大学学报（自然科学版），1999，21：149-152.
[145] 杨勤业，郑度，吴绍洪. 中国的生态地域系统研究[J]. 自然科学进展，2002，12（3）：287-291.
[146] 殷书柏，吕宪国. 湿地功能快速评价中的若干理论问题[J]. 湿地科学，2006，4（1）：1-6.
[147] 尹锴，崔胜辉，石龙宇，等. 人为干扰对城市森林灌草层植物多样性的影响[J]. 生态学报，2009，29（2）：563-572.
[148] 游丽平，林广发，杨陈照，等. 景观指数的空间尺度效应分析[J]. 地球信息科学，2008，10（1）：74-79.
[149] 于立忠，朱教君，张艳红，等. 森林干扰度评价[J]. 生态学杂志，2009，28（5）：976-982.
[150] 余久华，吴丽芳. 我国保护区管理存在的问题与对策建议[J]. 生态学杂志，2003，22（4）：111-115.
[151] 俞孔坚，李迪华，段铁武. 生物多样性保护的景观规划途径[J]. 生物多样性，1998，6（3）：205-212.
[152] 俞孔坚. 景观：文化、生态与感知[M]. 北京：科学出版社，1998.
[153] 喻庆国. 生物多样性调查与评价[M]. 昆明：云南出版集团公司，云南科技出版社，2007.
[154] 袁理春，徐忠志，赵琪，等. 滇西北老君山野生中药材现状[J]. 云南农业科技，2006，4：42.
[155] 岳天祥. 生物多样性研究及其问题[J]. 生态学报，2002，21（3）：462-467.
[156] 岳天祥. 生物多样性遥感研究方法浅议[J]. 生物多样性，2000，8（3）：343-346.
[157] 岳跃民，王克林，张兵，等. 高光谱遥感在生态系统研究中的应用进展[J]. 遥感技术与应用，2008，23（4）：471-478.
[158] 曾志新，罗军，颜立红，等. 生物多样性的评价指标和评价标准[J]. 湖南林业科技，1999，26（2）：26-29.
[159] 曾慧卿，刘琪璟，殷剑敏，等. 近 40 年气候变化对江西自然植被净第一性生产力的影响[J]. 长江流域资源与环境，2008，17（2）：227-231.
[160] 张聃，曹昀，郑林. 江西省生物多样性保护与自然保护区建设[J]. 安徽农业科学，2009，37（6）：

2672-2674.
[161] 张建华，朱靖. 自然保护区评价研究进展[J]. 农村生态环境，1993，2：5-10.
[162] 张明祥，张建军. 中国国际重要湿地监测的指标与方法[J]. 湿地科学，2007，5（1）：1-5.
[163] 张养才，谭凯炎. 中国亚热带北界及其过渡带[J]. 地理研究，1991，10（2）：85-91.
[164] 张颖，我国森林生物多样性变化的评价研究[J]. 林业资源管理，2002，4（2）：45-52.
[165] 张元，陈亮，王文种，等. 遥感图像土地覆盖分类中多源特征数据选择研究[J]. 测绘科学，2009，34（2）：55-57.
[166] 张增祥，彭旭龙，陈晓峰，等. 生态环境综合评价与动态监测的空间信息定量分析方法及应用[J]. 环境科学，1999，20（1）：68-72.
[167] 张峥，张建文，李寅年，等. 湿地生态评价指标体系[J]. 农村环境保护，1999，18:283-285.
[168] 赵海军，纪力强. 大尺度生物多样性评价[J]. 生物多样性，2003，11（1）：78-85.
[169] 赵海军，纪力强. 生物多样性评价软件 Biodiversity Mapping 的设计与实现[J]. 生物多样性，2004，12（5）：541-545.
[170] 赵景柱，刘宗超，王如松. 生态系统优势种演替模型的定量分析[J]. 生态学报，1992，12（2）：113-118.
[171] 赵其国，高俊峰. 中国湿地资源的生态功能及其分区[J]. 中国生态农业学报，2007，15（1）：1-4.
[172] 赵士洞. 国际长期生态研究网络（ILTER）——背景、现状和前景[J]. 生态学报，2001，25（4）：510-512.
[173] 赵士洞. 美国长期生态研究计划：背景、进展和前景[J]. 地球科学进展，2004，19（5）：840-844.
[174] 赵曾春. 美国国家海洋自然保护区监测及其对我国的启示[J]. 海洋环境科学，2006，25（4）：99-102.
[175] 郑允文，薛达元，张更生. 我国自然保护区生态评价指标和评价标准[J]. 农村生态环境（学报），1994，10（3）：22-25.
[176] 郑师章，吴千红，王海波，等. 普通生态学——原理、方法和应用[M]. 上海：复旦大学出版社，1994.
[177] 郑景云，尹云鹤，李炳元. 中国气候区划新方案[J]. 地理学报，2010，65（1）：3-12.
[178] 中华人民共和国环境保护部和中国科学院. 全国生态功能区划[Z]. 2008-07-18.
[179]《中国生物多样性国情研究报告》编写组. 中国生物多样性国情研究报告[R]. 北京：中国环境科学出版社，1998（第一版）.
[180] 中华人民共和国环境保护部. 中国履行《生物多样性公约》第四次国家报告[M]. 北京：中国环境科学出版社，2009.
[181] 中国生态系统研究网络科学委员会. 陆地生态系统生物观测规范[M]. 北京：中国环境科学出版社，2007.
[182] 周红章，于晓东，罗天宏，等. 物种多样性变化格局与时空尺度[J]. 生物多样性，2000，8（3）：325-336.
[183] 朱教军，刘世荣. 森林干扰生态研究[M]. 北京：中国林业出版社，2007.
[184] 朱教君，刘足根. 森林干扰生态研究[J]. 应用生态学报，2004，15（10）：1703-1710.
[185] 朱守一. 生物安全与防治污染[M]. 北京：化学工业出版社，1999.
[186] 朱震达，陈广庭，等. 中国土地沙质荒漠化[M]. 北京：科学出版社，1994.

[187] 朱政德. 中国森林的地理分布[J]. 南京林业大学学报（自然科学版），2004，28（1）：1-8.

[188] 祝廷成，钟章成，李建东. 植被生态学[M]. 北京：高等教育出版社，1988.

[189] Alatalo R. V. Problems in the measurement of evenness in ecology. *Oikos*，1981，37：199-204.

[190] Asner GP，Townsend AR，Rileym WJ，et al.，Physical and biogeochemical controls over terrestrial ecosystem responses to nitrogen deposition. *Biogeochemistry*，2001，54（39）：1-39.

[191] Ausden M. Invertebrates. In *Ecological Census Techniques*（ed. W. J. Sutherland），1996，139-177. Cambridge：Cambrdge University Press.

[192] Benton M J. Diversification and extinction in the history of life. *Science*，1995，268：52-58.

[193] Berger J. Population constraints associated with the use of black rhinos as an umbrella species for desert herbivores. *Conservation Biology*. 1997，190：806-808.

[194] BfN. Policy-related Indicators：measure the effectiveness of the German National Strategy on Biological Diversity. Berlin：Federal Agency for Nature Conservation（BfN），2008.

[195] Birch ANE，Geoghegan IE，Majerus MEN，et al.，Interactions between plant resistance genes，pest aphid populations and beneficial aphid predators. Scottish Crop Research Institute Annual Report 1996/1997. Scottish Crop Research Institute，Dundee，Scotland，1997.

[196] BMU. National Strategy on Biological Diversity. Berlin：Federal Ministry for the Environment，Nature Conservation and Nuclear Safety（BMU），2007.

[197] Broadbent E N，Asner G P，Pena-Claros M，et al. Spatial partitioning of biomass and diversity in a lowland Bolivian forest linking field and remote sensing measurements[J]. Forest Ecology and Management，2008，255（7）：2502-2612.

[198] CBD. *Monitoring and indicators：Designing national-level monitoring programmes and indicators.* UNEP/CBD/SBSTTA/9/10，2003.

[199] CBD. Provisional global indicators for assessing progress towards the 2010 biodiversity target. UNEP/CBD/COP/7/INF/33，2004a.

[200] CBD. Strategic Plan：future evaluation of progress. UNEP/CBD/COP/DEC/VII/30, 2004b.

[201] CBD. Framework for monitoring implementation of the achievement of the 2010 target and integration of targcts into thc thcmatic programmes of work. UNEP/CBD/COP/DEC/VIII/15，2006.

[202] Clark CM，Tilman D. Loss of plant species after chronic low-level nitrogen deposition to prairie grasslands. *Nature*，2008，451：712-715.

[203] Conference on Biodiversity and the EU-Sustaining Life，Sustaining Livelihood. 2004. Message from Malahide（2004）：halting the decline of biodiversity-priority objectives and targets for 2010.（http：// biodiversity-chm.eea.europa.eu/convention/F1117799202/F1122843896/1112853936）.

[204] Courtillot V，Gaudemer Y. Effects of mass extinctions on biodiversity. *Nature*，1996，381：146-148.

[205] Cramer W. *et al.* Comparing global models of terrestrial net primary productivity（NPP）：overview and key results. *Global Change Biology*，1999，5（Suppl.1）：1-15.

[206] Cody M.L. Towards a theory of continental species diversities. In：Cody M. L. & Diamond J. M.（eds.）*Ecology and evolution of communities*，1975，214-257. Belknap Press of Harvard University，Cambridge，MA.

[207] Davis F W，Stoms D M，Estes J M，et al. An information systems approach to the preservation of biological diversity. International Journal of Geographical information systems，1990，4（1）：55-78.

[208] Dasman RF. A Different Kind of Country. Newyerk:Macmillan，1968.

[209] Defra. Conserving biodiversity-The UK Approach. London：Department for Environment，Food and Rural Affairs，2007a.

[210] Defra.Biodiversity Indicators in Your Pocket 2007：Measuring our progress towards halting biodiversity loss. London：Department for Environment，Food and Rural Affairs, 2007b.

[211] Defra. Biodiversity Indicators in Your Pocket 2009：Measuring progress towards halting biodiversity loss. London：Department for Environment，Food and Rural Affairs，2009.

[212] Delcourt HR，Delcourt PA，Webb T. Dynamic plant ecology：The spectrum of vegetation change in spces and time. Quaternary Science Review，1983，1：153-175.

[213] DeSante D.F.，Burton K.M.，Williams O.E. *The Monitoring Avian Productivity and Survivorship (MAPS) program second*（1992）*annual report.* Bird Populations，1993，1：1-28.

[214] Dogan H M，Dogan M. A new approach to diversity indices-modeling and mapping plant biodiversity of Nallihan（A3-Ankara/turkey）forest ecosystem in frame of geographic information systems [J]. Biodiversity and Conservation，2006，15（3）：855-878.

[215] EEA. *Environmental indicators：Typology and overview.* Technical report No 25. Copenhagen：European Environment Agency，1999.

[216] EEA，*Halting the loss of biodiversity by 2010：proposal for a first set of indicators to monitor progress in Europe.* EEA Technical report，No 11/2007. Luxembourg：Office for Official Publications of the European Communities，2007.

[217] EEA. Progress towards the European 2010 biodiversity target. EEA Report No 4/2009. Luxembourg：Office for Official Publications of the European Communities，2009a.

[218] EEA. Progress towards the European 2010 biodiversity target-indicator fact sheets. EEA Report No 5/2009. Luxembourg：Office for Official Publications of the European Communities，2009b.

[219] Enemar A. On the determination of the size and composition of a passerine bird population during the breeding season. *Var Fagelvarls*，Supplement，1959，2：1-114.

[220] European Communities. Halting the loss of biodiversity by 2010-and beyond：sustaining ecosystem services for human well-being. Brussels（http：//eur-lex.europa.eu/LexUriServ/site/en/com/2006/ com 2006_0216en01.pdf），2006.

[221] European Communities. The European Union's Biodiversity Action Plan "Halting the loss of biodiversity by 2010-and beyond". Luxembourg：Office for Official Publications of the European Communities，2008.

[222] Eyre M.D.，Luff M.L.，Rushton S.P.，Topping C.J. Ground beetles and weevils（Carabidae and Curculionidae）as indicators of grassland management pratice. *Journal of Applied Ecology*，1989，107：508-517.

[223] Failing L, Gregory R. Ten Common mistates in designing biodiversity indicators for forest policy. sournal of Environmental Management, 2003, 68:121-132.

[224] Farina A. Principles and Methods in Landscape Ecology[M]. Chapman&Hall，1998，35-49.

[225] Fausch K D，Lyons J，Karr J R，et al. Fish communities as indicators of environmental degradation [C]// Biological Indicator of Stress in Fish Bethesda：American Fisheries Society Symposium，1990，123-144.

[226] Fisher，R. A. et al. The telation between the number of species and the number of individuals in random sample of an animal population. *J. Anim. Ecol.*，1943，12：42-58.

[227] Fitzgibbon C D. Small mammals in farm woodlands：The effects of habitat，isolation and surrounding land-use patterns[J]. Journal of Applied Ecology，1997，34（2）：530-539.

[228] Fjeldsa J，Ehrlich D，Lambin E，Prins E. Are biodiversity 'hotspots' correlated with current ecoclimatic stability? A pilot study using NOAA-AVHRR remote sensing data. Biodiversity and Conservation，1997，6：401-422.

[229] Fjeldsa J，Lovett JC. Biodiversity and environmental stability. Biodiversity and Conservation，1997，6：315-323.

[230] Foody G M，Cutler M E J. Mapping the species richness and composition of tropical forests from remotely sensed data with neural network[J]. Ecological Modelling，2006，195（1/2）：37-42.

[231] Forman R.T.T. Some general principles of landscape and regional ecology. Landscape Ecology，1995，10：133-142.

[232] Friend D.，Rapport D. *Towards a Comprehensive Framework for Environment Statistics：A Stress-Response Approach.* Statistics Canada，Ottawa，Canada，1979.

[233] Fuller R M，Groom G B，Mugisha S，et al. The integration of field survey and remote sensing for biodiversity assessment：A case study in the tropical forests and wetlands of Sango Bay，Uganda. Biological Conservation，1998，86（3）：379-391.

[234] Fuller R.J.，Langslow D.R. Estimating numbers of birds by point counts：how long should counts last? *Bird Study*，1984，31：195-202.

[235] Galloway JN，Aber JD，Erisman JW，et al.，The nitrogen cascade. *BioScience*，2003，53：341-356.

[236] Galloway JN，Cowling EB. Reactive nitrogen and the world：200 years of change. *Ambio*，2002，31（2）：64-71.

[237] Galloway JN，Dentener FJ，Capone DG，et al.，Nitrogen cycles：past，present，and future. *Biogeochemistry*，2004，70：153-226.

[238] Gaston K.J. Biodiversity-measurement. *Progress in Physical Geography*，1996，18（4）：565-574.

[239] Gill M.，Barry T. A Strategy for Developing Indices and Indicators：to track status and trends in Arctic biodiversity. CAFF CBMP Report No. 12. Akureyri：Conservation of Arctic Flora and Fauna（CAFF），2008.

[240] Gill M. J.，Raillard M.C.，Zöckler C.，Smith R. B. CBMP Five-Year Implementation Plan-Developing an Integrated and Sustained Arctic Biodiversity Monitoring Network. Akureyri：Conservation of Arctic Flora and Fauna（CAFF），2008.

[241] Gleason H. A. On the relation between species and area. *Ecology*，1922，3：158-162.

[242] Griffiths G H，Mather P M. Remote sensing and landscape ecology：Landscape patterns and landscape

change. International Journal of Remote Sensing，2000，21：2537-2539.

[243] He F，Legendre P，Bellehumeur C，et al. Diversity pattern and spatial scale：A study of a tropical rain forest of Malaysia. Environ Ecol Statistics，1994，1：265-286.

[244] He HS，DeZonia B，Mladenoff DJ，et al. An aggregation index to quantify spatial patterns of landscapes. Landscape Ecol，15：591-601.

[245] Hellawell JM. Development of a rational for monitoring. In：Goldsmith FB（ed.），Monitoring for Conservation and Ecology. London：Chapman. 1991，1-14.

[246] Heyer，W. R.，M. A. Donnelly，R. W. McDiarmid，L. C. Hayek and Foster M S（eds.）. Measuring and Monitoring Biological Diversity：Standard Methods for Amphibians. Washington，DC：Smithsonian Institution Press，1994.

[247] Houghton JT，Ding Y，Griggs GJ，et al. Intergovernmental Panel of Climate Change IPCC. The Scientific Basis Contribution of Working Group One to the Third Assessment Report of the Intergovernmental Panel of Climate Change. Cambridge：Cambridge University Press，2001.

[248] Hurcom S J，Harrison A R. The NDVI and spectral decomposition for semi-arid vegetation abundance estimation. Int.J. Remote Sensing，1998，19（16）：3109-3125.

[249] Huston M A. Biological Diversity，the Coexistence of Species on Changing Landscapes. Cambridge：Cambridge University Press，1994.

[250] IBCC. Recommendations for an international standards for a mapping method in bird census work. *Bird study*，1969，16：248-255.

[251] Innes J L，Koch B. Forest biodiversity and its assessment by remote sensing. Global Ecology and Biogeography Letters，1998，7（6）：397-419.

[252] Jennings M D. Gap analysis：Concepts，methods and recent results. Landscape Ecology，2000，15：5-20.

[253] John R，Chen J，Lu N，et al Predicting plant diversity based on remote sensing products in the semi-arid region of Inner Mongolia. Remote Sensing of Environment，2008，112（5）：2018-2032.

[254] Jones K B，Riddle B R. Regional scale monitoring of biodiversity. In：Szaro R C nad Johnston D W eds. Biodiversity in managed landscape：theory and practice. New York：Oxford University Press，1996：193-209.

[255] Jorgensen A F，Nohr H. The use of satellite images for mapping of landscape and biological diversity in Sahel. International Journal of Remote Sensing，1996，17（1）：91-109.

[256] Karr J R，Fausch K D，Angermeier P L，*et al.* Assessing Ecological Integrity in Running Waters：A Method and its Rationale. Illinois：Natural History Survey Specific Publication，1986.

[257] Karr J R. Assessment of biotic integrity using fish communities. *Fisheries*，1981（6）：21-27.

[258] Kendeig S.C. Measurement of bird populations. *Ecological Monographs*，1944，14：67-106.

[259] Kooistra L，WamelinkW，Schaepman-Strub G，et al. Assessingand predicting biodiversity in a floodplain ecosystem：Assimilation of net primary production derived from imaging spectrometer data into a dynamic vegetation model[J].Remote Sensing of Environment，2008，112（5）：2118-2130.

[260] Krummel J R，Gardner R H，et al. Landscape patterns in a disturbed environment. Oikos，1987，48：

321-324.

[261] Leemans R., Modeling for species and habitats: New opportunities for problems solving. *The science of the total environment*, 1999, 240: 51-57.

[262] Li H, Wu J. Landscape pattern analysis: Key issues and challenges. In: Wu J, Hobbs R, eds. Key Topics in Landscape Ecology. Cambridge, UK: Cambridge University Press, 2007: 39-61.

[263] Losey JE, Raynor LS, Carter ME. Transgenic pollen harms monarch larvae. Nature, 1999, 399: 214.

[264] Magnuson J J. long-term ecological research and the invisible present. BioScience, 1990, 40: 495-501.

[265] Magurran. Ecological Diversity and its Measurement. Princeton: Princeton University Press, 1988.

[266] Matson PA, Lohse KA, Hall SJ. The globalization of nitrogen deposition: consequences for terrestrial ecosystems. *Ambio*, 2002, 31（2）: 113-119.

[267] Matson P A, Ustin S L. The future of remote sensing in ecological studies. Ecology, 1991, 72: 1917.

[268] McNeely J.A., Miller K., Reid W., Mittermeier R., Werner T. Conserving the world's biological diversity. The World Conservation Union, World Resources Institute, Conservation International, World Wildlife Fund-US, and World Bank, Washington, D.C., 1990.

[269] Molinari J. A. Calibrated index for measurement of evenness. *Oikos*, 1989, 56: 319-326.

[270] Nagendra H and M Gadgil. Biodiversity assessment at multiple scales: linking remotely sensed data with field information. Proceedings of the National Acadamy of Sciences, USA, 1999, 96: 9154-9158.

[271] Nagendra H. Using remote sensing to assess biodiversity[J]. International Journal of Remote Sensing, 2001, 22（12）: 2377-2400.

[272] Nature Conservation Bureau, Ministry of the Environment, Japan. Japan biodiversity outlook—Report of comprehensive assessment of biodiversity in Japan. http: //www.biodic.go.jp/ biodiversity.（Accessed 2011.10.8）, 2010.

[273] Neff J C. Aolland E A, Dentener F J, et al. The origin, compostion and rates of organic nitrogen deposition: A wissing piece of the wittogen cycle? Biogeochemistry, 2002,57/58: 99-136.

[274] Newton AC, Kapos V（2003）. Biodiversity Indicators in National Forest Inventories. *Unasylva*, 2003, 210, 56-64.

[275] Nicholson J D, Monk C D. Plant species diversity in old field succession on the Georgia Piedmont. *Ecology*, 1974, 55: 1075-1085.

[276] Norse E.A., Rosenbaum K.I., Wilcove D.S., et al. Conserving biological diversity in our national forests. The Wilderness Society, Washington, D.C., 1986.

[277] Noss R F. Indicators for monitoring biodiversity: A hierachial approach[J]. Conservation Biology, 1990,（33）: 355-364.

[278] OECD. *OECD Core Set of Indicators for Environmental Performance Reviews*, *Environmental Monograph* No 83. Paris: OECD, 1993.

[279] Oliver I and A J Beattie. A possible method for the rapid assessment of biodiversity. Conservation Biology, 1993, 7（3）: 562-568.

[280] Oldham R.S. Habitat assessment and population ecology. In *Conservation and Management of Great Crested Newts*（ed. A. Gent & R. Bray）, *English Nature Science* No. 20. 45-67. Peterborough: English

Nature，1994.

[281] Oindo B O，Skidmore A K. Mapping habitat and biological diversity in the Maasai Mara ecosystem.International Journal of Remote Sensing，2003，24（5）：1053-1069.

[282] Pielou E.C. *Mathematical Ecology*. New York：John Wiley and Sons Ltd.，1977.

[283] Potter CS，Randerson JT，Field CB，Matson PA，Vitousek PM，Mooney HA，Klooster SA. Terrestrial Ecosystem Production：A Process Model Based on Global Satellite and Surface Data. *Global Biogeochemical Cycles*，1993，7（4）：811-841.

[284] Preston F W. Time and space and the variation of species. *Ecology*，1960，41：785-790.

[285] Reid W V，Miller K R. Keeping Options Alive：The Scientific Basis for Conserving Biodiversity. Washington DC：World Resource Institute，1989.

[286] Sala OE，Chapin FS，Armesto JJ，et al.，Biodiversity – Global biodiversity scenarios for the year 2100. *Science*，2001，287（5459）：1770-1774.

[287] Sandlund O T, Aindar K, Broun AHD. Conservation of biodiversity for sustainable development. Oslo:Scandinavian University Press, 1992.

[288] Secretariat of the Convention on Biological Diversity. Handbook of the Convention on Biological Diversity including its Cartagena Protocal on Biosafty，3rd edn. SCBD，Montreal，Canada，2005.

[289] Stevens CJ，Dise NB，Mountford JO，et al.，Impact of nitrogen deposition on the species richness of grasslands. *Science*，2004，303：1876-1879.

[290] Stoms D M，Estes J E. A remote-sensing research agenda for mapping and monitoring biodiversity[J]. International Journal of Remote Sensing，1993，14（10）：1839-1986.

[291] Theobald M D et al. Estimating the accumulative effect of development on wildlife habitat. Landscape and Urban Planning，1997，39（1）：25-36.

[292] Tilman D，Fargione J，Wolff B，et al. Forecasting agriculturally driven global environmental change. *Science*，2001，292（5515）：281-284.

[293] Tilman D. Plant Strategies and the Dynamics and Structure of Plant Communities. Princeton，N J：Princeton University，1988.

[294] Turner M G. Landscape ecology：The effect of pattern on process. Annual Review of Ecology and Systematics，1989，20：171-197.

[295] Turner MG，O' Neill RV，Gardner RH，et al. Effects of changing spatial scale on the analysis of landscape pattern. Landscape Ecol，1989，3：153-162.

[296] UNCSD. *Indicators of Sustainable Development：Guidelines and Methodologies*. New York：United Nations Commission for Sustainable Development，2001.

[297] van Valkenburgh B，Janis C M. Historical diversity patterns in North American large herbivores and carnivores. In：Ricklefs R，Schluter D（*eds.*），*Species Diversity in Ecological Communities：Historical and Geographical Perspectives*. Chicago：University of Chicago Press，1993，330-340.

[298] Vitousek PM，Aber JD，Howarth RW，et al.，Human alteration of the global nitrogen cycle：Sources and consequences. *Ecological applications*，1997，7（3）：737-750.

[299] Vos C C and Chardon J P. Effects of Habitat fragmentation and road density on the distribution pattern

of the moor frog Rana arvalis[J]. Journal of Applied Ecology，1998，35（1）：44-56.

[300] Whittaker R H. Communities and Ecosystems，London：Macmillan，1970.

[301] Whittaker R H. Evolution of species diversity in land communities. Evolutionary Biology，1977，10：1-67.

[302] Wiens J A. On the use of “grain” and grain size in ecology，1990，4：720.

[303] Wilcox B A. In situ conservation of genetic resources：Determinants of minimum area requirements. In：McNeedy J A and K R Miler. National Parks：Conservation and Development. Smithsonian Institution Press，Washington. D. C.，1984，639-657.

[304] Wilson D.S. Complex interactions in metacommunities，with implications for biodiversity and higher levels of selection. *Ecology*，1992，73（6）：1984-2000.

[305] Wilson E.O.，Peter F.M. Biodiversity. Washington，DC：National Academy of Science，1988.

[306] Wolda H. Diversity，diversity indices and tropical cockroaches. *Oecologia*，1983，58（3）：290-298.

[307] Xiao D N，Leng S Y. National Natural Science Foundation and landscape ecology in China. Science Foundation in China，2001，6：346-349.

[308] Xu HG，Tang XP，Liu JY，Ding H，etc. China’s Progress toward the Significant Reduction of the Rate of Biodiversity Loss. BioScience，2009，59（10）：943-852.

[309] Xu Wenting，Wu Bingfang，Tian Yichen. Mapping plant diversity of broad-leaved foreat ecosystem using landsat TM data. IEEE International Geosciences and Remote Sensing Symposium，2004：4598-4600.

[310] Yoccoz N G，Nichols J D，Boulinier T. Monitoring of biological diversity in space and time. Trends in Ecology and Evolution，2001，16（8）：446-453.

[311] YUE T X. Discussion on studying biodiversity by remote sensing. Chinese Biodiversity，2000，21（8）：343-346.

[312] 2010 BIP（2010 Biodiversity Indicators Partnerslup）Biodiversity Indicators and the 2010 Target：Experiences and lessons learnt from the 2010 Biodiversity Partnersluip. Technical Series No. 53. Secretariat of the Convention on Biological Diversity, Montieal, Canada, 2010. http://www.cbd.int/doc/publications/cbd-ts-53-en.pdf.(Accessed 2011-01-01).